모든 아이들의 꿈을 키우는

행복한 창의 교육

최창의 교육 산문집

모든 아이들의 꿈을 키우는

행복한 창의 교육

최창의 교육 산문집

초판 1쇄 인쇄 2014년 2월 7일
초판 1쇄 발행 2014년 2월 13일

글쓴이 최창의
펴낸이 김승희
펴낸곳 도서출판 살림터

기획 정광일
편집 조현주
북디자인 구화정 page9
인쇄·제본 (주)현문
종이 월드페이퍼(주)

주소 서울시 마포구 서교동 395-27
전화 02-3141-6553
팩스 02-3141-6555
출판등록 2008년 3월 18일 제313-1990-12호
이메일 gwang80@hanmail.net

ISBN 978-89-94445-55-7 03370

모든 아이들의 꿈을 키우는

행복한 창의 교육

최창의 교육 산문집

교사부터 3선 교육의원까지
15년 참교육 이야기

살림터

추천글

교육에 인생을 건 사람

윤구병(농부 철학자)

『행복한 창의 교육』 원고를 처음부터 끝까지 연필로 줄을 그어 가며 열심히 읽었다. 이 책을 쓴 최창의 선생은 나와 아주 가까운 교육 동지다. 이오덕 선생님이 중심이 되어 설립된 '한국글쓰기교육연구회'에 참여하여 함께 활동하면서 나는 최창의 선생이 교사로서 지닌 장점 밖에도 여러 장점을 보면서 마음속으로 놀란 일이 많다. 해마다 여름과 겨울에 열리는 '참삶을 가꾸는 글쓰기' 연수회에서 최 선생은 고지식하기만 할 뿐 놀 줄 모르는 동료 선생님들 앞에서 막내로 재롱을 피워 뒤풀이 자리를 즐겁게 만드는 재주가 있었다. 알고 보니 광주민주항쟁이 일어나던 1980년에 전주교육대학에 입학한 뒤로 최 선생은 대학신문 기자 생활을 하면서 탈춤 동아리를 만들어 풍물과 탈춤을 익힌 경력이 있었다. 1982년에 교육대학을 졸업한 뒤로 경기도 안성, 고양 지역에서 초등학생들을 가르치다가 1989년에 '전교조 해직 교사'가 되어 9년이 넘게 학교밖에서 교육활동을 펼쳤다. 그 사이에 『신나는 글쓰기 초등학교』, 『글쓰기가 좋아요』(1 · 2) 같은 책을 냈다.

1998년 '전교조 합법화'와 함께 다시 학교로 돌아와 아이들을 가르치기 시작했는데 그때 틈틈이 쓴 글들이 이 책의 1장 '다시 돌아온 교단에 서서'를 이루고 있다. 이 가운데 '김제 들판의 논을 닮은 아버지'의 이야기는 최 선생의 어린 시절을 떠올리게 해서 가슴이 먹먹해졌다. 이제 늙고 몸이 아파 농사를 손에서 놓게 된 아버지는 평생에 걸쳐 마련한 논 두 필지를 먼발치로 바라보면서 고향을 찾은 최 선생을 붙들고 이런 이야기를 한다.

"가진 땅덩어리 없이 한 6년 사는디, 참…… 새벽에 일어나 막 나락 핀 들판을 보자면 가슴이 써늘혔어. 이 넓은 들녘에 내 땅덩어리 한 평 없으까 허고."

"논을 한 필지 사고 죽어도 안 팔아먹는다고 다짐을 혔어. 쓰러져 죽는 한이 있어도 논바닥에서 누워 죽는다고……."

'이야기를 듣다가 아버지의 세월의 연륜이 묻은 주름살과 하얀 머리칼을 바라보았다. 들녘을 질러온 바람이 우리 곁을 스쳐 지나간다. 평생 농사꾼으로 들풀처럼 살아온 우리 아버지가 수백 년 동안 우리를 먹여 살린 저 김제 들판 논을 그대로 닮았다.'

1999년 『참교육 학부모 신문』에 실린 글에는 참교사로서 최 선생의 마음자리가 그대로 드러난다. 학교 운동장 끝에 나무 잔뿌리가 상할세라 하나하나 펴서 고운 흙을 잘게 부숴 덮어 주면서, "잘 자라라 나무야! 나무를 다 심고 하늘을 보니 참 푸르다. 이마에 흐르는 땀방울을 닦으며 생각하니 내가 나무를 심은 게 아니고 나를 학교에 심은 것 같다. 아이들 가슴속에 뿌리내리려는 교사의 마음을……."

2002년에는 1학년 아이들을 새로 맡으며 '1학년 4반 학부모님께' 이런 편지를 보낸다.

"먼저 밑뿌리가 튼튼한 아이들로 자라게 하고 싶습니다. 생활과 학습의 기본 교육을 충실히 해 보겠다는 것입니다. 아이들에게 너무 많은 것을 요구하지 않으려 합니다.

두 번째는 서로 도우며 함께 살아가는 교실로 가꾸고 싶습니다. 남을 짓밟고 누르면서 앞서 가려는 어린이로 키우고 싶지 않습니다. 아이들끼리 모르는 것은 일러 주고 어려운 일은 힘을 모아 풀어 가는 태도를 북돋아 가겠습니다.

세 번째는 자신이 학습의 주인이 되어 스스로 알아 가고 찾아가는 공부를 하겠습니다. 답을 일러 주기보다는 답을 찾아가는 과정을 중요하게 여기겠습니다."

이렇게 다짐한 최창의 선생은 그해 7월에 교육의원에 당선이 되어 겸직 금지 조항에 따라 교직을 떠나게 된다.

이 책의 2장 '교육의원으로 새로운 길에 나서'는 교육의원으로 새길을 걸은 최 선생의 활동 보고서에 해당한다. 교육의원으로서 경기도 교육 현실을 폭넓게 살펴보면서 글쓴이는 "기초생활 수급 대상자와 차상위 계층을 비롯한 저소득층의 아이들은 학기 중에는 학교 급식을 무료로 제공받으나" 방학이 되면 "집에서 무료로 중식을 받는 대상자 선정 작업과 지원 기관이 지방자치단체로 바뀌면서 그 혜택을 받는 아이들 수가 턱없이 줄어들어" 경기도내 학기 중 무료 급식 대상 학생수의 13.2%인 1만 800명만 점심을 제공받게 되고 나머지 7만 1,000명은 점심 끼니마저 거른다는 비참한 교육 현실을 본다.

2010년도에 주민 직선으로 선출 방식이 바뀐 뒤에 세 번째 교육의원으로 선출된 뒤에 최창의 의원은 경기도교육청이 공교육 혁신 모델로 역점을 두어 추진하는 '혁신학교'를 지역구에 유치하는 데 앞장서, 고양시에 11곳, 파주시에 5곳, 김포시에 8곳, 양주시에 2곳, 연천군에 2곳, 모두 28곳의 '혁신학교'를 지원한다. 동시에 장애 학생들의 교육

여건을 개선하기 위해서도 바쁘게 움직여 학교마다 특수교육 보조원을 확대하고, 2014년도에는 김포에 유치원부터 초중고등학교까지 정신지체장애 학생들이 다닐 수 있는 특수학교가 들어서도록 하는 성과를 거둔다. 이 내용이 책의 3장 '창의로운 교육 대안을 제시하며'에 나온다.

4장 '아이들의 삶과 미래를 생각하며'에는 아이들을 가르치면서 겪고 생각한 일들을 동화 형식으로 풀어낸 '알콩달콩 이야기글'과 '발로 뛰어 취재한 글'이 들어 있다. 그 가운데 "땅따먹기, 비석치기, 고무줄놀이, 사방치기, 공기놀이, 제기차기, 오징어놀이 등 수많은 놀이들은 우리 민족의 숨결입니다."라는 김종만 선생의 인용글이 눈에 띈다. 1985년에 성남에 있는 달동네에서 노래운동가 백창우 씨가 앞장서서 만든 '굴렁쇠'와 김익승 선생 반 아이들이 좋은 동요를 부르게 된 사연을 담은 글들도 많은 일깨움을 준다.

원고를 마지막까지 읽으면서 나는 최창의 교육의원은 '교육에 인생을 건 사람'이 틀림없다는 느낌을 받았다. 아마 우리나라 교육의원들 가운데 최창의만큼 부지런한 사람은 찾아보기 힘들 것이다. 이 부지런함과 열정은 최창의 의원을 전국 최초로 획기적인 교육 관련 조례를 제정한 건만도 세 가지가 되도록 이끌었다. 그 가운데 특히 눈에 띄는 것으로 한 해에 200명의 사서를 확충한 성과를 거둔 '학교도서관 지원 조례' 같은 것을 들 수 있겠다. 정답이 하나밖에 없는 교과서 교육과 시험 제도가 아이들의 비판정신과 창의력을 죽여서 모든 사람의 의식을 획일적으로 바꾸는 열악한 교육 환경에서, 학교도서관에 좋은 책을 갖추어 놓아 교과서에는 얻을 수 없는 수많은 '정답'들을 아이들 스스로 찾게 하는 일이 어느 때보다 더 절실하기 때문이다.

머리글

교사부터 3선 교육의원까지 참교육의 한길에서

겨울이 깊어 갑니다. 나무들은 그 푸르던 잎사귀들을 모두 내려놓았습니다. 떠날 때를 알아 묵은 옷을 벗고 새봄을 꿈꾸기 위해 더 깊숙이 뿌리를 내립니다.

새해 들어서 제 삶을 돌아보는 시간이 많아졌습니다. 중대한 갈림길에 서 있기 때문입니다. 올해로 교육의원 활동을 시작한 지도 12년째입니다. 분에 넘치는 사랑을 받아 3선까지 해서 강산이 한 번 바뀌는 기간 동안 의원으로 일했습니다. 이제 몇 달이면 그 임기가 끝나고 어떤 길을 가야 할지 생각을 가다듬어야 합니다. 또 다른 새로운 결정을 내려야 할 시기가 눈앞에 다가왔습니다.

새로운 길을 나서기 전에 지나온 삶과 생각을 정리하고 싶었습니다. 그래서 지난해 여름부터 묵은 원고들을 정리해 이렇게 책을 펴내기로 하였습니다. 책을 내기 위해 글을 쓴 게 아닙니다. 오래전부터 써 온 글을 추리고 다듬어 한 권의 책으로 엮었습니다. 제가 해직되었다가 십여 년 만에 아이들 곁으로 돌아온 1998년도 교사 시절부터 교육의원으로 일하고 있는 최근까지 가슴으로 쓴 글들입니다. 더러 삶에서 겪은 일도 있지만 대부분은 교육의 길을 걸으면서 우러난 이야기입니다.

이 책의 내용을 소개하면 크게 네 부분으로 구성되어 있습니다.

먼저 1장의 글은 제가 가장 애정을 느끼는 교단 일기입니다. 교육의원을 하기 전에 초등학교 교사로 아이들과 배우고 가르치면서 나온 글입니다. 그때는 제 나이가 40살 전후라서 느긋하고 천천히 아이들을 가르쳤습니다. 좋은 아버지처럼 푸근하고 정다운 교사가 되고 싶었습니다. 그러나 마음과는 달리 아이들을 둘러싼 교육 환경은 그리 편안하고 녹록하지 않았습니다. 그래도 올바른 선생이 되어 보려고 몸부림친 지난날들이 십여 년이 흐른 지금의 교육 현실과 크게 다르지 않은 것 같습니다.

2장은 2002년도에 전국 최연소 나이로 교육위원에 당선되어 이중겸직 금지 법률로 교단을 떠난 뒤부터의 이야기입니다. 교육 행정을 견제하고 심의하는 교육위원으로서 일을 시작하였지만 그래도 마음은 언제나 학교에 가 있었던 것 같습니다. 그래서 아이들의 행복한 삶을 위해 교육이 어떻게 달라져야 하는지 고민한 글이 많습니다. 대부분 지방과 중앙의 신문이나 잡지에 발표된 글들인데 지금 읽어 보아도 새로운 느낌이 듭니다.

3장은 본격적으로 재선 교육위원과 3선 교육의원을 하면서 쓴 글입니다. 무상급식 예산을 삭감한 동료 교육위원들에게 가슴을 치며 항의한 글은 지금도 가슴이 저립니다. 초등학생 무상급식 예산이 교육위원회에서 삭감되자 전국적인 이슈가 되었고 그때 제가 의회에서 발언한 내용이 생생합니다. 이때부터는 정책적인 비판과 제안이 많이 나오게 되는데 조례 제정 방향이나 교육제도와 관련하여 지적한 내용이 많습니다. 또 도의회 전체 의원들 앞에 5분 자유 발언을 하면서 내세운 교육 정책 방향과 교육감, 도지사에게 펼친 정책 질의도 실려 있습니다.

교육과 관련된 이야기가 중심이 된 책이지만 모두 그런 글만 담겨 있는 건 아닙니다. 제 삶에서 건져 올린 인간미 흐르는 이야기들도 1장에서 4장에 양념처럼 두루 섞여 있습니다. 겨울 산을 오를 때의 잔잔한 느낌, 마음 수련에서 얻은 깨달음 같은 글에서는 제 일상의 모습을 맛볼 수 있을 겁니다.

마지막 장인 4장에서는 좀 특별한 글을 만날 수 있을 겁니다. 흔히 '콩트'라고 하는 짤막한 이야기글이 3편 실려 있습니다. 제가 만난 아이들과 다른 선생님들께 들은 아이들 이야기 가운데 잊히지 않는 것을 동화처럼 재미있게 꾸민 글입니다. 그 다음에는 "발로 뛰어 취재한 글"인데 말 그대로 직접 현장을 찾아다니고 관련된 전문가들을 만나서 얻은 정보를 정리한 기록문입니다. 아이들의 놀이, 노래, 만화, 영상 문화에 관해 그 실태를 알아보고 문제점과 개선 대안까지 찾아보았습니다. 오래전인 1993년경에 교실에 두고 온 아이들을 그리워하면서 쓴 글인데, 그 당시 걱정하던 아이들 문화는 아직도 달라지지 않고 여전히 문제투성이라서 가슴이 아픕니다.

이 책을 펴내면서 교사 시절부터 교육의원까지 16년여 동안 지나온 교육의 한길을 정리해 봅니다. 아이들과 꿈꾸고 사랑한 이야기부터 발로 뛴 의정 활동의 기록, 그리고 경기 교육의 미래를 새롭게 설계한 정책 대안까지 제가 애써 걸어온 교육 역사입니다. 모든 아이들이 꿈꾸는 행복한 학교, 미래를 준비하는 창의 교육을 이루고자 몸부림친 교육 사랑 고백입니다. 막상 세상에 내놓으려니 부끄럽지만 이 책이 공교육 희망 찾기의 길에 작은 밑거름이라도 되길 바랍니다. 아이들을 믿고 사랑으로 헌신하는 선생님들께 따스한 응원가 한마디라도 된다면 더 바랄 것이 없습니다.

끝으로 보잘것없는 원고를 밑줄까지 쳐 가면서 읽고 추천사를 써 주신 윤구병 선생님, 영혼의 버팀목이신 정성진 목사님, 영원한 교육 선배인 이주영 선생님께 깊이 감사드립니다. 바보 같은 남편을 곁에서 늘 믿어 주고 응원해 주는 아내 이은선에게도 사랑을 전합니다. 새해와 더불어 행복한 창의 교육의 앞날이 환하게 밝아 옵니다.

2014년 새해

최창의 씀

차례

추천글 교육에 인생을 건 사람 • 4

머리글 교사부터 3선 교육의원까지 참교육의 한길에서 • 8

*1*장

다시 돌아온 교단에 서서

1. 아이들과 꿈꾸는 교실 • 19

학교에 한 그루 나무를 심고 • 20 돌아다니는 아이들 • 24
잃어버린 신발을 찾아라 • 28 과밀 학급 속의 아이들 • 32
아이들이 주인 되는 가을 운동회 • 35 1학년 아이들을 새로 맡으며 • 38
교단 일기를 쓰며 • 41

2. 거친 교육 현실에서도 희망을 • 45

전교조 연가 투쟁, 찬반 엇갈려 • 46 무너져 가는 학부모와 교사의 관계 • 50
학부모회와 교사 단체가 만나는 자리를 • 53 어른이 되어 만난 제자들과 • 56
삶 속에서 실천하는 권정생 동화 • 60

3. 서로 사랑하고 배우며 • 67

시골 할머니와 농사꾼 교수의 이야기 • 68 김제 들판의 논을 닮은 아버지 • 73
겨울 연수를 기다리며 • 76 어머니와 아들의 뜨거운 만남 • 79
아들 담임선생님께 쓴 편지 • 82 아름다운 청년 최한솔에게 • 86

2장

교육의원으로 새로운 길에 나서

1. 아이들이 모두 행복한 학교 • 91

아이들과 학교를 떠나며 • 92　참 좋은 선생님 • 95
교육이 제자리를 잡고 본디 모습을 • 98　논술 교육 바람과 입시 교육 • 101
모두에게 사랑받는 학교 이름을 • 104　자연과 생명을 살리는 교육 • 107

2. 미래를 꿈꾸고 희망을 노래하는 교육 • 111

새봄의 학교 풍경 • 112　교육의 진정한 목표가 무엇인가요 • 116
학교 앞 현수막에 걸린 교육 현실 • 119
학교 급식 개선 조례 제정 운동에 거는 기대 • 123
경기도교육위원회 일본 교육기관 방문기 • 126

3. 창의성을 키우는 문화예술 교육 • 149

친일 시인 노천명의 묘 앞에 시비라니 • 150　문화예술 교육이 활짝 피어나길 • 153
마음에는 평화가 얼굴에는 웃음이 • 160　깨끗한 우리말로 참된 글을 • 163
케냐 아이들에게 아름다운 학교를 • 166

3장

창의로운 교육 대안을 제시하며

1. 교육혁신을 제도적으로 완성하는 조례를 • 173

경기도 교육여건개선특별법 제정 운동에 • 174
아이들 급식비마저 정략적으로 깎아 버리나 • 177
아이들의 밥값을 깎은 교육위원들에게 • 180
행복한 학교도서관을 만드는 조례 제정 • 184
인권 교육 강화와 교권 조례도 제정되어야 • 189

2. 평등하고 정의로운 교육 정책 실현을 위해 • 193

무상급식은 차별 없는 교육복지의 구현 • 194
누구를 위한 교육 정책인가 • 198 교육감 선거에 관심과 참여를 • 201
교육상임위원장은 교육 전문가인 교육의원에게 • 204
학교폭력만 기록하는 비교육적 이중 처벌 • 208
특성화고 취업 희망자 특별전형 확대해야 • 211

3. 싱그러운 아침 같은 교육 희망을 꽃피워 • 215

산이 좋으면 산을 지켜라 • 216 표현의 즐거움과 감상의 기쁨을 • 220
함께 사는 세상 • 223 슬픔 속에 꽃피는 희망 • 227
뻐꾸기와 뱁새의 가르침 • 230 아이들에게 싱그러운 아침을 맛보게 • 232

4. 경기도의회 의정 단상에서(5분 발언 모음) • 235

제2청사 명칭은 바꾸고 시도세전입금은 유지해야 • 236
공립단설유치원 계획대로 예산 살려야 • 239
학교밖 청소년들을 지원하고 교권은 보호되어야 • 244
학교 현장의 만족도를 높이는 조직 개편을 • 248
도교육감과 도지사에게 펼치는 정책 질의 • 252

4장

아이들의 삶과 미래를 생각하며

1. 알콩달콩 이야기글 • 273

대추알 사랑 • 274 순영이의 선물 • 277 찬란한 희망 • 283

2. 발로 뛰어 취재한 글 • 287

놀이 속에서 몸과 마음이 자라는 어린이 • 288
아이들의 구체적인 정서를 담아야 할 동요 • 295
아이들의 마음밭을 자유롭게 가꾸어 줄 만화 • 303
우리 아이들, 텔레비전 어떻게 보게 할까 • 311

부록

〈최창의는 누구인가?〉

3선 교육의원으로 펼치는 경기 교육의 미래 • 318

1장

다시 돌아온 교단에 서서

1982년 교육대학을 졸업하고 24살에 처음 교단에 섰다. 해맑은 아이들에게 참교육을 실천하기 위해 교육운동을 펼치다가 해직되어 거리의 교사가 되는 아픔도 겪었다. 10여 년 만인 1998년 전교조 합법화와 함께 교단으로 돌아왔다. 다시 만난 아이들과 울고 웃고 부대끼며 사랑을 나누었다. 교사로 복직한 뒤 교실살이, 교육운동, 세상살이 하면서 틈틈이 쓴 글들이다.

1

아이들과 꿈꾸는 교실

학교에 한 그루 나무를 심고

오늘도 학교 가는 길의 봄은 상큼하기 그지없다. 산속에 서로 살 부비며 자라는 나무들이 연초록으로 눈부시다. 화정동 아파트 숲 끝의 배밭에는 배꽃이 하얗게 무리 지어 피어 햇살에 빛난다.

어느새 학교에 도착했다. 교실로 가기 전에 숨을 크게 한 번 들이켜면서 학교 뒤뜰에 서 있는 나무를 바라본다. 며칠 전 내가 심은 감나무이다. 갓 심은 나무지만 잎사귀가 제법 파릇파릇 돋아나고 있다. 사랑스럽기 그지없어 가까이 가서 손으로 어루만지고 눈을 맞춰 본다. 마치 아기를 키우는 것처럼 하루하루 보는 기분이 다르다. 저 나무가 잎이 나고 가지가 팔뚝처럼 굵어져 내년이면 아기 뺨처럼 붉은 감이 열릴 것을 떠올리면 그저 생각만으로도 즐겁다.

나는 오래전부터 학교에 나무를 심고 싶었다. 그런데 그 생각이 어처구니없게도 학교에서 잘린 해직 기간에 찾아들었다. 내가 몸담았던 학교들을 차례로 떠올릴 때마다 남긴 것 없이 몸만 쏙 빠져나온 안타까움이 일어났다. 내 몸은 비록 학교를 떠났어도 한 그루 나무라도 심었더라면 얼마나 좋았을까? 그 나무가 아이들에게 그림이 되고 시가 되고, 여름날 땀을 식히는 그늘로 남아 있을 텐데…… 그래 다시 복직하여 학교로 돌아가면 꼭 나무를 심어야지 별렀는데 지난해에는 어쩌다 시간을 놓쳐 버리고 말았다. 올해는 다행스럽게 학부모 단체에서 학교에 나무를 기증하는 틈을 타 나도 나무 한 그루를 사서 심기로 하였다.

나무 심는 날은 마음이 들뜨기도 했지만 조심스러움이 더 컸다. 우리 아이가 2학년 때 아이 학교 운동장 끝에 벚나무를 한 그루 심고 나서 4년 만에 파 보는 나무 구덩이였다. 삽으로 땅을 파면서 연신 땀이 흐르는데도 다리에는 힘이 돋았다. 나무 잔뿌리가 상할세라 하나하나 펴서 고운 흙을 잘게 부숴 덮어 줄 때는 기도하는 기분이었다. 잘 자라라 나무야! 나무를 다 심고 하늘을 보니 참 푸르다. 이마에 흐르는 땀방울을 닦으며 생각하니 내가 나무를 심은 게 아니고 나를 학교에 심은 것 같다. 아이들 가슴속에 뿌리내리려는 교사의 마음을…….

돌아보면 새로 건축해 개교한 학교에는 나무가 별로 없다. 나무 심은 게 아파트 단지만도 못하다. 아파트 단지에는 그래도 제법 가지가 쩍쩍 벌어진 나무들이 가득 차 있고 철 따라 피는 갖가지 꽃나무도 많다. 그런데 사람을 키우는 학교가 길거리만큼도 나무가 없다. 또 터무니없이 적은 조경 예산 탓에 나무를 심어도 대꼬챙이를 세워 놓은 것처럼 앙상하다.

어릴 적 내가 다니던 시골 학교에는 나무가 울창하였다. 봄이면 온통 눈꽃처럼 하얗게 핀 벚꽃나무 아래서 여자애들은 고무줄뛰기, 사내아이들은 오징어놀이를 했다. 그러다 봄바람이 불어 대면 운동장은 꽃잎이 흩날려 꽃마당이 되었지. 운동장가의 큰 느티나무와 미루나무 꼭대기에는 새들이 찾아들어 고운 소리로 울었다. 5학년 때는 학교 나무 위에 지은 때까치 집에서 알을 꺼내려고 동네 형과 올라갔다가 떨어질 뻔했던 기억도 있다. 운동장에서 체육을 하거나 운동회를 할 때면 그

...1998년 11월, 9년 4개월 만에 복직되어 고양 성신초로 발령을 받았다. 새로운 교육의 이상을 펼치기 위해 슈타이너 학교 연수도 다녀오고, 새봄이 되자 학교 정원에 감나무를 심었다. 학교와 아이들 속에 깊이 뿌리내리겠다는 다짐이었다.

큰 나무들이 더없이 좋은 그늘을 드리워 주었다.

지금 돌이켜보면 학교의 그 나무들이 우리를 푸르게, 넉넉하게 길러 준 또 다른 스승이 아니었나 싶다. 한 시인은 하느님이 지은 자연 가운데 우리 사람과 가장 가까운 것이 나무라고 했던가? 참나무는 튼튼한 어른들과 같고, 앵두나무의 키와 열매의 그 빨간 뺨은 소년들을 닮았다. 우리가 위로 위로 머리를 두르는 것도 나무처럼 푸른 하늘을 사랑하기 때문이라고 했지.

아이들은 나무를 보고 이렇게 시를 쓴다.

밤 9시쯤
벚꽃이 피어 있다.

벚꽃이 밤을 비춰 주었다.
달밤에 분홍색으로 빛난다.
나는 화장실 갈 때도
하나도 무섭지 않다.

(4학년, 여)

내가 심은 감나무가 아이들에게 이런 시 한 편으로 살아나면 좋겠다. 나 자신도 세상에서 한 그루 나무처럼 사는 꿈을 꾼다. 한곳에 그대로 뿌리를 내리고 서서 한곳을 지키는 나무, 세상 이곳저곳 둘러보지 않고 곁에 오는 사람 받아 주고 지켜보는 나무, 저 시골 마을 어귀의 커다란 느티나무면 더 좋겠다. 땀 흘려 일하는 농사꾼의 땀도 식혀 주고 새들이 집을 지어 살게 말이다.

1999. 4.

돌아다니는 아이들

아침에 같은 학년 선생님들과 함께 커피를 마시는데 오늘 아침 뉴스 이야기가 나왔다. 5반 선생님이 전하기로 "부천의 어느 초등학교 1학년 선생님이 아이가 하도 돌아다니길래 끈으로 묶어 놓았는데 그 뒤 아이가 정신에 문제가 생겨 병원에 입원하였다."고 한다. '얼마나 돌아다니면 그랬을까?' 하고 이해하는 말도 있었지만 '묶어 놓는 건 너무 심했다.'는 반응이 대다수였다. 그러면서 한편으로 '그 선생 텔레비전까지 탔으니 이제 끝이군.' 하는 생각과 '또 선생들이 막돼먹었다고 욕깨나 하겠지.' 하는 생각들이 선생님들 사이에 번져 가는 듯하였다.

말이 나왔으니 말인데 요즘 학교에는 정말 자기 멋대로 나다니는 아이들이 많다. 공부 시간에 교실 안에서 이리저리 돌아다니는 아이들뿐만 아니라 저학년에는 가끔씩 공부 시간에 몰래 빠져나가 학교 둘레를 빙빙 돌거나 놀이터에 주저앉아 있는 아이도 한두 명씩 있다. 2학년 옆 반의 한 아이가 그러는데 1학년 때부터 선생님이 잠깐 한눈팔면 슬며시 교실에서 나가 학교 주변을 떠돌다가 마음이 내키면 들어오곤 한다고 한다. 또 다른 반에도 그런 아이가 하나 더 있고 우리 반에는 기호가 그렇다. 또 교실 밖을 나도는 아이들끼리는 보통 서로 친해서 함께 만나서 떠돌아다니기도 한다.

우리 반에서 밖으로 돌아다니기를 잘하는 아이인 기호 이야기이다. 그날 둘째 시간이 끝나고 셋째, 넷째 시간에는 옆 반인 6반과 함께 운동장에서 즐거운 생활을 하였다. 아이들과 반 대항 축구 시합을 마치고 땀에 전 몸으로 교실에 들어왔다. 운동을 한 뒤에 교실에 들어오면 으레 소란스러운지라 아이들을 좀 진정시키려 하는데 태헌이가 외친다.

"선생님, 박기호 없어요."

가끔 그렇게 늦게 아니면 혼자 복도에서 나다니다 들어오는 아이라 좀 있으면 오겠지 하며 그냥 넘기고 알림장을 써 주었다. 그런 다음 급식차를 교실로 끌고 들어와 밥 나눠 줄 준비를 했다. 그런데 또 태헌이가 소리를 친다.

"선생님, 기호 아직도 안 들어왔어요."

그러고 보니 아이들이 체육 시간 끝나고 교실에 들어온 지 20여 분 남짓 지났다.

'아니 이 녀석이 어디 갔단 말인가? 밥 먹을 시간이고 이제 곧 집에 가야 할 텐데, 지난번처럼 놀이터에 갔을 리도 없고…….'

은근히 걱정이 밀려온다.

"아니 어떻게 된 거야? 체육 끝나고 기호가 교실에 들어오는 것 본 사람?"

서넛이 손을 드는데 이야기가 도무지 종잡을 수 없다. 한 아이는 복도에서 봤다고 하고, 한 아이는 운동장에 나갈 때만 보았다고 한다. 그런데 여자아이가 한 말이 소름을 돋게 했다.

"우리 운동장에서 체육 할 때 기호는 교실에서 있었어요. 창가에 걸터앉아 있던데요."

'그럼 운동장에도 안 나왔단 말이야. 더구나 창가에 앉아 있었다니, 여기가 3층인데……' 가슴이 덜컥하면서 얼른 창밖을 내다보다가 겸연쩍어 운동장 멀리 아이가 있나 둘러보았다. 급식을 얼른 나누어 주어야 하고 아이도 찾아야 하느라 정신을 없는데 아이들은 그저 떠들고 장난치기 바쁘다. 짜증이 나서 조용히 하라고 소리를 쳐 보았지만 잠깐이다. 혹시 집에 갔나 싶어 핸드폰으로 전화를 해 보았는데 아버지가 혼자 받는다. 바쁜 상황이라 대강 설명을 한 다음 어머니가 집에 오면 학교로 와 달라고 말한 다음 끊었다.

우리 반에서 똑똑하다 싶은 아이 네 명을 불러 유치원 놀이터랑 학교 둘레를 돌아보라고 일러 놓고, 나도 급식통을 팽개쳐 두고 교실 밖으로 서둘러 나갔다. 이곳저곳을 보고 또 보고 창밖을 내다봐도 아이가 없다. 화장실도 들어가 보고 실내의 갈 만한 곳은 다 찾아보다가 불현듯 옥상 생각이 났다. 얼마 전 그 녀석이 옥상에 올라가 보고 싶다고 말한 적이 있다. 그렇지만 출입문이 잠겨 있을 테니 설마 거기에 올라갔을까 위안을 삼으면서도 불길한 생각이 겹쳐 5층 위쪽 옥상으로 내뛰었다. 아이고 어쩔꼬, 문이 열려 있지 않은가. 옥상 위로 올라가니 바람이 시원하게 얼굴을 휘감아 왔다. 하지만 눈길은 오직 어디 떨어지기라도 했으면 어쩌나 하는 생각에 옥상을 빙빙 돌면서 땅 아래쪽만 쳐다보았다. 혹시 몰라 옥상 창고 문도 열어 보았지만 비어 있다.

다시 1층으로 내려와 찾으러 보낸 아이들에게 물으니 학교에는 기호가 어디에도 없다고 한다. 지난번에 놀다가 6반 선생님에게 붙잡혀 온 적이 있던 유치원 놀이터에도 가 보았다. 놀이터 미끄럼틀의 원통 속도 꼼꼼히 살펴보았지만 없다. 어디로 갔단 말인가? 이쯤 되니 별 좋지 않은 생각이 다 일어나고 어렸을 적에 아들을 잃어버려 혼쭐이 났던 기억까지 복잡하게 겹쳐진다.

기호의 둔한 몸짓과 굵은 안경테가 눈앞에 떠오르면서 걱정이 더 커졌다. 허탈하고 멍한 마음으로 교실 쪽으로 걸어 들어오려다 한 가지 빠진 곳이 잡힌다. 얼마 전 자기가 문방구에서 기차 전자오락을 했다는 일기가 생각났다. 그래 그곳에 있을지 모른다는 생각에 아이들을 문방구로 보냈고 조금 있다 아이들 손에 이끌려 기호가 들어왔다. 지은 죄가 죄니만큼 잔뜩 겁먹은 표정으로 옆 반 지수와 함께 문방구에서 오락을 하다 왔다고 말한다. 미운 마음보다는 안도의 한숨이 먼저 나왔다.

교실에 들어와서 아무 말도 묻지 않고 밥부터 먹으라 일러두고 소란스러운 아이들을 앉힌 뒤 급식을 시작하였다. 아이들은 한참을 기다린 뒤라 들떠서 떠들어 대고 혼비백산하여 다니느라 입맛도 없다. 밥이 어디로 들어가는지 모르겠다. 밥을 먹으면서 연신 기호 얼굴을 보니 눈치를 보면서도 밥은 꾸역꾸역 먹는다.

'아이고 그래, 체할라. 우선 밥이라도 마음 놓고 먹어라. 밥 먹은 뒤에 따질 건 따지더라도…….'

1997. 7.

잃어버린 신발을 찾아라

올해는 2학년을 맡았다. 어린아이들이라 마음이 맑고 깨끗해서 슬그머니 웃음이 나올 때가 많다. 지난번 즐거운 생활 시간에 일어난 일이다. 이어달리기를 하려고 운동장에 모여 있는데 은미가 안 보인다.

"선생님, 은미 신발이 또 없어졌대요."

조금 있으니 은미가 실내화 바람으로 스탠드 위로 나와 서 있다. 아이들을 잠깐 세워 두고 가까이 가서 물었다.

"신발이 또 한 짝만 없어졌니?"

고개만 끄덕이는데 눈자위가 붉어져 있다. 며칠 전에도 은미는 신발 한 짝이 없어진 적이 있다. 빨간 신발 한 짝만 덩그러니 남아 있는 걸 보니 속이 보통 상하는 게 아니다. 학급 아이들 몇 명을 시켜 아이들이 장난칠 만한 곳을 온통 뒤졌다. 화장실, 계단 뒤, 다른 반 신발장, 사물함까지 모두 살펴보았지만 헛일이었다. 신발을 못 찾자 은미가 어찌 섧게 펑펑 우는지 달래느라 혼이 났다.

'어떤 괘씸한 녀석이 이리 장난을 치나? 한 번도 아니고 두 번씩이나…….'

운동장에서 이어달리기를 하면서도 이번만큼은 꼭 찾아야 한다는

...아이들은 맑고 깨끗하다. 그 아이들과 이야기를 나누고 노래하는 교사의 삶이 즐거웠다. 아이들 속에서 배우고 아이들을 하늘처럼 섬기는 교실 만들기에 힘썼던 소중한 시간이었다.

생각이 머릿속에서 떠나질 않았다.

하지만 각오와 달리 별 뾰족한 방법이 떠오르지 않는다. 아이들 전체를 교실에 잡아 두고 눈을 감겨 양심에 간절히 호소를 해 볼까? 그러다 신발 찾기를 그르칠까 걱정이다.

순간 아이들의 그 '순진함'을 거꾸로 이용해 볼 속셈이 번뜩 떠오른다. 교실에 들어가기 전에 아이들을 불러 보았다. 오르르 둥그렇게 모여 토끼눈을 뜨고 쳐다보는 아이들에게 매우 재미나고 과장된 몸짓을 섞어 말을 했다.

"애들아, 은미 신발이 어디 있을까? 너희들 찾을 수 있겠니?"

아이들이 벌써 호기심에 눈빛을 반짝인다.

"텔레비전을 보면 경찰 특공대는 정말 대단하더라. 아무리 어렵게 숨긴 물건도 금방 찾아내거든. 우리 반에도 경찰 특공대 같은 사람이 있을 거야. 오늘 신발을 찾는 사람은 앞으로 경찰 특공대라고 부를 거야. 그리고 상품으로 사탕 10개를 주겠다. 자, 신발을 찾아서 출발."

아이들은 이야기가 끝나기도 전에 경찰 특공대가 되기 위해 벌써 뒤꽁지를 보이며 내뛴다. 과연 내 작전이 맞아떨어질까? 옷을 갈아입고 교실에 들어서니 아이들이 한 녀석을 둘러싸고 와글와글 떠들어 댄다.

"선생님, 한솔이가 신발을 찾아냈어요."

한솔이와 함께 신발을 찾았다는 곳을 가 보니 복도 구석에 아이들 키보다 큰 박스 뒤를 가리킨다. 귀신이나 사냥개가 아니면 찾지 못할 곳에 신발이 숨겨져 있던 셈이다.

한솔이는 은미 짝이다. 은미를 바라보니 어이없게도 굉장한 일을 해낸 짝이 자랑스럽다는 낯빛이다.

"그래, 한솔이가 오늘부터 우리 반 경찰 특공대다. 공부 끝나고 상을 주겠다."

아이들을 모두 보낸 뒤 청소 시간에 한솔이를 가만히 불렀다.

"한솔아. 어떻게 눈으로 보이지도 않는 곳에 있는 신발을 찾아냈니? 그곳에 있을 것 같은 생각이 들었어? 너 대단하다. 혹시 지난번에 잃어버린 신발도 찾을 수 있겠니? 그 신발까지 찾으면 정말 좋을 텐데……."

순진한 녀석이 내 꾐에 빠져 다시 뛰어나갔지만 그 신발은 찾지 못하고 돌아왔다. 이제 어찌해야 하나? 짝을 놀리거나 좋아하는 마음에 장난을 친 걸로 짐작이 되지만 막무가내로 의심할 수도 없는 노릇이다. 장난치려 감췄느냐고 캐물을까 하다가 아이 마음에 상처가 될까 봐 욕구를 억누르고 말했다,

"한솔아, 네가 신발을 찾아냈으니 경찰 특공대가 맞아. 그런데 다

음에 우리 반에서 신발이 없어지는 일이 생기면 아이들이 어떻게 생각할까? 그때는 아이들이 네가 미리 숨겼다고 의심할지도 몰라. 네가 너무 잘 찾아내니까 말이야. 그러니까 앞으로 우리 반에서 신발이 없어지는 일이 생기면 안 돼. 네가 경찰 특공대니까 신발이 없어지지 않도록 지켜야 돼. 할 수 있지?"

한솔이는 알았다며 고개를 끄덕인다. 사탕을 줄까 말까 하다가 반으로 줄여 다섯 개를 손에 쥐어 주었다. 그 뒤로 은미는 아무런 문제없이 신발 두 짝을 잘 신고 다닌다.

2001. 4.

과밀 학급 속의 아이들

올해 나는 체육 교과 전담 교사를 맡았다. 5, 6학년 모두 11개 반을 가르치고 있는데 일주일 수업 시간이 모두 22시간이다. 보통 하루 네 시간가량을 운동장에서 움직이고 뛰어야 하니 몸은 훨씬 힘이 든다. 하루 수업을 마치고 나면 허리가 뻐근하고 뒷다리도 땅길 때가 많다. 하지만 나는 요즈음 체육 수업이 참 즐겁다. 계절만 봄이 아니라 내 마음도 따사로운 봄날이다.

체육 시간이 되면 너른 운동장에서 흙을 밟으며 아이들을 만날 수 있어 좋다. 아이들이 큰 소리로 외치고 소리를 질러도 막을 사람이 없다. 망아지처럼 뛰고 달려도 땅 꺼질 일 없다. 밝은 햇살 아래 뛰고 달리는 아이들의 싱싱한 팔다리를 보노라면 뭉클한 감동이 밀려온다. 저 빛나는 아이들, 자기네끼리 뜀박질만 해도 깨알처럼 웃음이 쏟아지는 아이들이 네모난 교실에 갇혀 얼마나 숨통이 막힐까?

흔히 교실에서 "조용히 해."를 자주 외쳐 대는 교사들도 한자리에 많은 수가 모이면 아이들 못지않게 소란스럽다. 한참 몸과 마음이 자라나는 아이들이야 오죽하겠는가? 얼마나 할 말도 많고 움직이고 싶어 몸이 근질근질할까? 그런데 우리는 펄펄 살아 있는 아이들 50여 명을

20평 남짓한 교실에 잡아 두고 있다. 교실 크기나 학급당 학생 수는 여전히 그대로인데 아이들은 지난날의 아이들이 아니다. 집 안에서 기껏해야 한두 명씩 자유롭게 자라난 비디오 세대의 요즘 아이들에게 교실은 정말 비좁고 답답하기 짝이 없다. 아이들 가운데는 자기 집보다 교실이 작아 짜증 난다고 말하는 아이도 있다니 어쩌겠는가.

교실에 들어가 보면 요즘 아이들이 떠들고 장난치는 게 보통이 아니다. 아이들이 한꺼번에 왁왁 대기 시작하면 교실이 터질 것 같을 때도 있다. 공부 시간이라 하여도 자기네들이 재미없다 싶으면 가만히 앉아 있질 않는다. 슬그머니 짝이나 앞뒤 아이들하고 쫑알쫑알하거나 물건을 끄집어내 조몰락 조몰락거리고, 끄적끄적 그림이라도 그린다. 쉬는 시간이면 와르르 막았던 봇물이 터지듯 떠들고 뛰고 장난치고 끼리끼리 몰려다닌다. 무엇보다 아이들이 떠들기 시작하면 진정시키기가 무척 힘들다. "그만, 조용히 해."처럼 자주 되풀이하는 잔소리는 아예 못 들은 체해 버리는 경우가 많다. 속이 터지다 못해 소리를 버럭 지르게 되고, 몇 번씩 머리에 손을 오르내리게 하다 보면 공부할 마음이 싹 달아나기도 한다. 아이들은 지금의 과밀 학급 구조에서 교사의 일률적인 통제를 몸으로 못 받아들이고 있다. 그만큼 아이 한 사람 한 사람에게 손이 많이 가야 하고 사랑과 설득이 필요한 셈이다.

교육 당국은 과밀 학급 문제가 나오면 늘 예산 타령만 한다. 그러면서도 '영어를 가르쳐라, 창의력을 길러라, 개별 학습을 해라, 수준별 교육을 해라.' 하며 요구하는 건 왜 이리 많은지 모르겠다. 투자도 하지 않고 여건도 만들어 놓지 않고 밀어붙여서 교육이 된다고 생각한다면 천만의 말씀 만만의 콩떡이다.

오늘도 교실에서 교사들은 아이들을 향해 소리를 지른다. "야, 조용히 해. 앉아. 머리 손." 내 귀에는 오늘의 과밀 학급 속에서 21세기 미래 교육은커녕 사람 교육조차 제대로 할 수 없다는 교사들의 외마디 비명 소리로 들린다. 과밀 학급 속에서 창의 인성 교육은 숨 쉴 틈이 없다.

2001. 5.

아이들이 주인 되는 가을 운동회

아름다운 계절 '가을'이 왔다. 가을 하면 머리에 떠오르는 몇 가지 그림이 있다. 황금 들녘, 국화 향기, 무르익는 오곡백과, 높고 짙푸른 하늘 들이 그것이다. 가을의 또 다른 한 자리에 빼놓을 수 없는 게 초등학교 가을 운동회다. 가을이면 어김없이 신문이고 방송이고 운동회 사진 한 컷 내보이면서 '가을 햇살 아래 열린 동심의 잔치' 같은 말로 우리를 추억의 운동장으로 불러낸다.

우리가 어렵고 배고팠던 시절, 가을 운동회는 아이들은 물론 동네 사람들의 잔치마당이었다. 높은 하늘 아래 매달린 만국기는 축제 분위기를 한껏 돋우고, 새로 사 입은 새하얀 운동복은 아이들 팔다리에 힘이 솟게 했다. 학교 문화가 지역 문화를 앞서 이끌던 시기인지라 아이들이 펼쳐 보이는 고전무용이나 매스게임도 특별한 볼거리였다. 모처럼 준비한 맛난 도시락은 식구들의 이야기꽃으로 피어나고, 막걸리 몇 사발이 돌면서 아버지의 얼굴은 정겨움으로 불그레해지곤 했다. 삶의 미래를 온통 자식 교육에 걸었던 어머니, 아버지들은 뛰고 달리는 아이들을 보면서 희망을 키우며 행복감에 젖었다.

그러나 예전 방식의 이런 운동회가 마냥 아름답고 정겨운 추억거리만은 아니다. 막상 운동회를 치르는 아이들이나 교사들의 편에서 속내를 들여다보면 어두운 구석이 많다. 비판적인 눈으로 보면 운동회의 근본 취지부터 시작해 고치고 바꿔야 할 게 한두 가지가 아니다. 청백 두 패로 나눈 대결과 점수 따기 경쟁, 기계적인 집단 무용, 군사 냄새 물씬 나는 단체경기와 획일적으로 강요된 질서, 무리한 연습 들이 뿌리 깊게 안고 있는 비교육성이다. 지난해에 우리 학교에서도 예전의 이른바 대운동회를 열었는데 반복되는 연습에 지치고 학습 결손도 많아서 교직원들이 운동회 방식을 개선하기로 뜻을 모았다.

올해 우리 학교 가을 운동회는 9월 중순경에 열렸다. 운동회를 하기 전에 먼저 학교운영위원회에서 달라져야 할 운동회의 모습에 대해 의논하였다. 논의 끝에 보여 주기가 아닌 즐기는 운동회, 연습이 필요 없는 운동회, 대결보다는 함께 어우러지는 운동회를 하기로 결정하였다.

이번 운동회는 예전의 보여 주기 식 운동회가 아닌 아이들이 주인되는 작은 운동회였다. 운동회 날도 3일에 걸쳐 두 학년씩 나눠 했기 때문에 운동장이 그리 비좁지 않았다. 청군 백군을 나누거나 점수도 집계하지 않았다. 두 편이 맞서 싸우는 경쟁 심리를 불러일으키고 싶지 않아서이다. 아이들은 점수나 승패에 얽매이지 않고 온 힘을 다해 뛰었다. 달리기 경기에서도 등수는 가렸지만 모두 다 상품을 주었다. 비록 꼴찌를 하였더라도 모든 힘을 다해 달린 아이에게도 격려가 필요하기 때문이다.

경기 내용은 학년 단체 경기를 빼고는 승부를 가리지 않고 10여 개의 놀이마당을 돌며 자연스럽게 놀이를 하였다. 삼팔선, 달팽이놀이 같은 땅에 금을 그어 하는 놀이를 할 때는 숨이 차게 채고 쫓아다녔다. 1, 2학년 아이들이 손에 손을 잡고 꽃찾기 놀이나 비석차기를 하는 모습은 귀여워서 웃음이 절로 났다. 그 밖에도 막대기로 공몰기, 코끼리 코 같은 현대 놀이도 섞어 새로운 놀이도 즐기도록 하였다. 아이들 놀이는 사전 연습이나 한 줄로 맞춰 다닐 필요가 없다. 공부 시간을 빼먹으면서까지 뙤약볕에서 연습을 하지 않아도 되니 무엇보다 지겨워하거나 지치지 않아서 좋았다. 다만 아무래도 아이들끼리 즐기는 운동회가 되다 보니 볼거리를 기대하는 학부모와 지역 사람들의 참여가 조금 적은 게 아쉬웠다.

차츰 이웃의 다른 학교에서도 보여 주는 운동회가 아닌 아이들이 주체로 참여하고 즐기는 운동회가 열리고 있다. 이러한 운동회가 우리 학교 현장에 더욱 널리 뿌리내리려면 학교 관계자와 학부모의 새로운 발상의 전환이 필요하다. 아름다운 계절, 이 가을에 우리 아이 학교에서는 어떤 방식의 운동회를 하고 있는지 눈여겨볼 일이다.

2001. 9.

1학년 아이들을 새로 맡으며

1학년 4반 학부모님께

부모님, 그동안 안녕하셨는지요? 학교 뒤뜰 풀꽃 마당에는 새싹들이 쏘옥 고개를 내밀고 돋아납니다. 다가온 새봄과 함께 1학년 4반 어린이들을 맡게 된 교사 최창의입니다. 지난해에는 2학년을 가르쳤고 성신초등학교에는 올해로 4년째 근무하고 있습니다.

우리 1학년 4반 아이들을 만난 지 벌써 일주일째 접어들어 갑니다. 1학년 아이들을 맡으니 어떠냐고 주변에서 자꾸 묻습니다. 지금은 참 좋습니다. 아이들이 눈망울을 반짝거리며 '잘해 보겠다'고 스스로 나서는 모습을 보노라면 절로 힘이 솟습니다. 그러면서 '나는 더 잘해야지.' 다짐하며 지금 가진 첫 마음을 끝까지 잃지 않으려고 합니다.

학부모님께서는 제가 아이들과 어떻게 배우고 가르치며 살아갈지 궁금하시지요. 그럼 이제 우리 사랑스러운 1학년 4반 아이들과 교실살이를 어떻게 가꾸어 갈지 말씀드리겠습니다.

먼저 밑뿌리가 튼튼한 아이들로 자라게 하고 싶습니다. 생활과 학습의 기본 교육을 충실히 해 보겠다는 것입니다. 아이들에게 너무 많은 것을 가르치고 요구하지 않으려 합니다. 하나를 알더라도 제대로 환하게 알고 몸에 익히도록 하고 싶습니다. 그렇게 하려면 공부도 생활지도도 조금씩 천천히 해야겠지요.

두 번째는 서로 도우며 함께 살아가는 교실로 가꾸고 싶습니다. 남을 짓밟고 누르면서 앞서 가려는 어린이로 키우고 싶지 않습니다. 아이들끼리 모르는 것은 일러 주고 어려운 일은 힘을 모아 풀어 가는 태도를 북돋아 가겠습니다. 이런 태도는 말로 가르친다고 길러지는 게 아니겠지요. 선생인 제가 넉넉한 가슴으로 아이들을 골고루 사랑하고 아이들마다 가진 재능을 찾아 키워 줄 때 가능한 일이지요.

세 번째는 자신이 학습의 주인이 되어 스스로 알아 가고 찾아가는 공부를 하겠습니다. 답을 일러 주기보다는 답을 찾아가는 과정을 중요하게 여기겠습니다. 그래서 질문을 많이 이끌어 내고 생각을 다양하게 해 보도록 하겠습니다.

학부모님, 아이들과 살아가는 일이 행복하기도 하지만 그리 만만하고 간단하지도 않습니다. 누가 그러더군요. 아이들 한 사람 한 사람은 예쁘고 사랑스러운데 떼거리로 몰려들면 겁이 나고 힘겨워진다고……. 학급의 많은 아이들과 생활해야 하는 제 처지에서는 무엇보다 학부모님의 꾸준한 관심과 협조가 중요합니다. 제가 손길이 미치지 못한 부분은 부모님이 채워 주시고 도와주셔야겠습니다. 제가 한 달에 한 번 정도 아이들 생활을 전하면서 부탁드릴 말씀을 올리겠습니다만 부모님께서도 틈틈이 좋은 의견을 주시기 바랍니다.

우리 1학년 4반 아이들, 학부모와 함께 이야기를 나눌 소박한 인터넷 카페도 만들었습니다. 이름은 '꿈꾸는 교실에서'이고 주소는 'cafe.daum.net/sigolso'입니다. 학부모님께 알리는 말씀이나 교실 이야기를 실어 놓을 테니 '즐겨찾기'에 등록해 자주 찾아 주시기 바랍니다.

다가오는 3월 13일(수)에는 학교 학부모 총회가 있습니다. 못다 한 이야기는 그때 뵙고 말씀드리겠습니다. 그럼 올 한 해 더욱 행복하시고 건강하셔서 아이들의 큰 언덕이 되어 주시기를 빕니다.

2002년 3월 8일

최창의 드림

교단 일기를 쓰며

늑목에 오르는 아이들을 보면서

첫째 시간 중반쯤에 아이들과 운동장에 나갔다. 학교 놀이 시설을 타 보고 주의할 점을 가르쳐 주는 시간이다.

운동장에 내리는 햇살이 눈부시고 따사롭다. 햇살 속에 쏟아진 아이들이 새싹처럼 곱다.

아이들이 늑목을 오를 때다. 자그만 손으로 붙잡고 한 칸 한 칸 오르는 모습이 귀엽고 대견하다.

몇몇 아이는 처음 오르는지 조금 두려운 기색이다. 한 발 한 발 조심스레 오르더니 중간쯤 오르다가 멈춘다. 겁 없는 너덧 아이는 맨 위까지 올라가 반대편으로 넘어간다.

잘 오르는 아이보다 겁을 내며 조심스러워하는 아이에게 더 마음이 간다. 저 아이가 저 늑목을 영원히 두려워하지 않도록 세심하게 가르쳐야지.

한 아이도 못 올라가겠다고 미리 주저앉지 않으니 얼마나 다행이냐.

2002. 3. 12.

제 몸 다스리는 교육

아침부터 아이들이 손톱깎이를 가져와 만지작거렸다. 셋째 시간이 '자기 손톱 깎기' 시간이라서 그렇다.

드디어 기다리던 셋째 시간이 되자 아이들이 즐거워한다. 먼저 손톱깎이 쥐는 법을 가르친 다음 손톱을 깎아 보라고 했다. 토도토독 토도독 손톱 끊어지는 소리가 교실로 번진다. 고사리 같은 손으로 조심조심 손톱을 자른다. 둘러보며 제대로 못 하는 아이들 손을 붙잡고 손톱을 깎아 주다가 물었다.

"오늘 처음 손톱을 깎아 보는 사람?" 무려 22명이나 된다.

"아이고, 학교 잘 들어왔다. 학교 안 들어왔으면 장가갈 때까지 엄마한테 손톱 깎아 달라고 했을 것 아냐? 결혼해서는 '여보, 나 손톱!' 그랬겠지."

장난기 묻은 목소리로 말하니 속은 있는지 아이들이 웃는다. 한 아이는 손톱이 안 깎이자 눈물까지 흘린다.

우리는 숫자 쓰고 글자 익히는 데 힘쓰는 걸 교육으로 잘못 알고 있다. 심지어 일부에서는 아이들이 우리말을 떼자마자 영어 공부에 아이들 혀를 괴롭힌다.

조기 교육이란 게 뭘까? 바로 제 몸 자기 스스로 간수하고 다스리는 것을 기본으로 시작해야지 않을까? 제 몸 먼저 스스로 간수하고 다스리도록 가르치자. 그다음 아이가 받아들일 준비가 되었을 때 머릿속에 지식을 담는 게 옳겠다. 이렇게 말하는 나는 언제부터 내 스스로 손톱을 깎았을까?

2002. 3. 20.

4월 들어 마음을 다시 되잡으며

오늘은 '수학' 두 시간과 '즐거운 생활'을 두 시간 공부했다.

수학 시간에 아이들이 첫째와 하나, 둘째와 둘의 차이와 관계를 제대로 이해하지 못한다. 첫째, 둘째는 차례를 나타내는 개념인데 쉽지는 않겠지.

즐거운 생활 시간은 '건강한 몸 지키기'와 관련된 좀 따분한 내용이라 재미있게 수업을 이끌려고 노력했지만 잘 안 된 것 같다.

아이들을 보내고 교실에 조용히 앉아 일기를 쓰면 마음이 평화롭다. '그동안 바빴구나, 최창의! 얼마 만에 쓰는 일기냐?'

4월 들어 다시 마음을 되잡는다. 창밖에 노오란 산수유가 바람에 흔들리는 한낮이다.

2002. 4. 6.

풀꽃을 닮은 아이들

4월 20일 토요일, 하늘은 맑고 햇살은 따스하다.

오늘 재량 활동 두 시간은 밖에서 공부를 했다.

셋째 시간에 뒤뜰 '우리 풀꽃 마당'으로 갔다. 마침 요즘 '슬기로운 생활' 시간이 동물과 식물 단원이다.

교실에서 이론으로 많이 배우는 것보다 실제로 한 번 보는 게 낫겠다 싶은 마음이 늘 들었다. 더욱이 뒤뜰의 풀꽃 마당에 요즈음 풀꽃들이 무성하게 돋아났는데, 1학년 아이들이라서 그런지 살펴보는 일이 없다.

아이들과 풀꽃들을 살펴보는데 햇볕이 따사로워 좋았다. 풀꽃 이름을 찾아가며 풀들을 살피는 아이들 눈빛이 아름답다. 아이들 모습이 영락없이 풀꽃을 닮았다.

박하꽃 앞에서는 박하풀을 흔들어 향기를 맡아 보았다. 상큼하고 싸한 향기가 기분을 맑게 해 준다.

네 시간째는 현장 학습 연습도 할 겸 푸르른 나무들을 보고 싶어 가라산에 올랐다. 가라산은 언제 올라도 정겹고 아늑하다. 우리 학교 옆에 이런 산이 있다는 게 큰 복이다.

2002. 4. 20.

2

거친
교육 현실에서도
희망을

전교조 연가 투쟁, 찬반 엇갈려

가을비가 추적추적 내리던 지난 10월 24일 우산을 받쳐 들고 서둘러 학교를 나왔다. 서울역에서 전국의 전교조 조합원들이 모여 집회를 갖는 날이기 때문이다. 대회 명칭이 교사들이 지고 가야 할 짐만큼이나 무겁고 좀 길다. '공교육 파탄 정책 철회, 연금법 개악 저지, 사립학교법 개정, 단체협약 이행 촉구를 위한 결의대회'이다.

대회 장소인 서울역에 도착하면서 입이 딱 벌어졌다. 역 앞 너른 광장에 교사들이 빼곡하게 들어차 앉아 있는 게 아닌가? 그것도 흩뿌리는 비를 막느라 우비를 걸치고 물이 줄줄 흐르는 맨바닥에 쭈그려 앉아 목이 터져라 구호를 외치고 있다. 어느 집회 때보다 투쟁하자는 말이 자주 등장하고 목소리에 날이 서 있다. 비 내리는 가을 오후, 서울역 광장은 7,000여 명의 교사들이 내지르는 함성과 몸짓으로 결연하다 못해 사뭇 비장한 느낌까지 들었다.

이날 서울역 앞 집회, 전교조에서는 연가 투쟁이라고 표현하는 교사 결의대회를 두고 말들이 무성하다. 언론이 먼저 화살을 당겼다. 집회 내용과 교사들의 요구 사항을 비교적 사실 중심으로 보도한 언론이 있는가 하면 일부 방송이나 신문은 특정한 의도를 가진 편집으로 여론을 몰아가기도 했다. 전교조 홈페이지도 상당히 시끄러워서 교사들을 이해한다는 글도 있지만 '교사들이 부른 배를 더 채우려고 수업도 내팽개치고 투쟁한다.'는 식의 감정적인 비난도 쏟아졌다.

전교조가 교사들의 조직이지만 교육 행위는 학생과 학부모의 이해가 관련된 만큼 건전하고 애정 어린 비판이라면 이를 피하거나 두려워할 이유가 없다. 그런 관심과 비판이 있었기에 오늘의 전교조가 그 혹독한 탄압을 이기고 양심적인 교육 세력으로 설 수 있지 않았는가? 그러나 올 2학기에 전교조가 진행한 일련의 단체협약 이행 촉구 투쟁을 비판하는 소리의 한편에는 현재 전교조의 내부 사정이나 교원노조법이 갖고 있는 한계를 제대로 이해하지 못하는 데서 생긴 오해도 적지 않다.

먼저 전교조가 교사들의 봉급이나 수당 인상 같은 집단 이익만 추구하려는 단체로 변질되었다는 주장인데 그런 우려는 할 수 있지만 단정 짓기에는 성급하다. 이번 교사들의 투쟁을 불러일으킨 원인은 교육부가 무책임하게 단체협약을 깨뜨린 데 있다. 그리고 그 단체협약 속에는 교원들의 처우 개선에 관한 문제가 대부분인 게 사실이다. 그러나 이는 현재의 교원노조법이 교육 정책이나 교육 내용 같은 사항은 교섭 대상으로 논의하지 못하는 한계에서 발생한 문제이기도 하다. 교육부는 이러한 교원노조법의 덫을 교묘히 이용하여 전교조가 합법화 이후 2년 동안 줄기차게 요구한 '과밀 학급 해소와 교육 재정 확충, 교육과정 · 교육제도 개선' 같은 문제에 대해서는 논의조차 거부해 오지 않았던가? 따라서 전교조가 이익집단화 된다고 몰아붙이기만 할 게 아니다. 그들을 진정한 교육 대안 세력으로 믿고 기대한다면 교원노조법의 교섭 대상을 교육 정책까지 포함시키는 법 개정 운동에 힘을 실어 주는 일이 필요하다.

...아이들을 참되게 가르치려면 때로는 그릇된 제도나 세력과 맞서야 한다. 참교육은 젊은 날 삶의 목표이자 의미였다. 전교조 고양지회장을 맡아 학생, 학부모, 교사 '교육 주체 산 오르기 행사'를 하면서 참교육의 뜻을 다졌다.

교사들이 수업을 포기하고 길거리로 나섰다는 비판도 만만치 않다. 실제 한 텔레비전 뉴스는 집회 당일 교사가 없는 교실에서 아이들이 떠들며 비디오를 시청하거나 중학생들이 오전 수업만 마치고 집에 가는 장면을 보여 주었다. 그러나 학교 현장을 직접 다녀 보거나 그날 집회에 참가한 교사들의 이야기를 종합해 보면 과장된 측면이 적지 않다. 서울, 경기 지역의 대부분 교사들은 수업을 마친 뒤 참석하였고, 연가를 내고 참석하였더라도 대부분 수업 시간을 바꾸거나 동료가 대체 수업을 했기 때문이다. 다만 이번 연가 집회를 계기로 교사들의 권리 주장과 학습권의 충돌에 대해서는 감정적인 공방보다는 공개되고 발전된 논의가 이루어졌으면 하는 바람이다.

요즈음 전교조에 내려치는 일부 그릇된 여론몰이와 교육부의 징계

협박을 보면서 지난 1980년대 민주화 탄압의 망령이 되살아난다. 그때 그들은 말했다. '교사가 고분고분 아이들이나 가르치지, 웬 머리띠를 두르고 길거리로 나서느냐?'고……. 그러나 이대로 참고 교실에만 있기에는 공교육 파탄 정책 속에서 허덕이는 학교 현장 교사들의 분노와 배신감이 생각보다 크고 깊은데 어쩌겠는가.

2000. 11.

무너져 가는 학부모와 교사의 관계

'민주화운동 명예회복에 관한 법률'이 시행됨에 따라 전교조 해직 교사들이 보상 신청 접수를 하러 가는 날이었다. 내 차 뒷자리에 두 사람이 함께 탔는데 같은 지역에서 해직되었던 교사들이다. 그런데 지금은 두 사람 처지가 좀 다르다. 언니라 불리는 사람은 복직을 해서 중학교 교사를 하고 있지만, 다른 한 사람은 복직을 포기해 아이가 초등학생인 학부모이다.

접수처인 경기도청까지 2시간 남짓 가는 동안 두 사람은 오랜만에 만나서인지 쉼 없이 이야기를 나누었다. 주로 요즈음 학교 돌아가는 이야기인데 어려운 시절에 참교육을 위해 나섰던 교사 출신들이라 교육 문제를 바라보는 눈이 정확하고 날카롭다. 그런데 이야기 중간에 두 사람의 의견이 맞선다. 바로 학부모와 교사의 자질이나 책임 문제이다. 서로의 상황이나 사정을 이해한다면서도 자신이 선 자리에 따라 겪은 일과 생각은 무척 달랐다.

먼저 중학교 교사는 그렇지 않아도 학교 교육이 절망적인데 극성 학부모의 간섭이 심해져서 교사들이 교육 포기 상태에 이르렀다고 걱정한다. 그러면서 자기 학교에서 일부 학부모의 몰이해와 이기적인 집

단행동에 후배 여교사가 충격을 받아 사표를 낸 사례를 들려준다. 평소 누구보다 아이들을 사랑했던 그 후배 교사는 사표를 말리는 동료들에게 교복 입은 아이들만 보아도 떨리고 학부모들 목소리만 들어도 무섭다고 말했단다.

이야기를 이어받은 교사 출신 학부모는 여전히 아이들과 학부모는 교사들에게 맡겨진 약자라고 했다. 자질이 부족한 교사 한 사람이 그 반 아이들과 학부모에게 미치는 영향이 매우 클 뿐만 아니라 이를 해결할 통로도 막혀 있다고 목소리를 높인다. 그런 예로 자기 아이가 다니는 학교의 한 교사가 여러 형태로 부당한 요구를 하고 아이들을 차별해서 얼마나 많은 상처를 받은 줄 아느냐고 되묻는다. 결국 학부모들의 집단 진정으로 그 교사는 학교에서 물러났지만 학부모가 개별적으로 당하는 일들은 그저 묻혀 버리거나 참는 일이 보통이라고 한탄한다.

이야기가 끊어질 듯하면 나도 가끔 끼어들어 징검다리를 놓았다. 무슨 놀라운 이야기를 듣게 되어서가 아니다. 그동안 주로 교사들의 일방적인 이야기만 듣다가 오늘은 서로 대등한 관계에서 상대방의 입장을 솔직하게 들을 수 있기 때문이다.

나는 교사이자 한 사람의 학부모이다. 그런데 학교에 근무하기 때문에 교사들이 일부 학부모의 무분별한 이기심과 간섭 행위를 성토하는 것을 자주 본다. 학부모를 교육의 동반자는커녕 아예 안 보고 안 만났으면 하는 기피 대상자쯤으로 생각하고 있다는 느낌까지 들 정도이다. 방학 동안에 만난 여러 지역의 동료나 후배 교사들도 마찬가지였다. 파주에 근무하는 교사도, 경상도의 바닷가 학교 교사도, 전라도 후배 교사도 요즘 학부모 등쌀에 교육하기 힘들다고 한다. 예전의 시어머니 같은 학교장 자리를 이제는 학부모가 물려받았다고 빈정대기도 하였다. 하지만 학부모라고 왜 할 말이 없겠는가? 학부모끼리 모이면 상대적으로 교사들의 부도덕과 타성을 얼마나 신랄하게 질타하고 있는가?

학교가 붕괴되고 있다고 여기저기서 말들이 무성하다. 그 원인으로 빈곤한 교육 예산이나 관료적인 교육 정책을 지목한다. 그러나 그 한 축에 무너져 내리고 있는 교사와 학부모의 관계도 가볍게 여길 일이 아니다. 교사와 학부모 간의 이해와 협력 없이 어떠한 교육개혁도 성공할 수 없지 않은가? 가정 교육과 학교 교육이 연계되지 않고서 어찌 온전한 인간 교육을 기대할 수 있겠는가?

완전히 깨지고 무너지기 전에 교사와 학부모 사이의 관계를 바로 세우고 믿음을 살려야 한다. 학부모 단체는 학부모를 대상으로, 교사 단체는 교사를 대상으로 관계 개선을 위한 연구와 토론이 일어나야 한다. 더 늦기 전에 정부와 교육운동 단체가 이런 일에 얼른 눈을 돌렸으면 한다.

2000. 9.

학부모회와 교사 단체가 만나는 자리를

"합법화도 되었는데 전교조 지회의 선생님들을 만나기가 퍽 힘드네요."

우리 지역 참교육학부모회 어떤 임원이 그래도 허물없다고 생각하는 나에게 건네는 말이다. 그 말의 속내에는 선생님들이 나서서 지역 교육 문제를 함께 풀어 가야지 않겠느냐는 바람이 담겨 있기도 하다.

"글쎄, 합법화되고 나니 집안일이 더 바쁜 게지요. 조직 확대하랴, 단체교섭 준비하랴."

"그래도 자주 만나야 하는데……."

우리 지역에서 다른 시민단체들과 벌이는 연대 사업에는 전교조 지회와 참교육학부모회 지회가 늘 함께 움직인다. 올해 들어 기억나는 사업만 추려 봐도 '어린이날 큰잔치, 교육 주체 문화 한마당' 같은 문화 행사는 물론이고, '지역 총선 연대, 상업용지 용도 변경 철회, 학교 주변 러브호텔 규탄 시위' 같은 지역 문제 연대 투쟁, '고양두레생활협동조합'을 설립하는 공동체 살리는 운동까지 그 폭과 깊이가 상당하다. 제대로 자리 잡은 시민단체가 몇 안 되는 지역에서 이처럼 굳건하게 연대하여 지역의 문제를 풀어 가는 모습은 얼마나 소중한가? 그런데 안타깝게도 두 단체의 공동 관심사인 교육 문제는 따로따로 풀어 간다. 전교조는 교사만을, 학부모회는 학부모만을 대상으로 자기 일에 빠져 있다. 서로가 하는 일이 무엇이고 어떤 방향으로 가고 있는지, 함께 따져 보고 가늠해 보는 일이 거의 없다.

전교조는 올해 전국적인 중심 사업이 교육부와 단체교섭이었고, 학교 현장에서는 이를 뒷받침하기 위한 여러 선전, 서명, 집회 같은 일에 매달렸다. 실제 전교조는 단체교섭을 통해 교육 문제의 많은 부분을 해결할 수 있다고 여겨 온 조직의 힘을 기울였다. 그런데 이처럼 막중한 단체교섭을 시작하면서 그 내용을 지역의 학부모에게 설명하거나 알리는 자리를 갖지 않았다. 그러니 학부모는 도대체 단체교섭이 무엇이며 교육부와 무엇을 놓고 줄다리기를 하는지 도통 알 리가 없어 교섭이 마무리될 때까지 남의 일 보듯 했다.

전교조 지회가 이처럼 자신들의 조직 일로 정신을 쏟고 있을 때 학부모회 지부도 자기 사업에 몰두한다. 학부모회 내부를 정확히 알지 못하지만 많은 회원들이 참여하여 꾸준히 펼치고 있는 사업이 각종 강좌나 소모임, 체험학습 들이다. 개인 과외 허용 문제로 온 나라가 들끓어도 지역 학부모들은 학교 교육의 정상화를 위한 교육운동 같은 골치 아프고 부대끼는 일은 뒷전에 미뤄 두고 싶어 한다.

전교조와 학부모회는 지난 독재정권 아래서 잘못된 교육을 비판하고 저항하는 일 하나만으로도 동지였다. 그러나 이제는 단순한 정부 정책 비판을 넘어서 저마다 주체적으로 교육 대안을 제시하고 있다. 이미 새 정부 들어 학부모들이 자기 목소리를 내면서 교사들과 달리 교육개혁 방안을 제시한 일이 있다. 얼마 전에 교육부에서 내놓은 교직발전종합대책안의 일부 조항에 대해 전교조와 참교육학부모회가 다른 관점으로 보고 있다. 전교조와 민주노총까지 강력하게 주장하고 있는 주5일제 수업도 학부모회는 아직 시기가 이르다고 주장하고 있다.

교육 정책에 대한 서로 다른 견해가 큰 문제는 아니다. 오히려 교육 개혁 과정에서 사전에 의견 교환이 충분하지 못하거나 현장 실정을 올바르게 이해하지 못해서 일어나는 서로 간의 불신과 혼란이 걱정스럽다. 이런 가운데 많은 학부모가 교사들이 아직도 권위적인 모습을 못 벗고 안일하게 교육을 하고 있다고 비판한다. 교사들 가운데 상당수는 학부모단체 회원들이 교사 죽이기에 앞장서는 사람들처럼 왜곡된 정보를 갖고 있기도 하다. 따라서 어느 때보다도 학부모와 교사 단체 간의 만남과 대화가 절실하다. 그리고 교육 문제를 함께 해결하기 위한 정책 연구와 실천이 뒤따라야 한다.

다가오는 여름방학부터 지역은 지역끼리, 본부는 본부 단위로 교사와 학부모 단체가 한 달에 한두 번씩이라도 정기적인 모임을 시작하면 좋겠다. 아이들 살리는 일에 누가 먼저랄 게 있는가. 마음을 열고 마주 앉아 서로의 뜻과 활동을 이야기 나눠 보자.

2000. 7.

어른이 되어 만난 제자들과

나는 요즈음 심심할 때면 인터넷 동창 모임 '모교 사랑'을 들락거린다. 예전에 가르치던 우리 반 제자들 만나러 가는 재미 때문이다. 내가 20대 청년 시절에 맡은 아이들인데 지금은 모두 어른이 되었다. 첫 학교에서 가르치던 아이들은 이제 서른이고 그 뒤의 아이들도 대부분 20대 후반이다.

우연히 아이들 모임방에 들러 이야기를 훔쳐보다가 그냥 나오기 뭐해서 얼마 전에 내 소식을 간단히 적어 둔 게 고리가 되었다. 그날부터 10년 넘게 소식을 몰랐던 아이들의 쪽지 편지가 쪼르르 날아들었다. 86년도에 2학년 꼬맹이였던 우리 반 아이들은 그때 만든 학급문집 이름인 '하늘소'라는 방에서 만나고 있었는데 대견스럽게도 나를 기억해 주었다. 한진이는 자기들 방에 '드뎌 우리 선생님이 나타나셨다.'고 활활 불타는 모양의 글을 싣고 '마징가Z' 음악을 깔아 환영을 한다. 그 뒤로 선희, 도환이, 준상이, 연희, 선명이, 선민이 같은 시골 6학급 학교에서 만났던 코흘리개들의 편지가 이어질 때마다 반가움에 가슴이 뛰었다.

이런 인터넷 동창 모임 덕분에 지난 일요일에는 또 다른 제자들의 반창회에 초대를 받았다. 1987년도에 가르쳤던 6학년 아이들이다. 6시에 만나기로 했는데 조금 늦게 나섰다. 미리 자기네끼리 자리를 잡아 이야기라도 나누라는 속셈이었는데 막상 약속한 곳에 다다르니 모두 밖에 나와 기다리고 있다. 녀석들이 좀 컸다고 예의를 지키려는 모양이다. 지금 나이가 스물여섯이니 몰라보겠구나 생각했는데 얼굴은 처녀 총각이라도 옛 모습은 그대로 남아 있다. 반가운 마음에 하나하나 손을 붙들고 서서 선겸이, 중희, 용성이, 지은이, 복성이, 효승이 불러 대는데 이름을 잊었을까 서로가 긴장이 된다. 다른 아이들은 직장 일이 늦게 끝나 조금 뒤에 오기로 했다고 한다.

삼겹살을 굽고 소주도 몇 잔 돌렸다. 처음 올 때는 술을 조금만 먹고 말도 줄이고 그저 아이들 노는 모습이나 보아야지 했는데 뜻대로 안 된다. 아이들이 지난 시절을 풀어헤치고 웃음판이 자르르 흐르면서 술잔이 거푸 돌려진다.

"선생님, 그때 참 재미있었어요. 도랑물이 흐르는 들판으로 나가 놀이하고 도시락을 까먹던 일, 꽃을 꺾어 장식을 만들기, 들길 달리기도 했는데 다 기억하세요?"

"학교 다니면서 그때만큼 교과서에 없는 것을 많이 한 적도 없었던 거 같아요. 여러 가지 책읽기, 이야기, 노래, 놀이……."

아이들이 별 시시콜콜한 것까지 온통 끄집어낸다. 더욱이 십 년이 넘었건만 그때 가르쳐 준 노래까지도 자그맣게 부른다. 중희는 그때 배운 '에야디야'라는 민요를 신입사원 야유회 때 불렀는데 사람들이 몰라주어 썰렁하기도 했단다. '참, 아이들이란 게 무섭구나. 그 어린 시절에 보고 듣고 배운 것이 이리 오래도록 가슴에 남을 줄이야.'

아이들에게 좋은 기억만 있겠는가? 혹 가슴에 상처를 남겨 준 일은 없을까 두렵기도 했는데 늦게 온 혜영이, 현경이한테 그런 이야기

... 예전에 가르친 제자들 만나는 일은 여전히 가슴 설레고 즐겁다. 1983년에 처음 교단에서 가르친 안성보체초 5학년 때 아이들인데 이제는 30세를 넘긴 어른이 되어 있다.

를 듣게 되었다. 혜영이는 나보다 옆 반 총각 선생님이 담임하기를 바라서 내내 마음을 열지 못했노라고 한다. 현경이는 손버릇이 나빠 나한테 매를 맞다가 작은 상처가 났다고 보여 준다.

"그런데 만약 그때 총각 선생님이 담임이었으면 오늘 안 나왔을 걸요."

"선생님 덕분에 다시는 그런 나쁜 행동을 안 하게 되었어요."

참 고마운 아이들! 이렇게 못난 나를 용서하고 위로해 준다. 2차로 호프집에 옮겼을 때는 진환이, 지연이, 희정이 거기다가 다른 반이었던 용학이, 영화까지 스무 명 남짓 아이들이 모여들고 우리는 그날 밤을 기어코 넘기고야 말았다.

어떤 선생님은 이렇게 제자들 모임에 함께하는 걸 두고 'A/S 다닌다'고 했다지. 하지만 나는 그럴 생각까지 없다. 그저 아이들이 찾아 주면 곁에서 세상사는 이야기를 귀담아들어 주고 내 지금 모습을 정직하게 보여 주면 그뿐이다. 그것이 세상에서 서로에게 배우는 또 다른 교실이 아니겠는가?

2000. 12.

삶 속에서 실천하는 권정생 동화

나는 동화 작가 권정생 선생님 얼굴을 직접 뵌 적은 없다. 다만 책 같은 데서 사진으로 보고, 선생님이 쓴 동화나 시, 수상들에서 삶을 만나고 생각을 알 뿐이다. 권정생 선생님을 직접 만날 수 있었으면 하는 마음이 생겼다가도 그 아픈 몸을 이끌고 아이들에게 좋은 동화를 들려주고 있는 것만 해도 얼마나 고마운 일인가 싶어 얼른 욕심을 접는다.

내가 권정생이라는 이름 석 자보다 먼저 만난 것은 『몽실 언니』라는 동화책이다. 1980년대 초반에 부정기 문학잡지를 가끔 사 보곤 했는데, 그 책의 내용 가운데 인민군을 돕는 아버지나 인민군 소년 병사를 적대 관계로만 보지 않고 인간으로 만난다는 '몽실 언니' 책을 인용한 대목을 읽게 되었다. 그러면서 동화 문학에서는 보기 드문 통일 이야기라고 소개한 걸 보고 신선한 느낌을 받았다. 그때는 내가 교직에 갓 나온 햇병아리 시절로 으레 동화라면 현실을 떠난 뜬구름 잡는 이야기로 알고 있던 터라 눈이 번쩍 뜨였던 거다. 그 책 소개를 보고 우리 어린이 문학계에도 이런 이야기를 용기 있게 쓰는 분이 있구나 하면서 『몽실 언니』를 한번 읽어 보고 싶었다. 하지만 출판사도 제대로 모르고 시골 지역이라서 서점에 몽실 언니 같은 책은 꽂혀 있지 않았다. 책을 사러 서울에 나간다는 생각은 전혀 해 보지 못했던 시골뜨기 교사라 그저 마음에만 책 이름을 간직한 채 시간이 흘렀다.

1985년 들어서 근무지 학교를 서울 가까운 고양 지역으로 옮겨 'YMCA초등교육자회'와 '글쓰기연구회 경기 모임'에 나가면서부터 비로소 몽실 언니를 사 읽게 되고 권정생 선생님의 다른 동화책들도 만나게 되었다. 몽실 언니를 처음 읽던 날 새로운 세계에 눈뜨는 기쁨이 너무 커서 한 번도 멈추지 않고 단숨에 읽은 기억이 새롭다. 몽실이가 새아버지를 만나 다리가 부러질 때는 마치 내가 겪은 일처럼 가슴이 저렸다. 몽실이는 우리 겨레가 겪은 전쟁의 아픔과 고난을 자신의 삶으로 아릿하지만 당당하게 들려주었다. 그 뒤로 『몽실 언니』를 가까운 선후배나 학부모들에게 권해 주거나 사 주는 일이 잦아졌고, 책을 읽고 난 뒤 감동을 많이 받고 눈물을 흘렸다는 이야기를 들었다.

권정생 선생님의 다른 동화책들도 젊은 날의 교사였던 나를 일깨우고, 아이들에게 귀한 양식이 되었지만, 『하느님의 눈물』이라는 유년 동화를 자주 읽어 주었다. 그 동화들 가운데 「산버들나무 밑 가재 형제」 같은 잔잔하고 아기자기한 동화가 마음에 들지만 20대 청년 교사 때는 「다람쥐 동산」이나 「가엾은 나무」 같은 우리 겨레의 분단 문제를 은유로 그린 동화들이 더 가슴에 와 닿았다.

「다람쥐 동산」에 얽힌 이야기는 아직도 기억이 생생하다. 그때가 1986년도인데 전두환 독재정권이 기승을 부리고 민주를 외치는 국민들의 목을 조르던 숨 막히는 시기였다. 전두환 정권은 국민들의 저항을 잠재우고 정권 안정을 위해 북한 금강산댐 수몰로 위기의식을 조장하면서 초등학생들까지 머리띠를 두르고 운동장에 모여 남침 위협을 규탄하는 1950년대식 반공 궐기 대회를 가지도록 했다. 내가 근무하던 학교도 그 울타리에서 벗어날 수는 없었다. 의식이 있는 사람이라면 숨쉬기조차 편치 않았을 시기인데 나는 교육운동을 시작하면서 우리 교육의 모순을 알아 가고 참된 교육자의 길을 갈망하던 때라 정치권력 교육을 이용하는 행태들이 못마땅하기 그지없어 분통이 터졌다. 군사정권이 기승을 부리면서 학교에서는 그전까지 희미해졌던 6·25 기념 반공 웅변대회도 다시 생겨나면서 북한을 규탄하는 웅변 목소리도 한껏 높고 잔인해졌다. 그 웅변대회라는 것이 아이들에게 어른들의 생각이나 정부 시책을 앵무새처럼 내뱉게 하는 것이라 웅변 원고를 내지 않고 있었다. 그런데 반별로 의무로 하는 행사라서 마음이 편치 못하고 다른 선생님들의 눈초리도 따가웠다.

어찌할까 오래 망설이다 이왕 하려면 케케묵은 반공 논리만 내세울 게 아니라 아이들이 지향해야 할 통일 이야기를 하기로 마음먹고, 권정생 선생님 동화인 「다람쥐 동산」을 활용하기로 했다. 「다람쥐 동산」이라면 아이들에게 남북의 사람들을 한겨레로 받아들이게 하고 통일에 대한 염원을 불러일으키는 데 적합할 것 같아서였다. 그래서 웅변 방식 대신 동화의 내용을 이야기처럼 자연스레 들려주고 뒷부분에 아이의 생각과 의견을 내세우는 방식으로 원고를 작성하였다. 웅변대회가 열리던 날, 우리 반 아이가 이야기를 잔잔하게 풀어 가자 동료 교사들과 아이들은 처음 겪는 일인지라 조금은 낯선 눈치였다. 아이들은 이야기를 눈을 반짝이며 들었지만 교장선생님은 씁쓰레한 인상을 지었다. 대회가 끝난 뒤 교장선생님이 직원회의 시간에 무너지는 반공정신을 되살려야 한다고 힘주어 말하면서 낭만적인 통일운동을 비꼬았다. 지금 생각하면 별일 아닌 듯싶지만 그때는 이런 일에도 큰 용기가 필요했을 정도로 암담한 정치 상황이었다.

권정생 선생님이 어떻게 살아왔고 어찌 살아가는지를 그림처럼 보여 주는 책은 수상집 『오물덩이처럼 딩굴면서』이다. 책 제목처럼 권 선생님이 우리 겨레의 삶과 개인의 불행이 뒤엉켜 이리저리 굴러다니고 여러 병에 시달리면서 눈물겹게 살아온 삶이 아프게 담겨 있다. 하지만 이런 분이 계속 우리 곁에서 영혼을 일깨우고 마음을 따스하게 해 주니 위안이 된다.

선생님이 가난하고 슬픈 일이 뒤엉키고 결핵이 평생을 따라다녀도 끈질기게 살아온 것은 그것들을 미워하거나 악착같이 떼어 놓으려 하지 않는 삶의 태도 때문이지 싶다. 우주 만물을 있는 그대로 받아들이고 사랑하기에 방 안으로 개구리가 뛰어 들어오고 새앙쥐가 겨드랑이 밑에 꿈틀거려도 동무처럼 여긴다. 선생님은 여름밤에 우는 풀벌레도 방구석의 바퀴벌레나 몸에 자라는 결핵균까지 보듬어 살아간다. 그런 삶의 자세가 그대로 동화에 엮이고 시로 수놓아져 우리의 거짓되며 욕심 많은 삶을 되돌아보게 해 준다. 길가에 버려진 돌멩이와 흙덩이, 냄새 나는 개똥처럼 하잘것없다고 여기는 미물들이 권 선생님 눈에 들어오면 새로 생명을 얻고 쓸모 있게 꽃피워진다.

선생님이 살아온 이야기 가운데 교회당 옆에 대추나무가 새마을 사업으로 잘려 나갈 때 그 나무를 붙들고 밤새 울었다는 대목도 머리를 떠나지 않는다. 그저 마을길 포장을 하는 데 거추장스러운 장애물로 생각하는 대추나무를 시골 한구석에서 모질게 살아온 사람들과 같은 목숨으로 보았던 것이다.

『하느님이 우리 옆집에 살고 있네요』는 선생님의 종교관과 우리 주변에 어렵게 살아가는 민중들의 애환을 한눈에 보여 주는 동화다. 많은 사람들이 하느님이나 예수는 천국 한가운데나 교회당 십자가 위에 앉아서 우리를 내려다보고 심판하는 존재로 생각하고 있다. 그저 우리가 목 놓아 하는 기도를 들으면서 은혜나 내려 주는 존재로 알고 있는 것이다. 우리 곁에 살아 있는 진정한 하느님이라면 진작에 우리 앞으로 내려왔어야 하고 누군가 하느님을 땅 위로 내려오게 해야 했다. 그 일을 선생님은 이 책에서 해냈다. 아이들에게 하느님을 바로 옆집에 살고 있는 아저씨로, 예수를 동네의 떠꺼머리총각으로 데려왔다.

권 선생님은 하느님과 예수님이 늘 우리 곁에서 우리와 함께 살아간다고 믿었을 것이다. 그러나 이 땅의 많은 사람들과 아이들은 하느님을 멀리 떨어뜨려 놓고 오직 죽어서만 만나는 신으로 받아들이고 있었던 것이다. 그런 하느님을 1980년대 우리 한반도에 내려오게 한 것은 큰 축복이고 가슴 떨리는 기쁨이다. 그 하느님이 노동자, 농민, 철거민을 만나고, 산동네 달동네를 찾아다닌다. 사람들과 똑같이 슬퍼하고, 실수도 저지르고, 때로는 불의와 맞서 싸우면서 종교 이야기로 떨어지지 않고 현실 속에서 살아 있는 이야기로 붙잡아 주었다.

이 글을 쓰면서 요즈음 읽고 있는 『우리들의 하느님』을 떠올린다. 이 책은 재생 종이로 만들어서 그런지 더 정이 가고 편한 느낌이 든다. 다른 책과 달리 무더운 날 밤이나 일요일 한낮에 짬을 내어 조금씩 아껴 가면서 읽는다. 지금까지 읽은 것은 교회 집사이기도 한 권정생 선생님이 바라보는 요즘 우리나라 기독교의 모습과 앞으로 나아갈 길을 적은 대목이다. 선생님 말처럼 참으로 이 땅의 교회가 하느님의 사명을 다하고 세상을 구하려면 겉모습만 커 나가는 교회가 되어서는 안 된다. 이웃과 함께 가난을 나누는 기독교가 되지 않고서는 그 교회 건물이 사람들의 집터를 빼앗고 헌금이 가난한 사람의 밥을 빼앗는 꼴이 아닌가 싶다. 나는 이런 깨우침들을 교회에 오가면서 마음에 거듭

되새긴다. 나머지 다른 이야기도 천천히 읽으려고 한다. 내용이 좋다고 후다닥 읽기만 하면 삶에서 실천되지 않기 때문이다. 어렸을 때 아껴 먹던 영양제처럼 조금씩 읽으면서 내 삶을 기름지게 가꾸고 싶다.

권정생 선생님은 내가 살아가는 길에서 가난하게 살라고 말해 준다. 살아 있는 목숨을 함부로 여기지 말라고, 통일을 위해 나서라고 일러 준다. 그 길에서 선생님이 자신의 동화에 나오는 개똥 속에 피어난 민들레처럼 살아가셨기에 길잡이가 되고 오래도록 양식이 된다.

2001.

3

서로 사랑하고 배우며

시골 할머니와 농사꾼 교수의 이야기

우리 아이를 변산 공동체에서 8박 9일 동안 하는 '여름 자연학교'에 데려다 놓고 나도 한 이틀 그곳에 함께 있기로 했다. 머무르는 동안 지난 장마철에 변산 공동체 식구들이 다른 일에 바빠 땅콩밭에 무성해진 풀 뽑기를 거들기로 했다. 한나절씩 이틀째 풀을 매러 나갔다. 처음에는 변산 식구들이 그동안 미뤄 둔 일 가운데 한 가지라도 모양 나게 해치워 보겠다고 별렀지만 막상 풀매기가 그리 쉬운 일이 아니었다.

한여름 햇볕이 밭 가운데 따갑게 내리쬐는 아침이다. 언뜻언뜻 부는 바람이 이마를 서늘하게 한다. 변산 공동체 식구 세 사람과 나, 그리고 이성인 선생이 밭고랑 사이에서 땅콩밭 풀매기에 한창이다. 이성인 선생은 엉뚱하게 땅콩까지 뽑아 버렸다고 자그만 소리로 말한다. 옆에서 농사꾼이 된 윤구병 교수님이 괭이로 밭고랑 긁는 소리가 드르럭드르럭 귓전을 울린다. 우리 여섯 사람이 일하는 밭 건너편으로는 할머니 한 분이 일어설 줄 모르고 끈덕지게 콩밭을 매고 있다.

고부라져 땀을 비질거리며 땅콩밭을 매려니 뙤약볕 사이로 가끔씩 부는 바람만 기다려지고 서늘한 그늘 생각이 자꾸 난다. 그런 참이라 윤구병 선생님이 밭고랑으로 나가면서 던진 한마디가 기다렸다는 듯

귀에 쏙 들어왔다.

"물 좀 마시고 하세요."

그래도 남은 고랑을 다 매고 쉴 것처럼 느지럭거렸는데 쉬고 하라는 말이 연이어 들려서 밭 가장자리로 나왔다. 밭 가장자리 풀밭에는 감나무 한 그루가 가지를 죽 뻗어 그늘을 드리우고 있어 쉼터로 그만이었다.

우리는 그 나무 아래 둘러앉아 물도 마시고 담배도 한 대씩 맛있게 피웠다. 둘러앉은 사람이 모두 일곱이다. 건너편에서 밭을 매던 할머니도 함께 앉았는데 이마에 졸졸 흐르는 땀을 닦느라고 손놀림이 바쁘다. 얼굴을 보니 오글오글 주름이 지고 한쪽 눈은 반쯤 감긴 모습이 익히 보아 온 순박한 시골 노인네다. 맞은편에 윤구병 선생님은 누르팅팅하고 푸르딩딩하게 색깔이 바랜 소매 없는 런닝구를 입었는데, 등판이 흥건히 땀에 젖어 몸에 달싹 붙어 있다.

그렇게 잠깐 쉬려는데 한 줄기 바람이 우리들 사이로 휘이익 불어온다. 일하다가 가끔씩 맛본 바람인지라 참 달고 시원한 마음이 절로 들었다. 그때 윤구병 선생님이 툭 한마디 내뱉는다.

"거 미치도록 시원하다. 이런 바람은 살찌는 바람이지요."

맞은편에 앉아 땀을 닦던 할머니가 얼른 고개를 끄덕이더니 맞받았다.

"어찌 시원한지 오장을 녹이는구먼이라우. 이렇게 일허다가 맞는 바람은 참 살찌지라우. 그려서 그런 노래도 안 있소. 산 위에서 부는 바람 시원한 바람, 고마운 바람……."

할머니가 초등학교 교과서에 나오는 노래를 어찌 알까 생각하는데 그 노래를 몇 사람이 작은 소리로 불렀다. 이 노래가 할머니에게는 그저 입으로만 알던 우리와 달리 삶의 노래였겠다 싶다.

노래가 끝날 즈음부터 시골 할머니와 철학 교수 출신 농사꾼 윤구병 선생님은 노래하듯이 술술술 서로 이야기를 주고받았다. 먼저 할머니의 구수한 전라도 사투리이다.

"선상님은 뭔 일을 그리 심하게 허요. 밥도 애기 밥맨치로 쪼끔 먹고 심도 안 드시오? 참 안쓰럽소. 그저 시원헌 디서 손발에 흙 하나 안 묻히고 편안히 살 분이 뭣 허러 이 촌까지 와서 이 고상을 허시오. 선상님은 심도 안 드시오?"

할머니는 윤 선생님이 건강을 지키느라 다른 사람의 반 정도만 밥 먹는 것을 모르는 모양이었다. 그 전날 점심 밥상에서도 애기 밥만큼 조금 먹는다고 줄곧 걱정하고 타박하고 그랬다. 할머니의 말에 나도 가슴이 짜르르하며 윤 선생님 답이 자못 기다려졌다.

"할머니, 하나도 힘 안 들어요. 아주 행복해요."

윤 선생님은 이 말을 하면서 위아래 이를 시원하게 드러내며 웃는다.

"선상님은 좋을랑가 몰라도 마누라는 선상님이 참 그립겄소. 선상님은 서울 있는 마누라랑 자식들도 안 보고잡소?"

"예, 안 보고자퍼요."

윤 선생님이 일부러 쓰는 사투리에 우리는 모두 한바탕 웃었다. 윤 선생님이 부러 감추고 싶은 속내를 휘젓기라도 하듯 할머니의 말이 이어졌다.

"선상님은 참 인정머리도 없소. 사모님은 선상님이 얼매나 그립겄소. 또 이렇게 심들게 일하는 선상님을 보면 얼매나 속이 상허겄소."

"다 남편 잘못 만난 지 팔자지요."

"그러지라우. 팔짜지라우."

할머니는 윤 선생님의 말에 얼른 동조를 나타낸다. 뜻밖이라 여겨

지면서도 팔자로 생각하고 살아온 할머니의 먼 뒤안길이 설핏 보이는 듯하다. 할머니는 이제 하고 싶은 이야기가 줄줄 쏟아져 나오는 모양이다. 그러면서 변산 공동체에 와서 함께 살게 된 자신과 아들의 팔자 속을 풀어낸다.

"우리 아들만 해도 그렇지라우. 지 맴속에 뭔 팔자 수가 들었던지 언지부터 농사를 짓고 살고 싶다고 헙디다. 그저 시원헌 디 앉아서 사진관이나 허지, 지가 언지 농사를 지어 봤다고 부득부득 내려오자고 안 혔소. 그려서 짐 싸 들고 여그를 오는디, 가도 가도 꼴짜기로 들어서길래, 어떻게 여기를 알고 왔느냐고 물응게 책 보고 왔다고 헙디다."

책은 윤 선생님이 쓴 『실험학교 이야기』로 짐작되었다. 이 말에 윤 선생님은 할머니 아들이 참 순박하고 열심히 생활해서 이곳 사람들의 칭찬이 자자하다고 덧붙여 주었다. 할머니는 마음이 누그러지는 듯싶더니 말을 이었다.

"그런디 이게 좋을 징존지 나쁠 징존지 모르겄소. 농사를 지면 맴은 든든허지만서도……. 한 해 실패허더라도 땅이 있고 내년에 잘허면 되고 허는 것은 있응게. 허지만 촌사람은 잘 살어도 매끄리(맵시)가 나질 않지라우."

"할머니, 그래도 시골이 좋지 않아요?"

"모고(모기)만 없으면 살겄소. 공기도 좋고 이렇게 꼼지락거리면서 살면 밥맛도 좋고 허지라우. 헌디 어찌 그놈의 모기떼가 어떻게 뎀비고 물어뜯어 쌓는지."

"할머니 고향은 어디신데요?"

"꼬치장 많이 나는 순창이요. 순창도 참 좋지라우."

"순창보다는 그래도 여기가 좋지 않아요?"

윤 선생님이 묻는 말에 할머니는 한참 생각에 잠긴다. 반쯤 감긴 눈이 멎은 듯 그저 앞만 바라보다가 순창도 이것저것 좋은 것이 많다고 한다. 윤 선생님이 그저 잠자코 듣다가 넌지시 말한다.

"그렇지만 순창은 바다가 없잖아요."

"그렇소. 여그는 바다가 있응게 여그가 더 좋은 모양이요."

그 말에 우리는 모두 한바탕 와그르르 웃어 젖혔다.

이렇게 여름 한낮에 나무 아래서 시원한 바람을 마시며 맛나는 이야기를 듣다 보니 더위는 싹 가시고 마음은 평화롭다. 그때 할머니가 엉덩이를 들썩이더니,

"이렇게 앉아 쉬다 보면 세월 가는지 모르지라우."

하며 일어선다. 따라 우리도 일어섰다. 정말 할머니와 윤구병 선생님의 살아 있는 철학 이야기를 듣느라 시간 가는 줄 모르고 앉아 있던 자리였다.

1997. 9.

김제 들판의 논을 닮은 아버지

얼마 전 일요일에 아버지를 뵈러 김제에 다녀왔다. 아버지 나이 올해 예순여덟이 되었지만 지난 초봄까지는 내내 건강하던 분이었다. 당신 평생 노동으로 장만한 논 네 필지 가운데 두 필지는 힘에 겨워 이웃 사람에게 내줬지만 나머지 두 필지는 손수 거뜬하게 지어서 객지로 떠난 우리 자식들은 마음을 놓고 살았다. 그런데 지난 5월 초 동네 노인들하고 들놀이 갔다 온 다음 날, 오른쪽 다리와 팔에 마비 증세가 와서 그날로 종합병원에서 일주일 넘게 뇌졸중 치료를 받다가 꽤 증세가 좋아져 집으로 돌아왔다.

퇴원은 했다지만 아버지 몸은 예전 같지 않았다. 오른쪽 손발은 힘이 떨어져 활발하게 움직이지 못해 물건도 못 들고, 오른손 손가락은 맘대로 구부리고 펴지질 않아 왼손으로 밥을 먹어야 했다. 그래도 당신이 읍내 한의원에서 꾸준히 치료를 받고 집 안에 돌멩이를 매달아 운동을 해서 동네 어귀까지 자전거도 타고 다닐 수 있게 되었다.

아버지 몸이 이렇게 회복되면서 또 다른 걱정거리가 생겨났다. 몸이 불편하니 어디 나다닐 때가 없게 되었다면서 다시 농사를 지을 욕심을 내신 것이다. 입원해 있을 때도 당신 몸보다 올해 짓기로 한 두 필지 논에 심을 못자리판 걱정을 하던 분이었다. 나중에는 주변 사람들이 올해는 농사를 포기하라고 설득을 하는 바람에 모든 논을 이웃 사람에게 지으라고 내놓았는데 다시 마음이 바뀐 것이다. 연신 한숨만 퍽퍽 쉬는 모습에 못 이긴 어머니가 임대해 준 사람에게 사정 이야기를 하여 한 필지만 다시 농사를 짓기로 하였다.

고향에 내려간 날 오후, 이렇게 어렵사리 다시 농사를 시작한 논에 아버지와 함께 나가 보기로 했다. 아버지는 한참 앞서 자전거를 타고 저만큼 멀어져 갔다. 아버지가 지나간 자전거 길을 좇아 서둘러 뒤를 따랐다. 지난겨울부터 시작한 경지 정리를 막 마친 뒤라 논으로 가는 길은 파헤쳐진 흙덩이들로 거칠다.

초여름 햇살이 온 들녘에 쏟아져 눈부시다. 이제 갓 심겨진 파르스레한 어린 모들의 가슴께까지 잠긴 논물이 햇빛에 반짝거린다.

한 20여 분쯤 걸어 다다르니 아버지는 이미 논 가운데 저편에서 허리를 굽히고 있다. 아마 물꼬를 보는 모양이다. 바람이 불자 벼들이 자르르 몸을 흔든다. 아버지가 허리를 펴고 내가 서 있는 논둑으로 걸어 나온다. 성치 않은 몸이라 발걸음이 좀 비척이는데 그 모습이 안타까워 애써 들판 끝으로 눈길을 돌렸다.

“어떤 쪽 논을 짓기로 하셨어요?”

아버지가 가까이 올 즈음에 툭 물어보았다. 우리 논이 연달아 두 필지 붙어 있는 논이라 어느 것을 짓기로 했는지 알아보려는 것이다. 지난해까지는 두 필지 다 아버지 손으로 논농사를 지었지만 지금은 사정이 달라졌다. 그런 상황이 못내 안타까운지 얼른 대답을 안 하고 끙 하고 가슴 미어지는 소리를 내더니 한참 만에 입을 연다.

“생각 같어서는 두 필지 다 혀야 쓰는디. 몸이 말을 들어야지.”

몸이 아파 농사를 짓지 못하는 게 못내 안타까운지 아버지는 논둑에 주저앉아 맨 처음 이 논을 사게 된 옛이야기를 끄집어낸다.

"처음 막 분가해서 가진 땅덩어리 없이 한 6년을 사는디, 참…… 새벽에 일어나 막 나락 핀 들판을 보자면 가슴이 써늘혔어. 이 넓은 들녘에 내 땅덩어리 한 평 없으까 허고."

그러면서 어렵게 농사지은 이야기며 당신 젊었을 때 사글세 논 한 필지 못 지은 얘기가 끊이질 않는다.

"그러다가 어찌 혀서 논 한 필지를 간신히 사고 났는데 말여. 어느 날 꿈에 까만 돼지 새끼 두 마리를 잡어다 집 안에다 몰아넣더라고. 참 꿈이 좋단 말여. 그래서 단박에 또 논을 한 필지를 더 산 뒤에 죽어도 안 팔아먹는다고 다짐을 혔어. 쓰러져 죽는 한이 있어도 논바닥에서 누워 죽는다고……."

이야기를 듣다가 아버지의 연륜이 빚은 주름살과 하얀 머리칼을 바라보았다. 들녘을 질러온 바람이 우리 곁을 스쳐 지나간다. 평생 농사꾼으로 들풀처럼 살아온 아버지가 수백 년 동안 우리를 먹여 살린 김제 들판 논을 그대로 닮았다는 생각이 들었다.

1998. 5.

겨울 연수를 기다리며

나는 한 해 두 차례 열리는 한국글쓰기교육연구회 연수 가운데 어쩐지 겨울 연수에 갈 때가 더 마음 설레고 즐겁다. 그것은 내가 글쓰기회에 맛을 들이게 된 첫 경험이 겨울 연수에서였기 때문이다. 그래서 해마다 겨울 연수가 열릴 즈음이면 불암산의 첫 겨울 연수 기억이 새롭게 떠오르곤 한다.

그때가 1986년 1월경이었다. 코끝이 얼어붙을 정도로 추운 날씨에 연수장인 서울 근교 '불암 유스호스텔' 주변 산자락은 눈으로 하얗게 뒤덮여 있었다. 겨울 숲의 풍치가 고왔던 그곳에서 보낸 2박 3일은 참으로 신선하고 가슴 벅찼다. 물론 처음부터 그랬던 건 아니다. 회원들이 만든 문집이나 아이들 글이 어딘지 모르게 어둡고, 울적해 보이고, 자기들의 지도 방법만 고집하는 듯싶어 비위에 거슬리기도 하였다. 그래서 내 딴엔 질문도 여러 번 던지고 문제 제기도 많이 한 듯싶다.

그러나 밤이 새도록 끊이지 않던 토론에 참여하면서 글쓰기가 글 자체가 목적이 아닌 아이들의 삶을 참되게 가꾸고 지키려는 교육 방법임을 깨우치게 되었다. 또 무엇보다 이 땅에 이토록 아이들을 제 몸처럼 사랑하는 동지들이 많이 있다는 사실이 교육운동에 막 발을 디딘

... 아이들에게 참삶을 가꾸는 글쓰기 교육을 실천하기 위해 연수회에 모인 한국글쓰기교육연구회 회원들이다. 글쓰기회에서 만난 이오덕 선생님은 교사로서 어떻게 살아가야 하는지를 일러 준 영원한 스승이다.

나에게 용기를 안겨 주었다. 주체할 수 없을 만큼 얻고 배운 덕분에 그 해 겨울은 참 가슴이 따뜻했다.

그로부터 거의 빠짐없이 글쓰기회 연수에 다닌 지 어언 7년째다. 그 사이 올바른 교육을 해 볼 욕심으로 교육운동을 펼치다가 해직되어 글쓰기를 실천할 아이들까지 잃어버리게 되었다. 그래도 내가 계속 글쓰기회를 찾고, 어느 모임보다 사랑하는 것은 그 속에서 만난 사람들 때문이다. 우리 회원들은 어떤 이론을 앞세워 사람이 가져야 할 따뜻한 마음을 잃지 않는다. 그래서 모일 때마다 평화롭고 인정이 흐른다. 회원 한 사람 한 사람이 이 땅 교단 구석구석에서 그저 한 송이 이름 없는 들꽃처럼 겨레의 아이들을 위해 몸 바치는 참 교사들이다. 이런 사람들을 만나는 일이 어찌 아니 즐거우랴!

내가 이처럼 우리 회원들을 만나는 일을 즐기면서 다른 회원들도 나 만나는 것을 좋아할까 생각하면 걱정이 된다. 해가 거듭될수록 이런 걱정은 더하다. 지난여름 연수에서도 여러 선생님들이 자연과 생명을 살리는 교육을 하기 위해 눈물겹게 애쓴 이야기들을 들으면서 가슴이 찔렸다. 내가 다른 선생님들에게 들려줄 만한 노력과 실천을 하지 않았기에 말이다. 결국 나는 우리 글쓰기회 동지들을 위해 준비도 하지 않고 그저 좋은 이야기와 귀한 사람들 만나는 것으로 위인을 삼고 있었던 게다. 이제 이래서는 안 되겠다. 마냥 얻고 배우고만 갈 게 아니다. 우리 글쓰기회와 회원들을 위해 무엇을 실천할 것인가를 깊이 고민해야 한다.

앞으로 한 달 뒤면 또다시 겨울 연수가 열린다. 더욱이나 내가 살고 있는 지역인 고양시의 유스호스텔에서 그리운 얼굴들을 맞게 된다. 이번 연수 장소는 내가 처음 글쓰기회를 알게 된 불암산만큼이나 아늑하고 오붓한 곳이다. 때맞춰 눈이라도 내리면 호젓한 겨울 산의 맛이 우러날 게다. 그 아름다운 곳에서 만날 아름다운 동지들을 위해 '나는 무엇을 할 것인가' 생각하며 겨울 연수를 손꼽아 기다리련다.

2000. 12.

어머니와 아들의 뜨거운 만남

나이가 들면서 마음 다루기에 자꾸 관심이 간다. 내 본래 마음을 살피고 닦으면 밝은 기운을 얻게 되고 세상을 기쁘게 살아가는 힘이 생긴다. 그래서 해마다 한 번씩은 모든 일을 제쳐 두고 마음 수련하는 곳을 찾아 떠난다. 이번에는 새해 첫날부터 엿새 동안 계룡산 숲에서 열린 수련회에 다녀왔다. 20여 년부터 거울님이 진행해 왔다는 이번 수련에서 참 귀한 삶의 이치들을 느끼고 깨달았다. 그 과정에서 본 어느 어머니와 아들 이야기를 하려고 한다.

이번 수련에는 전국에서 60여 명의 사람들이 참여하였다. 나이는 20살 초반부터 70살까지 고루 섞였지만 모두 어른들이었다. 그런데 오직 한 사람 나이 어린 학생이 있었다. '대나무'라는 별칭을 달고 있는 아이인데 중학교 2학년이다. 그 아이는 어머니인 '소나무(별칭)'와 함께 왔다. 줄곧 '아이가 이곳에 왜 왔을까. 제대로 알기나 할까?' 하는 의문이 맴돌았다.

둘째 날 우연치 않게 그 아이의 어머니 '소나무'와 마주 앉아 이야기할 기회를 갖게 되었다. 아들 대나무는 초등학교 때는 물론 중학교 1학년 때까지는 누가 봐도 모범생이었다고 한다. 부모 말을 잘 듣고 공부도 잘해서 크게 걱정이 없었던 모양이다. 문제는 아들이 2학년 때 흔히 말하는 불량스러운 친구들과 어울리면서 생겼다. 남녀 아이들과 패거리를 지어 밖으로 나도는 일이 잦아졌다. 자연스레 아들의 성적은 바닥으로 떨어지고 부모와 충돌이 자주 일어났다. 아들은 간섭을 할수록 부모 곁에서 자꾸 달아나기만 했다.

아들 때문에 계속 속을 끓이고 갖은 방법을 써도 안 되어서 이 법회에 오게 되었다고 한다. 그런데도 아이는 수련 기간 동안 자꾸 졸고 쉬는 틈만 나면 친구들이 어디서 무엇하고 있는지 전화하기 바쁘다고 속상해한다. 나는 아이 어머니를 위로해 주려고 했다. "졸든 자든 여기까지 따라오고 가만히 앉아 있는 것만 해도 어디냐, 계속 있다 보면 한두 마디라도 주워듣고 깨닫는 게 있지 않겠느냐."고 말이다.

시간이 지나면서 그 아이에 관한 일이 가끔 이야깃거리로 올라왔다. 모둠 활동하는 마당에서는 진행을 맡은 학 스님의 무릎에 엎드려 말했다고 한다. '엄마가 싫다고, 학 스님이 어머니이면 좋겠다고…….' 서로 상대방에게 삼배를 올리는 시간에는 어머니의 모습에 모두 눈물바다를 이루었다고 한다. 어머니가 온 정성으로 여러 사람들에게 절을 한 뒤 마지막에 자기 아들 앞에 눈물로 큰절을 올리는 걸 보고 어찌 울지 않겠는가?

어머니와 아들 사이에 꼬이고 얽힌 감정의 응어리는 마지막 날 밤 물밀 듯이 터져 나왔다. 강당 한가운데 촛불이 켜지고 지나온 삶의 길에서 사람들에게 깊은 상처를 준 일을 풀어내는 시간이었다. 먼저 어머니가 나왔다.

"대나무야, 그동안 아들을 사랑한다는 이유로 어머니의 방식과 생각의 틀에 억지로 끼워 맞추려 했구나. 그 틀에서 빠져나가려 몸부림치는 너에게 얼마나 모질게 잔소리를 했는지 모르겠다. 이 엄마를 용서해라. 아들아, 이제 어머니는 조금 멀찍이 떨어져서 너를 볼 수 있겠다."

소나무 어머니가 들어가고 한참이 지난 뒤 맨 마지막쯤에 대나무라는 아들이 나왔다. 바닥에 엎드리더니 갑자기 통곡을 하며 묻어 두었던 이야기를 쏟아 내었다.

"나는 어머니가 싫었어요. 친구들을 나쁜 애들이라고 하고 공부만 강요하는 게 너무 싫었어요, 집보다 친구들이 좋았어요, 그래서 집을 나가 버리고 싶었어요. 하지만 이제는 어머니 마음을 조금 알 수 있을 것 같아요. 저도 잘하고 싶어요. 그런데도 그게 잘 안 될 뿐이에요."

이야기를 끝내고 일어선 아들 대나무를 어머니 소나무가 다가가 꼭 안아 주었다. 아이는 그 품에서 한없이 흐느껴 운다. 순간 모두의 눈시울이 붉어지며 박수 소리가 강당 안에 울려 퍼졌다. 어머니와 아들 사이에 가로놓였던 문제는 무엇이었을까? 마음이 닫혀 있었던 것이다. 이제 그 마음을 열고 나누니 자기가 바로 보이고 상대가 이해되었으리라. 아! 그 어머니와 아들이 지금 나 자신과 내 자녀의 모습은 아닐까?

2001. 2.

아들 담임선생님께 쓴 편지

김혜원 선생님께

봄이 가까이 온 듯합니다. 날씨가 따사롭고 아이들 목소리에도 생기가 묻어납니다. 그동안 안녕하셨는지요? 한솔이 아버지 최창의입니다. 전에 뵐 때도 그렇고, 전화를 할 때도 어찌 교육운동 이야기만 하게 되었습니다.

참 죄송하고 부끄럽습니다. 학교 선생을 하면서도 더구나 전교조 활동을 하는 사람이 제 아이를 제대로 가르쳤나 생각하면 늘 죄스러운 마음입니다. 우리 한솔이가 선생님을 힘들게 하고 여러 걱정을 끼치게 할 것 같습니다. 모두 부모가 부족하고 제대로 돌보지 못한 탓입니다.

사실 하나밖에 없는 아들인데 그리 온 정성을 다해 키우지는 못했습니다. 어렸을 때는 할머니 손에서, 초등학교 들어간 뒤부터는 부모와 함께 지냈지만 혼자 있는 시간이 많았습니다. 아시다시피 부모가 맞벌이 교사에다가 저는 교육운동이다 지역운동이다 해서 밖으로 도는 시간이 많았지요. 그러다 보니 아이를 세심하게 보살피고 알뜰하게 돌보지 못했습니다.

중학교에 들어가면서 움직임이 많고, 학업 능력도 떨어지는 편이라

... 2000년도에 중학생이 된 아들을 데리고 어린이도서연구회 회원들과 스페인의 어린이공화국 벤포스타를 찾아갔다. 벤포스타는 사진 가운데의 실바 멘데스 신부가 1956년도에 15명의 아이들과 함께 세운 자치 공동체이다.

걱정을 많이 했습니다. 다행히 좋은 선생님을 담임으로 만났다기에 한결 짐이 덜어지고 마음이 놓였습니다. 그런데 학교에 들어가면서 아이가 별나게 눈에 띄는 몸짓이 생겼습니다. 잘 관찰해 보면 아시겠지만 바로 고개를 자주 끄덕끄덕하는 현상이지요. 물론 초등학교 때도 아이가 이러저런 몸놀림을 바꿔 가며 했지만 그리 대수롭지 않게 생각해 왔습니다. 다른 친구들이 달리 놀리는 일도 없고, 아이도 신경 쓰지 않고 활발해서 그러다 멈추겠거니 했지요.

중학교에 들어간 뒤부터 이번에는 몸짓을 하는 정도가 심해져서 안 되겠다 싶어 어제 병원에 갔습니다. 신경정신과에 갔더니 의사 선생님이 아이 어머니를 나무랐다고 합니다. '틱 장애'가 분명한데 알 만한 사람들이 왜 이리 늦게 손을 썼느냐고요. 무심하고 어리석게도 우리 부부는 전혀 알지 못했던 병이었습니다. 의사 선생님과 여러 이야기를 나누고 어제부터 약물 치료에 들어갔습니다.

의사 말이 제대로 이해되지 않아 오늘 하루 내내 우울한 마음으로 인터넷을 뒤져 '틱 장애'의 원인과 치료법을 찾아보았습니다. 심리적인 요인과 체질적인 요인이 있어서 정밀 검사를 해 보아야겠지만 제 생각에는 체질적인 탓이 아닌가 싶습니다. 물론 심리적인 요인과 환경도 부분적으로 작용했겠지요.

이런 틱 현상이 단기간에 치료되지는 않는 모양입니다. 한 일 년여 가까이 약물을 투여하고 심리적으로도 안정감을 갖게 해 주어야 할 것으로 보입니다. 저희 부부는 그동안 소홀했던 아이 교육에 눈을 돌리라는 경고로 알고 더욱 정성과 사랑으로 아이를 보살피려고 합니다. 아이에게 스트레스를 줄이고 따뜻한 집안 분위기를 만들어야겠지요.

한솔이에게는 이런 틱 장애 문제에 대해 가볍게 설명을 해 주려고 합니다. 그러다 보면 아이가 이전까지는 잘 몰랐는데 혹시 너무 의식해 행동이 부자연스러워지지 않을까 걱정이 되기도 합니다. 또한 친구들이나 선생님, 주변 사람들이 아이가 고개를 자주 흔드는 것을 놀리거나 나무라면 자칫 상처가 될 수도 있겠지요. 그런 면에서 선생님께서 친구들 사이에서 일어나는 일에 대해 마음을 써 주시면 참 고맙겠습니다. 물론 아이의 이런 장애가 공식적으로 알려지지 않도록 해 주시기 바랍니다.

선생님이 한솔이를 지도하시는 데 도움이 될지 몰라 제가 찾은 자료를 함께 보내드립니다. 부모가 미숙하여 치료하지 못한 문제를 선생님께 알리면서 어려움을 끼치게 될 것을 생각하니 거듭 부끄럽고 미안합니다. 넓은 마음으로 이해하여 주십시오.

선생님, 첫 편지에 무거운 이야기를 담아 죄송합니다. 찾아뵙고 이야기를 나눌까 했는데 학년 초라 바쁜 시간까지 빼앗는 것 같아 이렇게 글로 올렸습니다. 한솔이를 지도하시다가 저희에게 들려주실 이야기가 있으면 언제라도 연락 주십시오.

그럼, 늘 건강하셔서 행복하고 즐거움이 넘치는 교실 생활 가꾸어 가시길 빕니다. 안녕히 계십시오.

2001년 3월 20일

한솔이 아버지 최창의 드림

아름다운 청년 최한솔에게

사랑하는 아들 최한솔, 하비람에서 마음닦기 여행도 이제 하루를 남겨 두고 있구나. 한솔이가 지난 시간 최선을 다해 마음 수련 활동을 했다면 한층 성숙해졌겠지. 우선 얼굴이 환하게 밝아지고, 입가에는 잔잔한 웃음이 머금어지고, 행복한 기운이 흐르겠지. 마음 씀씀이와 품도 훨씬 커져서 다른 사람을 폭넓게 포용하고 이해하게 되었겠지. 이제 웬만한 일에는 화 따위를 내지 않고 하하하하 크게 웃어넘길 수도 있지 않겠어. 식구들의 소중함도 새삼 느꼈을 테고……. 자, 이쯤 되었으면 이제 어린아이가 아니라 청소년을 넘어서 청년이 된 셈이지. 그것도 마음이 아름다운 청년! 그래서 아버지가 편지 첫머리에 '아름다운 청년 최한솔'이라 쓴 거야.

아버지도 사실은 너처럼 하비람의 마음 수련을 통해 그릇된 마음 자세를 고치고 많은 것을 깨우치게 되었어. 무엇보다 가장 큰 거둠은 '늘 하하하 웃으며 밝게 살아야지.' 하는 결심이야. 아버지는 너도 잘 알다시피 심각하고 골똘하게 생각을 자주 하고, 지나치게 신중하게 일을 하는 편이잖아. 그러다 보니 얼굴이 무표정하거나 때로는 찡그리고 있을 때가 많지. 그런 내 모습을 이곳 하비람 깨어나기 수련에서 거듭 발견하고 고쳐 나가려고 엄청나게 노력했어. 수련장에서 날마다 아침에 일어나 가장 먼저 큰 소리로 하하하 웃기부터 시작하였어. 함께 모여 있을 때면 일부러라도 허리가 휘도록 웃거나 입에 살짝 웃음을 머금으려고 애썼단다.

그 뒤 집에 돌아온 뒤에도 그 밝은 기분과 마음을 잃지 않으려고 아침에 일어나면 큰 소리로 웃고, 차를 운전하면서도 웃고, 짜증 나거나 힘든 일이 생기려고 하면 웃고 웃고 또 웃는단다. 한솔이는 어떤지 모르겠다. 내가 한 것처럼 실컷 웃어 보기 같은 걸 많이 하는지 궁금하구나. 그렇다면 남은 기간 동안 배꼽을 쥘 정도로 신나게 웃고 또 수련을 마치고도 늘 그 모습을 지켜 나갔으면 좋겠어. 그러면 결국 최한솔은 그동안 '나무토막처럼 무뚝뚝한 사나이'에서 '꽃송이처럼 화사한 사나이'로 다시 태어나는 거지.

밝은 마음을 가지게 된 것 말고도 여러 가지 깨우치고 깨달은 것들을 하루에도 몇 번씩 되뇌어.보고 떠올려 보면 좋겠어. "잘 보고 합니다. 잘 듣고 합니다."처럼 때때로 나와 주변을 살피고 인식하면서 그때마다 느낌도 알아차리곤 해야지. 이제 수련을 마치는 즈음이니 그동안 배우고 깨달은 것을 차분히 정리해 보고 집에 돌아왔을 때 실천할 일도 챙겨 보도록 해. 또 수련을 마치기 전까지 함께 지낸 친구들 가운데 이야기를 나눠 보지 못한 사람에게는 말을 한마디라도 건네고, 혹시 함부로 대한 친구가 있으면 진심으로 사과하면 좋겠지.

아름다운 청년 최한솔, 새로워진 네 모습을 얼른 보고 싶구나. 우리 만나는 날, 반갑게 뜨겁게 꼭 안아 보자. 아버지에게 쑥스러워하지 않고 얼른 품에 안길 수 있겠지. 그런 순간을 생각하니 가슴이 벅차오르는구나. 아들, 그럼 다시 태어나서 나오기 전날 밤 푹 잘 자도록 해라. 아이들을 온 정성으로 지도해 주셨을 춤꾼님께도 고마움을 전해드려라.

2006년 1월 19일

아버지 맑은 날 최창의가

2장

교육의원으로 새로운 길에 나서

학교로 복직한 뒤 아이들의 해맑은 얼굴이 반가웠지만 교육 현실은 여전히 열악했다. 관행처럼 굳어진 실적 위주의 교육, 학교 앞에 러브호텔이 들어서는데도 손을 놓고 있는 답답한 교육 행정을 보면서, 다시 치열하게 고민을 하게 되었다. 개인의 운동이나 헌신으로 한계를 가질 수밖에 없는 교육 정책과 제도를 바꾸고 싶었다. 2002년 경기도교육위원으로 선출되어 교육의회에 들어오게 되었다. 교육의원이 되어 활동하면서 새로운 교육을 꿈꾸고 실천하면서 적은 단상들이다.

1

아이들이 모두 행복한 학교

아이들과 학교를 떠나며

존경하는 학부모님께

비 온 뒤에 바라보는 학교 앞 가라산은 더욱 푸릅니다.

그동안 안녕하셨는지요?

지난 두 주 가까이 우리 아이들과 떨어져 있었습니다. 다행스럽게 아이들이 김숙자 선생님과 즐겁게 생활하였다고 들었습니다. 선생님이 경륜이 높으셔서 아이들을 세심하게 보살펴 주신 걸로 압니다. 부모님들께서도 여러모로 마음 써 주셔서 고맙습니다.

존경하는 학부모님!

익히 아시겠지만 제가 연수 휴가원을 내고 학교밖에 있던 기간 동안 경기도교육위원 선거가 있었습니다. 고양, 파주, 김포 지역의 초·중·고 학교운영위원들이 2명의 교육위원을 선출하는 선거였습니다. 부족하지만 제가 그 선거에 출마를 했고, 7월 11일 선거를 치러서 많은 분들의 성원으로 교육위원으로 당선이 되었습니다.

교육위원은 교육·학예에 관한 각종 사항을 심의, 의결하는 역할을 하는 자리입니다. 대표적인 활동을 들면 수조 원의 경기도 교육 예산은 물론 각종 교육과 관련된 조례를 심의·의결하고, 교육청 산하 기관

... 교단에 서서 마지막으로 가르친 1학년 아이들과 정다운 한때이다. 교육위원으로 당선된 뒤에는 겸직 금지 조항 때문에 교직을 그만두어야 했다.

을 감사·조사하는 역할도 합니다.

제가 교육위원으로 당선되어 교육 발전을 위해 일할 기회가 생겨 좋지만 아쉬운 점도 있습니다. 교육위원에 당선되면 겸직을 할 수 없기에 교직을 떠나야 하는 것 때문입니다. 그래서 방학이 끝나고 8월 말이 되면 저는 학교를 그만두어야 합니다. 대신 우리 1학년 4반에는 다른 선생님이 발령을 받아 오시게 될 겁니다. 교육위원으로 선출되어 비는 자리이니만큼 대신 좋은 선생님이 부임하게 될 줄 믿습니다.

학부모님, 제가 성신초등학교에 복직해 근무를 시작하면서 학교 뒤뜰에 작은 감나무 한 그루를 심었습니다. 나무처럼 교단에 깊이 뿌리내려 살고 싶은 마음 때문이었습니다. 그 마음가짐을 실천하여 좋은 선생이 되려고 부단히 노력하기도 했습니다. 그 과정에서 올해 우리 1학년

4반을 맡아 가르치면서 행복하고 즐거웠습니다. 학부모님들께서도 제 교육관을 깊이 이해해 주시고 여러모로 도와주셔서 든든하였습니다.

이제 이 모든 아름다운 일들을 뒤로하고 떠나야 하기에 아쉬움이 큽니다. 하지만 제가 교육위원으로 가는 길이 결코 교단을 저버리는 일은 아니라고 봅니다. 더욱 폭넓게 우리 경기 교육을 살펴보면서 행복하고 아름다운 학교를 만들기 위해 힘쓰는 자리입니다. 4년 교육위원 임기 동안 비록 자리는 바뀌지만 이 땅의 교사임을 잊지 않고 교육 위기를 희망의 기회로 바꾸기 위해 열심히 일하겠습니다. 더욱 낮은 자세로 깨끗하고 반듯하게 일하겠습니다.

그동안 부족한 저를 믿고 따라 준 우리 1학년 4반 사랑스러운 아이들을 잊지 못하겠습니다. 저를 응원하고 밀어주신 학부모님께도 깊이 감사드립니다.

내내 건강하시고 행복하시길 두 손 모아 기도드립니다.

2002년 7월 15일

성신초등학교 1학년 4반 담임 최창의 드림

참 좋은 선생님

요즘 교원 평가를 둘러싸고 때 만난 듯 교사들을 내려치는 모습을 보자니 심란하여 잠 못 이루다 책이나 보려고 앉았다. 며칠 전에 보내온 한국글쓰기교육연구회 회보를 펼쳐 들었다. 아이들의 참된 삶을 가꾸기 위해 글쓰기 교육을 실천하고 있는 교사 모임에서 달마다 펴내는 회보이다. 차례로 읽다 이데레사 선생님이 쓴 글쓰기 지도 사례를 보고 가슴이 울컥했다. 이데레사 선생님은 부산의 한 초등학교에서 4학년을 가르치고 있다. 선생님은 상훈이가 일기장에 쓴 시를 읽다가 자신도 얼어붙어 버렸다고 한다.

나의 비밀 (4학년 이상훈)

나에게 비밀이 오늘부터 생겼다./퐁퐁을 타는데 갑자기 민정이가/"민우야, 니 엄마 있나?"/"아니, 내가 네 살 때 가출했다."/허거걱, 퐁퐁 타던 우리는 몸이 얼어붙었다./그러자 선경이가 말했다./"야, 유리 엄마도 자기 아빠 돈 안 벌어 온다고 가출했대."/우리는 퐁퐁을 타다 말고 가만히 앉아 있었다.

이 선생님이 가르치는 아이들 일기장에는 자기 동네의 팍팍하고 힘든 삶이 그대로 드러난다고 한다. 이따금 이런 일기를 보면서 가슴속에 아픔을 안고 살아가는 아이들을 그대로 놔둘 수 없어 이야기를 함께 꺼내 놓기로 했다.

이 선생님은 재량 시간이 돌아오자 30년도 넘게 가슴속에 꽁꽁 숨겨 둔 자기 이야기를 들려주었다. 어린 시절 부잣집에서 세상 부러울 게 없는 공주처럼 살다가 아버지가 일자리를 잃으면서 겪은 아픔들을 솔직하게 털어놓았다. 자신이 어찌어찌 모아 둔 돼지 저금통의 배를 아버지가 몰래 가르다 들킨 일을 말하다가는 그만 눈물까지 흘리고 말았다. 이야기를 듣던 아이들 몇 명도 울거나 눈가가 발개졌다. 이야기를 마치고 아이들에게 말했다.

"어디 가서 털어놓지 못해서 가슴속에 돌덩어리로 남아 있는 거 덜어 내어 글로 써 보자."

처음에는 멈칫하던 아이들이 숨죽여 글을 써 내려갔다. 무슨 일에도 돌콩같이 눈 하나 깜짝 않고 글이라고는 죽어라고 안 쓰는 창식이도 막 흐느끼며 글을 써냈다. 창식이는 부모가 싸워 따로 사는 어머니 집에 가고 싶은데 친할머니가 반대하니 어떻게 하면 좋겠느냐고 하소연한다. 가난한 동네라 그런지 다른 아이들 사정도 비슷하다. 현아는 태어나자마자 버려져 큰아빠 집에 얹혀사는 슬픔을, 수연이는 일곱 살 때 집 나간 아버지에 대한 그리움을, 유리는 아버지 일자리가 끊겨 급식비와 학원비도 못 내 울고 싶은 사정을 고스란히 풀어냈다.

이 선생님은 아이들이 써낸 글을 읽어 내려가다가 가슴에 꼭 안으면서 아이들에게 고맙다고 했다. 그리고 날마다 글을 들춰 보면서 이 아픔들을 어떻게 어루만져 줄까 생각하다가 하나하나 편지를 써 주기로 다짐했다. 그리고 학교생활 틈틈이 아이 한 명씩과 손을 잡고 운동장을 거닐며 못다 한 이야기를 나누었다. 아픈 상처들을 끄집어내 위로도 하고 용기를 북돋아 주었다. 아이들은 속도 모르고 자기 선생님이 데이트 상대를 자주 바꾼다고 '바람둥이'라고 놀렸다고 한다.

이데레사 선생님의 글쓰기 교육 사례를 다 읽고 나니 선생님의 깊은 사랑이 뜨겁게 전해 온다. 비록 그 반 아이들은 가난하고 힘들게 살아가지만 참 좋은 선생님을 만나 행복하겠다. 이처럼 좋은 선생님이 어찌 이데레사 선생님뿐이겠는가? 오늘 이름도 빛도 없이 교단에 서서 아이들에게 한없는 사랑을 쏟아붓는 또 다른 선생님들이 곧 이 나라의 희망이자 힘이다. 그런 참다운 선생님들을 교원 평가 따위로 옭아매려 한다면 거추없고 어리석은 노릇이다. 선생님들이 두려워하는 건 아이들의 해맑은 눈빛이요, 그들을 지켜 주는 발판은 오직 올곧은 양심이리라.

2005. 11.

교육이 제자리를 잡고 본디 모습을

다가오는 새해는 여느 해와 다르다. 새 대통령이 임기를 시작하는 첫해라서 새롭게 펼쳐질 국정 운영에 대한 기대감이 크기에 그렇다. 공교육의 위기 상황에서 교육계의 바람은 더욱 절박하다.

우리는 미래 세대의 희망을 교육에서 찾는다. 그러나 오늘의 학교는 교육 본질과 근본을 잃어버린 채 입시 교육에 신음하고 있다. 시험 점수로 한 줄 세우기는 여전하고, 교육의 성패를 이른바 인기 대학에 몇 명 진학하는가에 두고 있다. 점수 따기 경쟁으로 사교육 시장이 번창하면서 부모의 경제력에 따른 교육 불평등이 날이 갈수록 깊어지고 있다.

새로 들어서는 정부는 무엇보다 대학 입시 교육의 병폐를 뜯어고쳐야 한다. 이제 시험 성적에 따라 한 줄 세우는 교육은 지난 시대의 유물로 돌려줄 때가 되었다. 학생들의 다양한 소질과 개성을 살리고, 공동체의 발전을 중시하는 방향으로 교육개혁이 추진되어야 한다. 그런 점에서 새 대통령 당선자가 공약한 고교평준화 정책의 확대는 적절하고 타당한 방향이라고 본다. 이를 위해 교육 불평등을 부채질하는 자립형사립고와 자율학교 확대 방침은 근본부터 다시 검토하여 철회해야 할 것이다.

... 교사로 일하다 42세에 경기도교육위원으로 당선되어 교육 정책과 예산을 심의하는 활동을 펼치게 되었다. 2002년 9월 경기도교육위원회 본회의장에서 처음으로 교육감에게 질의를 펼치는 장면이다.

공교육을 강화하려면 기반이 되는 교육 환경을 개선할 수 있는 재정 투자가 뒤따라야 한다. 열악한 교육 재정으로 경기도는 어느 시도보다 피해가 크다. 경기도의 과대 학교, 과밀 학급 문제는 전국에서 가장 심각한 수준이다. 학급당 학생 수 35명 감축도 제때 추진되기 어려울 뿐만 아니라 교원 수는 법정 정원에 수천 명이 모자라서 교육 부실을 낳고 있다.

지난 대선에서 후보들은 교육 예산을 GDP의 6~7% 확보하겠다며 각자 공약으로 내세운 바 있다. 그러나 이를 확보할 방안이 뚜렷하게 제시되지 않아 걱정스럽다. 교육 예산 확보는 국가의 미래를 위한 투자라는 관점에서 그 해결 방안을 적극적으로 모색해야 할 것이다. 한편 교육 재정 확보 못지않게 재정이 투명하고 효율성 있게 쓰이도록 교육 예결산 심의 제도 강화와 교육재정관련법의 개정도 뒤따라야 할 것이다.

정부의 교육 정책과 교육개혁은 일관성 있고 지속적으로 추진되어야 한다. 지난 정권들 속에서도 교육개혁이 없었던 건 아니다. 다만 개혁 정책이 시장논리나 정치논리에 따라 추진됨으로써 폭넓은 공감을 형성하지 못하고 부작용을 일으켰던 것이다. 이제 새 정부의 교육개혁은 교원들을 주체로 세우고 교육 현장의 목소리를 반영하여 실질적으로 추진되었으면 좋겠다.

교육은 국가 복지정책의 기본이자 국가가 분명하게 책임져야 할 의무이다. 새해에는 교육에 대한 과감한 투자와 함께 교육 주체들의 참여가 활기차게 일어나길 기대한다. 그래서 학교 교육이 제자리를 잡고 본디 모습을 되찾을 수 있도록 해야겠다.

2003. 1.

논술 교육 바람과 입시 교육

서울대의 통합형 논술고사 논란 이후로 교육 현장에 논술 교육 바람이 뜨겁다. 가장 눈치 빠르게 대응하는 건 역시 사교육계이다. 각종 논술 교재 개발, 맞춤식 족집게 논술이 높은 가격에 활개를 친다. 질세라 교육 당국도 한술 거들었다. 교사들의 논술 연수를 강화한다느니, 논술 교육 매뉴얼을 개발해 학교에 보급하겠다고 나선다. EBS 방송과 온라인까지 이용해 논술 교육을 진행하겠다고 법석이다.

갑자기 이처럼 온 나라가 논술 열풍으로 들끓게 된 과정은 이렇다. 우리나라 모든 대학생의 0.7퍼센트밖에 안 된다는 서울대학교가 2008년 대학 입시에서 통합형 논술고사 비중을 높이겠다고 불길을 당겼다. 그러자 서울대의 꼬리를 이어 성적순대로 학생을 받아들이는 다른 대학들도 여기에 동조하는 부채질을 했다. 한차례 교육부와 서울대 사이에 논술 시험을 두고 치고받기가 벌어지더니 급기야 교육부가 대학 논술고사 제한선(가이드라인)을 제시해 불길을 잡겠다고 나섰다.

논술이 무엇인가? 사전적 의미로는 '의견을 논하여 말함(서술함)'을 일컫는다. 대학시험에서는 의견을 글로 쓰니 '논술문'이라 해야 정확한 말이겠고, 우리가 학교에서 흔히 배운 명칭으로는 '논설문'이라면 알기 쉽겠다. 이런 글로는 신문 사설을 대표로 들 수 있겠지. 그렇다면 논술이 그다지 대단한 글도 아니고 많은 시간과 돈을 들여 집중 과외를 받아야 할 만큼 어려운 공부도 아니다.

그런데도 학부모와 학생들은 논술 시험을 두고 불안에 떨고 혼란스러워하고 있다. 가장 큰 책임은 먼저 대학에 있다. 대학이 2008년도 입학생부터 적용 비중이 높아진 고등학교 학생부 기록을 못 믿고 논술고사를 대학 본고사 형태로 변형시켜 변별력을 찾으려는 의도를 갖고 있기 때문이다. 겉으로는 학생 선발권 보장이니 학문의 자율성이니 하고 포장하지만 그 속셈은 온 나라 학생들을 성적으로 줄 세워 맨 앞부터 끊어 받아들이려는 데 있다. 이런 불순한 의도가 통합형 논술이라고 이름 지어져 논술의 본래 목적을 상실한 채 교과 문제 풀이나 암기된 지식을 평가하는 또 다른 형태의 본고사가 되어 버리는 것이다.

또 다른 문제는 초·중등학교에서 과연 제대로 논술문을 쓸 수 있도록 지도하고 있는가 하는 점이다. 교육부는 물론이고 대학에서 표본 삼아 내세우는 대표적인 논술 시험으로 흔히 프랑스의 '바칼로레아'를 꼽는다. 바칼로레아는 프랑스의 대입 자격시험으로 우리 대학이 치르는 논술고사와는 그 목적과 문제 유형이 사뭇 다르다. 프랑스에서는 바칼로레아를 통해 학생들이 얼마나 자기 생각을 논리적이고 창의적으로 펼치는가를 평가하는 데 목적을 두고 있다. 그래서 프랑스에서는 초등학교 때부터 글쓰기, 독서, 토론이 일상적으로 이루어진다고 한다. 그에 비해 우리 교육 현장은 폭넓은 독서 교육이나 삶에서 우러난 경험을 바탕으로 비판적인 자기 생각을 펼치는 글쓰기와 토론 교육은 아직도 뒷전이다. 여전히 시험 점수를 따기 위해 단편적인 지식을 외우고 시험 문제를 푸는 기계적인 수업을 되풀이하고 있지 않은가.

최근 교육부가 논술 시험의 금지 항목을 제시하면서 상당수 대학들이 논술의 본래 목적에 충실한 예시 문제까지 발표하였다. 하지만 교육 관계자와 학부모들은 구술 심층 면접에서 또 다른 편법이 진행되지 않을까 의혹을 갖고 있다. 이번에 불거진 논술고사 사태에서 보듯이 우리나라 학벌 사회의 입시 교육이 풀리지 않는 한 초·중등학교의 교육이 결코 교육 본질을 추구하기 어렵다는 것을 새삼 뼈저리게 느낄 수밖에 없다. 우리는 언제까지 입시 교육에 얽매여 학생들에게 토막 지식 가르치기에 매달려야 하는 걸까?

2005. 9.

모두에게 사랑받는 학교 이름을

사람살이에서 얼굴값을 한다는 말이 흔하지만 이름값을 한다는 말도 있다. 그래서 일찍이 우리 선조들은 이름을 매우 소중하게 여겨 아이가 태어나면 글깨나 읽는다는 집안 어른이나 작명가에게 부탁하여 이름을 지었다. 한 아이 이름도 이처럼 신중하게 짓는 마당에 그 아이들 수천 명이 다니는 학교 이름이야 얼마나 잘 지어야 하겠는가?

얼마 전 경기 지역의 어떤 신설 학교 이름을 신장암초로 결정했다가 학부모들의 반발로 교명을 바꾼 사례가 있다. 그런데 한 교육신문이 전국의 학교 이름을 무작위로 분석한 결과를 살펴보면 기가 막힌 이름이 한둘이 아니다. '야동초, 기계초, 정관초, 정자초, 고아초, 백수중'에 '대마초, 대변초'까지 있다. 좀 덜하지만 이름이 이상한 학교는 이뿐만이 아니다. '방화초, 오류초, 좌천초, 물건중, 반송중, 이북초, 가수초, 장마초……' 열 손가락으로 헤아리기 어려울 정도이다.

이 같은 이상스러운 이름들의 한문 글자 속뜻은 어떤지 모르지만 그 날말로 표현되는 이미지가 좋지 않다. 학교 이름이 이렇다면 그 이름 때문에 아이들이 놀림받고 창피스러워하는 일도 잦을 것이다. 다른 학교 아이들에게 놀림을 받거나 모교 이름을 선뜻 꺼내 놓기 부끄러워할 수도 있다.

그러면 어찌해서 그 좋은 우리말을 놔두고 이상한 학교 이름들을 짓는 걸까? 가장 큰 원인은 학교가 들어서는 지역이나 동네의 이름을 그대로 따라 붙이는 데서 비롯된다. 현재 새로운 학교가 설립되면 각 시군 교육청 산하의 '교명 선정위원회'에서 협의를 거쳐 이름을 붙인다. 교명 선정위원회가 열리면 미리 서너 개의 이름을 올리지만 아무래도 신설 학교가 들어서는 지역에 사는 주민들의 의견이 우세하다. 그래서 대개 학교가 들어설 지역과 마을의 역사나 유래를 들먹이며 그 명칭을 따라 이름을 붙일 것을 강하게 요구한다.

더구나 요즈음에는 학교 이름을 인근 지역 아파트 값이나 땅값 상승과 연결시키는 이기심까지 덧씌워지기도 한다. 결국 지역이나 마을 이름 따라 학교 이름의 운명이 결정되는 셈이다. 어감이 어색하거나 이상한 지역 이름 뒤에 학교가 붙게 되면 그 의미가 증폭되고 이상스레 바뀌어 버린다.

학교 이름이 이상한 것도 있지만 아름다운 이름도 많다. 최근 들어 '봄내초, 한솔고, 늘푸른고, 슬기초, 옥터초, 금모래초, 한뫼초, 통일초, 한빛초' 같은 아름다운 우리말도 살리고 교육의 나아갈 길도 밝혀 주는 학교 이름이 점차 늘고 있기도 하다. 학교 이름은 학교의 이미지나 교육 목표를 상징하는 매우 중요한 교육 요소라 볼 수 있다. 따라서 지역의 명칭을 담는 것도 필요하지만 무엇보다 학생들의 정서와 교육 방향을 반영해야 하는 것이다. 또한 학생들이 부르고 쓰기 쉬워야 할 뿐만 아니라 어감도 좋아야 한다.

경기도는 다른 시도에 비해 신설되는 학교 수가 많다. 해마다 약 70여 개 내외의 학교가 새로운 이름을 달고 문을 연다. 그만큼 경기도

교육청은 신설 학교의 이름을 짓는 일에 더욱 깊은 관심과 지원을 기울여야 할 것이다. 교육청은 신설 학교의 이름을 널리 공모하는 다양한 방안을 연구해서 많은 사람들의 참여를 이끌어 내야 한다. 그리고 관행적인 교명 선정위원회의 구성과 운영 방식도 다시 검토하고 개선해 모두에게 사랑받는 학교 이름을 지어 주면 좋겠다.

2005. 10.

자연과 생명을 살리는 교육

얼마 전 시골로 이사 간 어느 선생님의 글에서 사람처럼 큰 해충이 없다는 말을 읽고 고개를 절로 끄덕인 적이 있다. 그 선생님이 사는 동네 들녘에서는 농번기만 되면 온통 농약 치는 소리로 요란한데 그 속에서는 조그만 벌레 한 마리도 살 수 없을 거라며 한탄을 한다. 그러면서 먹을 것, 입을 것, 잠잘 곳, 모두 필요한 만큼만 힘들여 만들어 쓰고, 쓰레기를 만들지 말고, 몸을 작게 웅크리며 살아야 할 것 같다고 했다.

새삼스러운 이야기는 아니었지만 마침 그즈음에 자연과 함께 살아가는 인디언의 가르침을 담은 『작은 나무야 작은 나무야』라는 책을 읽고 있던 터라 더욱더 그 이야기가 마음에 와 닿았다. 돌아보면 정말 사람처럼 자기의 욕심이나 이로움을 위해 자연물을 마구 해치고 괴롭히는 존재도 없는 것 같다. 짐승들은 아무리 사납고 힘이 세더라도 자기 먹을 만큼만 다른 동물을 잡는다고 한다. 쌓아 두고 팔아 치우기 위해 다른 생물을 거침없이 잡고 죽이지 않는 것이다. 또 자기가 편하게 지내려는 목적으로나 노리갯감으로 애꿎은 생명을 해치는 일도 없다.

그러나 우리 사람들은 어떤가? 돈에 눈이 팔려 얼마나 많은 생명들을 죽이는가? 제 몸뚱어리 조금 편하게 지내려고 얼마나 자연을 더럽히고 짓밟는가? 이 세상은 사람들만 사는 세상이 아니다. 그런데 우리는 살아가면서 맑은 물을 더럽히고 땅에 독성 물질을 뿌려 어린 물고기와 벌레들, 새들을 죽이고 있다. 나무를 베어 내고 산짐승도 잡아들이고 있다. 이렇게 우리가 살다가는 결국 이 세상이 망하여 없어질 것 같은 위기감이 든다.

시골 사람들은 그나마 좀 낫다. 도시에 사는 나 같은 사람은 자연을 해치고 망가뜨리기만 하고 있으니 죄스럽다. 내가 먹고 마시고 입고 자는 어떤 것도 내 손으로 가꾸거나 만든 것이 없다. 모두 자연이 안겨 준 것을 알량한 돈으로 사서 소비만 하고 있을 뿐이다. 그러고도 남기고 배설해서 또다시 자연을 오염시키기도 한다.

내가 자연 앞에서 더욱 겸손해지고 작아지는 건 우리 지역 시민단체에서 운영하는 주말 가족농장에서 밭농사를 지을 때이다. 얼마 전에는 겨우내 묵었던 밭에 소똥을 퍼 나르고 펼치면서 몸은 힘들지만 즐거웠다. 사람들에게 젖을 준 소들이 먹고 싸 놓은 것들을 내 손으로 고스란히 땅으로 돌려준다고 생각하니 소똥 냄새가 구수하기까지 했다. 작물을 돌보느라 농장을 다니면서 가꾸고 보살펴 주는 대로 자라는 생명이 얼마나 귀중한지 새삼 깨닫는다. 그러면서 조금 덜 먹고 조금씩 버리며 살아야지 다짐하곤 한다.

농장에 다니면서 흙에게만 배우는 게 아니라 이웃 사람들의 태도를 보며 깨닫는 것도 많다. 지난해 가족농장에서 내가 본 두 부류의 가족이 있다. 한쪽은 땅을 살리고 이웃을 돕는 일에 부지런한 사람들이다. 그 식구들은 자기 땅에 애써 거름을 주고 풀을 자주 뽑아 주면서 알뜰하게 작물을 기른다. 또 둘레의 이웃들을 위해 뭐 도와줄 게 없나 늘 살핀다. 이런 가족은 회비 8만 원을 내고 수만금보다 귀중한 소득을 얻어 가는 사람들이다. 다른 한쪽은 농장에 와서 무슨 대단한 서비스라도 받으려고 하는 사람들이다. 그저 어떻게 하면 손발을 적게 놀릴까 궁리하면서 남이 돌보아 주기만을 바란다. 이런 사람들이 가꾸는 밭은 대개 얼마 안 가 잡초투성이로 뒤덮여 다른 이웃들에게까지 피해를 준다. 이런 가족은 8만 원을 내고 다른 이들에게까지 몇 곱절의 손해를 입히는 사람들이다.

주말 가족농장은 남이 땀 흘려 심고 가꾼 작물들을 소비만 하던 내 삶을 돌아보게 하는 곳이다. 올 가을에도 토실토실 속이 들어찬 배추와 무를 보면서 손발을 부지런히 놀려 일한 보람을 느낀다. 그러면서 생활하는 가운데 불편한 것이 많을수록 달게 받아들이려고 한다. 작은 땅이라도 일궈 씨앗을 뿌려 땀 흘리며 일하는 삶이야말로 자연과 생명을 살리는 가장 좋은 길이다.

2005. 10.

2

미래를 꿈꾸고 희망을 노래하는 교육

새봄의 학교 풍경

새봄의 학교는 새로움으로 설렌다. 학교에 갓 들어온 1학년 아이들의 눈빛은 언제나 호기심으로 가득하다. 다른 학년 아이들도 학교는 그 학교이더라도 새로운 게 많다. 새 선생님, 새 친구들, 새 교실, 새 책…… 새봄과 함께 새싹이 움트듯 아이들의 가슴에서도 새로운 꿈이 피어난다.

학교 이야기 1. 학교폭력

올해 학교는 여느 해 같지 않게 시작부터 을씨년스럽고 불안하기까지 하다. 지난해 끝 무렵에는 수능 부정과 내신 조작 사건으로 한바탕 홍역을 치르더니 새 학기가 시작되면서 학교폭력 문제로 떠들썩하다.

엊그제는 어느 학교를 지나다 정문 머리 위에 '학교폭력 자진 신고 기간'이라는 큼지막한 펼침막이 내걸려 있는 걸 보고 가슴이 탁 막혀 왔다. 교육부가 내세우는 학교폭력 예방 대책이라는 것도 학생들을 토끼몰이하듯 벼랑 끝으로 내모는 것 같아 걱정스럽다.

교육부가 내세우는 대책이라는 것이 무엇인가? 학교에 경찰을 배치하고 감시 카메라를 설치하여 폭력 학생들을 휘어잡겠다는 것이다. 폭력 학생들을 자진 신고하라고 학교에 을러대더니 폭력 제자를 신고

하는 교사들을 포상하겠다는 어처구니없는 발표까지 하고 나섰다. 마치 학교가 한바탕 폭력배 소탕 작전이라도 치를 형상이다.

학교폭력은 돈과 권력을 차지하기 위해 미쳐 돌아가는 사회 구조의 모순에서 태어난 문제아와 같다. 오직 시험 점수 따기에만 치중하는 입시 경쟁의 잘못된 교육 풍토에서 커져 나온 혹덩어리이다. 어른들이 빚어낸 근본 원인을 치료하지 않고 아이들만 닦달하다가 그 병이 속으로 더 깊어지지나 않을까?

학교 이야기 2. 아름다운 학부모

새 학기에는 아이들 못지않게 학부모들도 이러저런 일로 바쁘다. 달라진 아이들의 생활과 학습을 보살피고 뒷바라지하려면 그렇다. 그 바쁜 시간을 쪼개 자신의 아이만이 아닌 우리 아이들의 즐거운 학교생활을 위해 뛰고 애쓰는 아름다운 학부모들도 있다.

내가 아는 한 중학생 학부모는 올해도 학교운영위원으로 나섰다. 지난해에 학교운영위원 일을 하면서 잘못된 관행을 깨려다가 눈총도 많이 받았지만 그나마도 노력해 거둔 결실이 값지기 때문이다. 여러 학부모들을 설득해 학생들의 교복을 값싸게 공동 구매를 해냈는가 하면 불법 찬조금도 과감하게 없앴다. 올해는 학교도서관의 자원봉사 학부모를 조직해 독서 교육 강좌 마련하는 것을 가장 큰 목표로 삼겠다고 한다.

학부모들이 학교 운영에 활발하게 참여하면 학교를 바꾸는 데 큰 힘이 된다. 학교운영위원회가 아니더라도 학교급식소위원회에 참여하여 학교 급식의 질을 높이고 위생적인 급식이 이루어질 수 있게 활동할 수 있다. 학교도서관 봉사자로 일하면서 좋은 책을 구입하게 하고 학생들이 즐겁게 책을 읽도록 이끄는 다양한 프로그램을 개발하여 실행할 수도 있다. 녹색어머니회 같은 단체에서 아침에 학생들을 안전하게 등교하도록 지도하는 것도 보람 있는 일이다.

학교 이야기 3. 교육감 선거

새 학기가 시작된 한 달 뒤쯤인 4월 18일에는 경기도교육감 선거가 치러진다. 4월 말로 임기를 마치는 교육감이 물러나고 경기 교육을 앞으로 4년간 새롭게 이끌어 갈 교육감을 뽑게 되는 것이다. 이미 예닐곱의 출마 예상자들이 거론되면서 교장, 교감을 비롯한 교원들 사이에서는 표재기가 한창이다. 그런데 교육에 그토록 관심이 많은 우리네 학부모들은 선거가 있는지조차 모른다. 도지사나 시장 선거에 비하면 교육감 선거는 너무 조용하지 않은가?

경기도교육감은 도 교육 행정의 총책임자로서 그 권한과 역할이 도지사에 비해 결코 뒤지지 않을 정도로 막중하다. 한 해 수조 원에 가까운 교육 예산을 집행하고, 25개 시군 교육장과 초·중·고 학교장의 인사권을 행사할 뿐 아니라 교육 행정에 관한 재량권도 과거에 비해 계속 커지고 있다. 그래서 교육감이 가진 교육 철학과 교육관이 도 전체 학교 교육 방향을 결정하는 데 크게 영향을 미친다. 지난해 말 새로 당선된 서울시교육감이 전임 교육감이 없앴던 초등학교 일제고사를 부활하듯이 어떤 교육감이냐에 따라 정책이 달라진다.

이토록 중요한 교육감 선거가 왜 주민들이 알지도 못하는 사이에 치러지는 것일까? 가장 큰 원인은 학교운영위원들만 선거에 참여하는 협소한 간접 선거 방식이라는 데 있다. 학교운영위원이 아닌 일반 교사나 학부모들에게는 교육감 후보에 관해 어떤 정보도 제공되지 않으니 남의 잔치 구경하듯 지나쳐 버리는 것이다. 또 공식적인 선거운동

기간은 10일로 매우 짧고, 운동 방식이 공보 발행과 선거 유세 등으로 제한되어 있는 것도 문제이다.

다음에는 교육감 선거법이 개정되어 교육감 선거인단을 확대하고 선거운동 방식도 좀 더 다양해지면 좋겠다. 사람들이 많이 참여하고 꼼꼼하게 검증해야 올바른 교육감이 뽑히지 않겠는가?

2009. 4.

교육의 진정한 목표가 무엇인가요

성희 어머니, 어느덧 올해도 마지막 달력 한 장을 남겨 두고 있습니다. 이즈음이면 우리 학부모들과 아이들은 학교 진학 문제로 고민에 휩싸이게 됩니다. 더욱이 상급 학교 시험을 치른 중3, 고3 학생을 둔 학부모들은 그 결과에 마음을 바짝 졸이고 희비가 엇갈리겠지요.

성희 어머니도 올해 성희가 대학수학능력시험에서 기대치만큼 성적을 거두지 못해 매우 속상해하셨지요. 아이가 정말 열심히 공부를 했는데, 한번 시험으로 모든 게 허사로 돌아간 것 같아 기운이 쭉 빠진다고 하셨지요. 전화로 듣는 음성이 무척 가라앉고 풀이 죽어 있는 듯해 안타까웠습니다.

제가 학부모 모임에서 만난 성희 어머니는 그래도 바른 교육관을 가진 분으로 기억하는데 막상 자기 자녀의 진학 문제에는 초연할 수 없구나 생각했습니다. 성희 어머니는 학부모들끼리 모이면 어느 대학 몇 명 들어간 실적으로 고등학교 순위를 매기는 걸 마뜩잖아 하셨지요. 그러면서 일제고사 부활과 극심한 시험 경쟁 체재에 내몰린 학교 교육 문제를 걱정하셨지요. 자녀들을 이리저리 내몰고 닦달하는 게 아니라 제 공부를 스스로 하도록 옆에서 지켜보는 편이셨지요. 그런데

...우리 교육의 불행은 목표와 수단이 뒤바뀐 데서 시작된다. 교육의 본래 목표인 사람다운 사람을 기르는 것은 뒤로 밀리고, 대학 입시에 목을 매는 현실에서 아이들은 학교가 행복하지 않다.

막상 대학 입학시험 결과가 뜻대로 안 되니 그동안의 공부가 모두 헛일이 된 것 같다고 하는 걸 보고 놀랐습니다.

성희 어머니, 지금의 교육 현실 속에서 그 심정이 충분히 이해가 됩니다. 또 어린 나이에 잠시 실망감을 맛보았을 성희에게도 위로를 보냅니다. 그래도 아이가 크게 낙담하지 않고 다음 시험 준비를 하고 있다니 다행입니다. 잘 아시다시피 교육의 본질은 사람이 사람답게 살아가는 길을 가르쳐 주는 것입니다. 교육을 통해 아이들이 가진 소질과 숨겨진 재능을 틔워 줌으로써 자아를 실현하고 행복하게 삶을 살아가도록 해 주어야 하는 것이지요. 그런데 지금 우리 학교 교육은 이런 본질적인 목표보다는 학생들을 시험으로 줄 세워 인기 있는 상급 학교에 진입시키는 것을 최상의 목표로 삼고 있습니다. 왜 그럴까요? 우리나라에서는 학벌이 사회적인 지위와 곧바로 연결되기 때문입니다. 따라서 시험 점수로 매기는 서열주의와 학벌경쟁주의 문화를 타파하지 않고서는 입학시험으로 좌절을 겪을 또 다른 성희와 어머니들은 해마다 무수히 나타날 것입니다.

요즈음 북유럽의 작은 나라 핀란드 교육이 세계적으로 주목받고 있습니다. PISA(OECD가 주관하는 국제학력조사)에서 종합 1위를 놓친 적이 없는 교육 선진국이지요. 이 나라는 학생들의 시험 점수 결과보다는 학습에 흥미를 높이는 과정을 중시합니다. 그래서 참가국 가운데 평균 학습 시간은 가장 적지만 학습 만족도는 1위입니다. 핀란드의 학교에서는 성적표에 등수를 매기지 않고 학교 간 서열도 없습니다. 수업도 학생끼리 경쟁보다는 협동 학습, 팀 단위 문제 해결을 중시합니다. 이처럼 핀란드 교육이 발전한 데에는 직업, 학력, 학벌 등에 따른 차별이 매우 적은 사회라는 배경과 함께 지난 20년 동안 지속적으로 교육개혁을 추진한 결과입니다.

성희 어머니, 이제 마음을 가라앉히고 희망찬 미래를 위한 교육의 진정한 목표와 방향을 생각해 보시기 바랍니다. 학교가 살벌한 경쟁 속에서 살아남기 위한 싸움터가 아닌 아이들이 더불어 살아가는 공동체의 도장이 될 수 있도록 지혜를 모아 주시기 바랍니다. 아울러 이번 기회에 아이에게 더 멀리 자신의 인생을 바라보도록 도와주십시오. 지금까지는 당장의 시험 경쟁에서 이기는 것을 목표로 삼았다면 앞으로는 인생의 궁극적인 절대 목표를 뚜렷이 세워 정진할 수 있도록 이끌어 주시면 좋겠습니다.

2008. 12.

학교 앞 현수막에 걸린 교육 현실

지난 5월 6일 경기도교육청 건물 중앙에 걸려 있던 교육 지표 현판이 바뀌었다. 주민 직선으로 당선된 김상곤 새 교육감이 취임하면서 겉으로 드러난 첫 변화이다. 지난 4년 동안 걸려 있던 '세계 일류를 지향하는 글로벌 인재 육성'이 내려지고 대신 '더불어 살아가는 창의적인 민주시민 육성'이라는 간판이 새로 올라갔다. 교육 지표 현판이 걸린 자리는 똑같지만 그 글귀가 지향하는 의미와 내용은 사뭇 다르다.

학교를 비롯한 교육기관의 건물이나 구령대 지붕에는 어김없이 교육과 관련된 구호가 많이 붙어 있다. 우리 교육이 지향하는 목표나 방향, 의지가 담긴 이상적인 내용들이 대부분이다. 구호가 적힌 현판과 함께 학교 정문 앞에는 가끔 현수막이 나붙어 오가는 사람들의 눈길을 끄는 일이 있다. 학부모나 학생들에게 널리 알려야 할 행사나 자랑할 만한 일을 스스로 나서 현수막으로 알리는 것이야 바람직한 일이겠지. 그런데 때때로 어떤 현수막 내용들은 전시 효과에 이끌려 오히려 학교 교육을 왜곡하거나 잘못 이해하게 만들기도 한다. 더욱이 교육적 가치나 학생들의 정서를 깊이 고려하지 않고 실적을 과시하려는 의욕이 앞서서 무분별한 경쟁을 불러일으키는 내용은 눈살을 찌푸리게 한다.

최근 중고등학교 정문 앞에는 지난 4월 초부터 교문 머리에 올라온 학교폭력 신고 현수막이 걸려 있다. 6월 15일까지 두 달여 동안 내걸리는 이 현수막에는 '00년 학교폭력 자진 신고 및 피해 신고 기간'이라는 글귀가 큼지막하게 박혀 있다. 그리고 신고 기간과 기관의 전화번호 따위를 적어 놓아 자진 신고는 처벌을 완화하고 피해 신고는 비밀을 보장해 준다고 한다. 이런 현수막을 학교마다 교문에 걸어 놓다 보니 일반 사람들에게는 마치 학교가 무슨 폭력의 온상쯤으로 비춰지기 십상이다. 그리고 그 문구도 지난 시대에 경찰서 앞에 걸려 있던 '간첩 자진 신고, 총기 자진 신고' 같은 으스스한 용어에 문구만 일부 달리해 놓지 않았는가?

이처럼 협박하는 투의 현수막을 건다고 해서 학교폭력이 줄어들고 사라지리라고는 생각되지 않는다. 그리고 실제로 이런 걸 보고 얼마나 신고가 들어오는지도 의심스럽다. 경찰서와 교육기관이 합동으로 학교폭력을 강력히 단속하고 처벌한다는 것을 겉으로 내보이려는 자기만족 행정일 뿐이다. 더구나 우리 꽃 같은 아이들이 아침저녁으로 드나드는 교문 앞에 이런 살벌한 내용의 현수막은 가슴을 답답하게 한다. 그래서 도교육청 담당 부서에 문제를 지적하자 앞으로 글귀를 학생들의 정서에 맞게 고치고 현수막 거는 위치도 조정하겠다고 한다.

고등학교와 대학 입시철마다 학교 앞에 나타나는 합격자 현수막은 어떤가? 특목고 입시전형이 끝나면 중학교 앞에는 기다렸다는 듯이 합격자 명단 현수막이 휘날린다. '축 특목고 00명 합격'이라는 글귀 옆에는 과학영재고, 자립형사립고, 국제고, 과학고, 외국어고에 들어간 아이들 명단이 주르르 올라 자랑을 한다. 고등학교도 마찬가지다. 학교마다 경쟁이라도 하듯이 대형 현수막에 서울대를 비롯한 서울권 4년제 대학

...학교 현장에서 발견한 문제를 토대로 의견을 제시하는 것이 정책 변화를 가져오게 한다. 교육위원회에서 학교폭력 자진 신고 문안을 지적하여 학생들의 정서에 알맞게 바뀌었다. 이제 입시 실적을 자랑하는 현수막도 걸지 않게 되었다.

교, 교육대, 의학과, 한의학과의 합격생 명단을 빼곡하게 실어 놓는다. 심지어 대학 서열에 따라 명단의 글씨 크기도 다르다.

입시철에 거리를 오가다 학교 앞에 걸린 이런 현수막과 마주칠 때면 천박한 우리 교육 현실에 서글퍼진다. 어쩌다 학교라는 곳이 학원처럼 입시 성적을 현수막으로 휘날려야 인기를 끄는 지경이 되었단 말인가? 학교가 성적이 우수해서 척척 상급 학교에 합격하는 아이들만 오가는 곳인가? 시험에 떨어지거나 인기 학교에 못 간 아이들의 심정은 왜 헤아리지 못하는가? 결국 학교의 입시 실적 과시 놀음 때문에 비인간적인 경쟁을 부추기고, 공부 못하는 아이들을 더욱 절망에 빠져들게 만드는 것 아닌가. 오죽하면 광주시 지역에서는 학부모 단체가 나서서 이런 입시 합격 현수막 걸지 않기 운동을 벌였을까 싶다.

학교의 현수막이 걸리는 자리는 학생들이 드나드는 교문 앞이라서 그 영향력과 상징성이 상당히 크다. 그 글귀 한마디가 학교 구성원들의 의식이나 지향을 상징으로 드러내기도 한다. 따라서 학교 앞에 걸리는 현수막의 용어와 내용에 좀 더 관심을 갖고 학생들에게 교육적으로 바람직한지 따져 보아야 할 것이다. 학교운영위원회나 교무회의 같은 자치기구에서 의논하고 문제점도 밝혀서 '상급 학교 합격자 명단' 같은 것들은 걸지 말았으면 한다.

'학교폭력 자진 신고' 같은 글귀도 아이들의 정서에 알맞게 다듬고 고쳐야 한다. 학교 앞 현수막 한 장에도 우리의 시민 의식과 문화가 반영되어 있다. 학교 앞을 지나가다 비교육적인 현수막을 보거든 학교 탓만 하면서 지나치지 말고 고치도록 나서야 할 일이다.

2009. 6.

학교 급식 개선 조례 제정 운동에 거는 기대

자라나는 학생들에게 질 좋은 급식을 제공하려는 운동이 전국에서 일어나고 있다. 그동안 학교 급식은 급속하게 양적 확대에 치우친 나머지 여러 가지 문제점이 노출되었는데도 제대로 손을 못 쓰고 있었다. 그래서 해마다 식중독을 비롯한 급식 사고가 연달아 터져 나왔고, 일부 위탁 급식의 부실한 운영과 비위생적인 관리가 언론의 도마에 오르곤 했다.

학교 급식 문제를 교육 당국이나 학부모들의 힘만으로 해결하기에는 그 방법이 간단하지 않을 뿐만 아니라 예산도 감당하기 어렵다. 따라서 시도와 시군 지방자치단체가 납세자이자 주민인 학부모와 학생들의 복지에 관심을 갖고 학교 급식 개선에 재정 투자를 하도록 조례 제정을 요구하는 운동이 폭넓게 일어나고 있다.

현재 학교 급식 개선 운동은 크게 네 가지의 과제를 중심으로 사업을 추진하고 있다. "급식 재료로 안전한 우리 농산물 사용하기, 위탁 급식의 직영 전환 추진, 학교 급식에 학부모의 참여, 무상급식의 확대"가 그것이다.

'급식 재료로 우리 농산물을 사용하기'는 이번 조례 제정의 근본 취지이자 학교 급식의 질을 높이는 데 가장 중요한 핵심이라 할 수 있다. 그동안 학교 급식은 적정한 가격으로 식품 재료를 공급한다는 명목 아래 일정한 기준만 통과하면 원산지를 알 수 없는 수입 농수산물이 제한 없이 사용되어 왔다. 따라서 농약 잔류량, 방부제와 첨가물 사용 정도, 유전자 조작 여부를 검증하기 어려워서 식품의 안전성에 대한 우려가 제기되어 왔다.

학교 급식에 지역의 우리 농산물을 사용하게 되면 학생들에게 안전한 먹을거리를 제공할 뿐만 아니라 어려서부터 우리 음식에 입맛이 들게 하는 효과가 있다. 또한 WTO 농수산물 개방으로 무너져 가는 농촌 공동체를 되살리고 농민들의 경제 활동을 돕는 부가적인 효과도 거둘 수 있을 것이다.

학교 급식에서 개선해야 할 커다란 문제점 가운데 또 하나가 부실한 위탁 급식 운영이다. 현재 초등학교와 중학교에서는 대부분 학교가 급식을 직접 운영하는 직영체제로 되어 있지만 고등학교의 80%가 가량은 외부 업체가 급식을 제공하는 위탁 급식 형태이다. 이는 정부가 급속하게 급식 확대 정책을 추진하면서 급식 시설과 여건을 갖추지 못한 데서 비롯된 문제이다. 위탁 급식 업체는 초기 시설 투자 비용을 회수하고 급식을 통한 일정한 수익을 얻어야 하기 때문에 비위생적인 관리와 급식의 질 저하를 빚어내고 있다.

뒤늦게나마 교육부에서 위탁 급식을 직영체제로 전환하기 위한 급식종합대책안을 내놓았지만 그 시기가 3년여에 걸쳐 진행될 뿐 아니라 그것도 일부 학교만을 대상으로 하고 있는 상황이다. 따라서 위탁 업체의 계약 기간이 끝나는 시기에 점차적으로 직영 전환을 차질 없이 이루어지게 하려면 지방자치단체의 예산 지원이 필요한 형편이다.

학교 급식 개선 운동에서 누구보다 중요한 주체는 학부모이다. 학부모는 급식을 먹고 자라는 학생들의 보호자이자 급식비의 대부분을 부담하고 있는 수요자이기도 하다. 따라서 이제는 학부모들이 학교 급식을 함께 운영해 나간다는 적극적인 자세로 활동해야 한다. 학교운영위원회나 급식소위원회 활동을 통해 투명한 급식 예결산 심의는 물론 학교 급식 운영 방식, 계약 업체 선정, 식품 재료의 구입이나 검수 활동에 참여를 확대하는 제도적 장치도 뒷받침되어야 한다.

이와 같은 학교 급식의 핵심적인 중점 과제를 해결하기 위한 조례 제정 운동은 이제 전국 시도는 물론 시군 자치단체까지 들불처럼 번져 가고 있다. 이미 전라남도 도의회에서는 우리 농산물 사용에 따른 지방자치단체의 예산 지원을 의무화하는 조례가 발의되어 도의회를 통과하였다. 기초자치단체인 나주시와 함평군에서도 학교 급식 지원에 관한 조례가 청원되어 통과되었다. 경기도에서도 지난 10월 1일 도내 각 시민사회, 노동, 농민운동 단체가 참여하여 '학교 급식 조례 제정 경기도 운동본부'를 발족하고 주민 서명 운동에 들어갔다. 고양시에서는 지난 9월 초에 지역 연대 기구를 구성하여 어느 시군보다 먼저 학교 급식 개선 운동에 앞장서고 있다.

학교 급식 개선 조례 제정 운동은 미래 세대인 학생들의 건강을 책임지겠다는 교육운동이며 무너져 가는 우리 농업에 희망을 살리는 운동이다. 또한 학부모와 주민들의 참여와 자치를 통한 풀뿌리 민주주의 실현 과정이다. 이 운동에 우리 모두의 관심과 실천이 모아져야 하겠다.

2004. 12.

경기도교육위원회 일본 교육기관 방문기

경기도교육위원회 2008년도 국외 연수는 3월 18일부터 23일까지 5박 6일 동안 일본을 방문하기로 했다. 3월 18일 이른 아침에 전영수 의장을 비롯한 10명의 교육위원과 의사국 직원, 지방신문 기자, 일본 여행 전문 가이드인 심미경 씨 등 16명의 일본 연수단이 인천 국제공항에 모였다. 막 겨울이 물러가고 봄이 오는 길목이라 날씨가 조금 쌀쌀한 편이었다.

우리 경기도교육위원회 일본 연수단을 태우고 인천공항을 출발한 아시아나항공 비행기는 12시 20분경 일본 센다이 국제공항에 내렸다. 아시아 대륙의 동쪽 끝 북태평양에 위치한 섬나라, 인구는 1억 2,600만 명이며 세계적인 경제 대국으로 알려진 일본은 우리에게 가깝고도 먼 이웃 나라이다. 내 개인으로는 세 번째 일본을 찾게 되었다. 수년 전 일본 생활협동조합과 어린이 교류로 처음 일본을 찾았고, 지난 여름방학에는 나고야 근처의 아이치 민족학교를 방문하여 5박 6일을 지냈다. 일본을 갈 때마다 교차되는 생각이 복잡하기는 이번 여행에서도 마찬가지이다.

미야기현청 교육위원회 방문

입국 심사를 마치고 공항에서 간단하게 우동으로 점심을 한 뒤 일본에서 첫 일정인 미야기현청 교육위원회 방문을 시작하기 위해 버스에 올랐다. 이번 연수에서 가장 중요한 교육위원회 방문을 심도 있게 진행하기 위해 센다이시 한국교육원에서 근무하고 있는 배홍철 원장님이 동승을 해 주어서 더욱 든든하였다. 배 원장은 올해 처음 일본 파견 근무를 시작하였는데 전에는 경기도용인교육청에서 장학사로 근무한 적이 있어서 우리 교육위원들과 익숙한 분이었다. 버스에서 배 원장이 자신이 일하고 있는 한국교육원과 미야기현청 교육위원회의 기능에 관해 기초적인 설명을 하였다.

일본에는 현재 7곳의 한국교육원이 있는데 주로 우리 동포들에게 한국어 교육을 하려는 목적으로 설립되었지만, 막상 수강 인원은 대부분 일본 사람들이고 제일교포는 매우 극소수라고 한다. 센다이시 한국교육원에도 150명가량의 한국어 수강생 가운데 재일교포는 7명이고, 나머지는 한국어에 관심이 많은 일본인들이라고 한다. 한국교육원은 이 밖에도 우리나라 유학생 관리와 알선, 일본의 교육정보 수집도 담당한다.

일본의 교육위원회와 교육 자치에 대해서는 자료를 통해 대강 살펴보면서 중요한 대목은 부연 설명을 들었다. 일본은 지방교육 행정이 우리나라와 달리 독립되어 있지 않고 일반 행정자치와 통합되어 있다. 따라서 미야기현 교육위원회도 미야기현청 행정에 소속되어 있고 자치단체장의 상당한 영향력 아래 놓여 있는 셈이다. 이곳에서는 우리나라처럼 교육청이 따로 존재하지 않고 교육위원회가 교육청의 일부 역할을 담당하고 있는 것이다.

배 원장의 설명을 듣다 보니 어느덧 센다이시에 자리한 미야기현청 건물 앞에 다다랐다. 미야기현청은 우리나라로 말하면 도청과 같은 기관의 건물로 한 개 층 일부를 교육위원회가 사용하고 있었다. 안내를 받아 13층에 있는 교육위원회 접견실로 들어갔다. 입구에서 장학사로 보이는 정장 차림의 남자들이 두 줄로 서서 우리들을 박수를 치며 맞이한다.

접견실에 들어가 별다른 꾸밈없이 둥그렇게 배치한 회의식 의자에 둘러앉았다. 교육위원회 소속 일본인 사회자가 참석자들을 소개하였는데 사사키 요시아키 교육장을 비롯하여 스가와 라츠지 교육차장, 총무과장, 고교교육과 주무 담당자 등 6명의 일본 교육 관리들이 나왔다. 소개가 끝난 뒤 머리가 희끗하고 두꺼운 안경을 쓴 60대 중반쯤으로 보이는 교육장(한국에서는 교육감급 대우)의 인사가 있었다. 검은 양복에 넥타이를 단정하게 졸라맨 교육장이 "안녕하십니까? 사사키입니다."라는 한국말로 말문을 연 뒤 한일 교육 교류에 관한 이야기를 중심으로 인사말을 하였다. 일본 센다이시의 농업학교와 수원 농업생명고교가 교류를 갖고 있고, 초 · 중학교도 5군데 정도 학교별로 교류를 진행하고 있다고 한다. 전영수 의장님도 한국과 일본은 지리적으로 매우 가까운 나라라면서 미야기현의 교육에 대해 배울 기회를 갖겠다고 화답하였다.

이어 일본의 교육위원회 역할과 기능에 관하여 총무과장이 상세하게 설명을 진행하였다. 준비해 온 자료 내용을 읽어 가는 방식으로 펼친 설명에 따르면 교육위원회는 교육 행정의 분권화, 민주화를 목표로 1944년 창설하여 현(縣) 단위인 광역 단위와 시, 마을을 포함하는 기초자치 단위로 나뉜다. 현재는 지방자치단체장에게 행정 권한이 집중되어 있지만 교육, 공안, 선거관리, 감사 등의 특별한 영역의 업무는 교육위원회와 마찬가지로 위원회 구조로 되어 있어서 그 분야의 자율성을 부여하고 자치단체장의 개입이 남용되지 못하도록 장치를 해 두었다.

교육위원회의 위원은 1956년까지 주민 직선으로 선출되다가 현재에는 의회의 동의를 얻어 자치단체장이 임명하는 방식을 취하고 있다. 교육위원은 도도현은 6명 이상, 정촌은 3명 이상으로 구성되어 있는데, 미야기현은 6명의 위원으로 그 구성원의 출신을 분류하면 의사 2인, 도시계획 관련자 1인, 회사대표 1인, 교원 1인, 교육사무직원 1인이며 비상근직이라고 한다. 임기는 4년이며 매월 1회의 정기회의와 필요에 따라 열리는 임시회에 출석하여 교육과 관련한 심의 활동을 벌인다. 물론 비상근이라는 한계로 인해 교육위원회의 결정 사항 외의 대부분 교육 관련 정책과 사업 집행, 학교 지도 관리는 교육장을 비롯한 장학사, 행정직원 등 상근하는 직원들이 담당한다.

교육위원회는 공립 초·중등 교육을 주로 관할하고 사립학교와 대학 행정에 대한 간여는 최소한으로 하고 있으며, 지방에 따라서는 자치단체장이 직접 관할하는 경우도 있다고 한다. 또 최근 일본에서는 교육위원회가 퇴직 교원들로 채워지는 비율이 높아짐에 따라 학교폭력 대처 방법 등 교육 문제에 대해 젊은 학부모들과 견해의 간극이 커지는 현상에 대해 국회 차원에서 문제를 제기하고 있다고 한다.

상세한 설명이 끝난 뒤에는 우리 교육위원들의 질의와 응답이 이어졌다. 그 주요한 내용을 문답식으로 기록해 보면 아래와 같다.

문 미야기현 교육위와 의회의 관계 및 교육 관련 예산 비중이 한국에 비해 낮은 걸로 보이는데 실정은?

답 교육위원의 임명은 자치단체장이 의회의 동의를 얻어야 하는 관계이다. 재정은 미야기현뿐만 아니라 일본의 다른 자치단체에서도 교육과 복지 예산 투자가 낮은 편이며 도로 정비 및 주민 기반시설에 주로 예산을 투여하고 있다. 특히 교육의 중요성은 높아 가는데 투자가 적어 지금의 상황에서 교사들이 열심히 가르치는 수밖에 없다.

문 교원 인사관리는 어떻게 하는가?

답 교원 임명은 교육위원회에서 결정하며 교원 이동과 인사 발령에 관해서는 교장이 교사를 평가한 것을 토대로 교육위가 최종 결정하는 방식으로 진행한다.

질의응답이 이루어지는 중간에 회의실 전반을 둘러보았다. 일본의 경제 수준에 비해 가구가 매우 단순하고 소박하다. 일반적인 베니어판형 탁자와 평범한 의자가 전부이고, 방 안은 별다른 장식이 없이 벽면에 달력과 시계만이 덜렁 걸려 있다. 현 단위 교육위원회를 소개하는 홍보물도 허름한 용지에 알릴 내용만 빽빽하게 인쇄되어 있고 회의장엔 마이크 시설도 준비되지 않았다. 쉼 없이 우리 교육위원들의 열정적인 질의는 계속 이어진다.

문 미야기현 자치단체장과 교육위원회의 관계는?

답 현 자치단체장이 교육위원회의 교육위원을 임명하며 교육장은 교육위원들의 호선으로 선출된다. 현 단체장은 교육 문제에 관한 간섭을 배제하고 독립성을 인정하는 편이며, 교육위원회가 자체 회의 구조를 통해 교육 방침을 수립하고 미야기현의 7개 교육사무국, 시정촌의 교육위원회가 구체적인 교육 시책을 집행해 나간다. 중앙정부의 교육에 대한 간여는 고등학교 졸업 후 대학 진학률 따위에 대해 의회의 질의가 있는 정도이다.

문 그 밖에 영어 교육, '유도리(여유)' 교육 개선 문제, 교사 자격연한 갱신제 등에 관해 간단히 설명한다면?

답 영어 교육이 일부 강조되고 있는 추세이나 교사들의 경우 영어 교사가 재직 5년 이내에 방학 중 일주일간 연수를 이수하는 정도이다. 일본 정부는 고등학교의 대학 진학률을 높이고 초·중학교 학력을 높이는 데 우선 과제를 두고 있다. 교사 자격연한 갱신제는 아직 시행하고 있지 않지만 도입할 계획을 갖고 있다.

문 교육위원 중에 의사 출신이 있다고 했는데 의사 출신이 교육장으로 호선되어도 문제가 없는가?

답 교육을 단순히 학생들을 가르치는 일로만 협소하게 해석하지 않고 지역사회와 가정, 학교라는 공동체 속에서 일어나는 행위로 보면 문제가 없다고 본다. 교육은 복지, 인권, 자치 등 다양한 개념 속에 다뤄져야 하기 때문이다.

2시간이 넘는 질의응답과 설명을 듣고 청사 밖으로 나오는데 몇몇 교육위원님들은 아무리 비공식 방문이라지만 뜻밖에 검소하고 단순하게 면담 장소를 마련한 모습에 놀라워했다. 또한 배홍철 원장은 그 자리에서 설명을 할 자료를 복사하는 데 현청 직원이 20엔을 달라고 했다며 공사를 뚜렷이 구분하는 일본인들의 단면을 소개해 주었다.

청사 앞마당으로 나오자 들어갈 때와 마찬가지로 직원 대표들이 밖으로 나와 배웅한다. 그들은 우리 차량이 미야기현 청사를 떠날 때까지 한참을 서서 두 손을 높이 흔들었다. 차를 타고 숙박지로 가면서 우리 교육위원들은 일본의 교육 행정이 일반 자치에 통합되어서 생기는 문제에 관해 줄곧 이야기를 나누었다. 특히 이번 미야기현 교육위원회 방문을 통해 지방자치단체장들이 단기간에 효과가 나지 않는 교육 분야에 예산 투자가 미흡한 실태를 확인하는 기회가 되었다고 입을 모았다. 한편 최근 우리나라에서도 교육 자치를 일반 자치에 통합하려는 정치권의 움직임을 크게 개탄하면서 교육자들이 안이하게 대처해서는 교육의 미래가 어둡다고 걱정을 하였다.

사립중고 병설 6년제 수광중등학교를 찾아서

미야기현 마쓰시마의 일본식 전통 여관에서 맞이한 아침 공기가 쾌적하다. 오늘 오전에는 센다이시에 있는 사립 중고등학교 방문 일정이 예정되어 있다. 미야기현의 유일한 중고 병설 6년제 학교인 '수광중등학교'이다. 국제적 시야를 갖춘 글로벌 인재를 육성한다는 목표로 설립된 지 12년의 역사를 갖고 있는 학교라고 한다.

오전 10시 무렵 차량이 수광중등학교에 도착하였다. 우리가 차에서 내리자 학교 관계자 여섯 명이 두 줄로 서서 마중을 한다. 눈앞에 들어오는 학교 건물이 우리나라 전문대학 정도의 큰 규모이고 교정의 수목들이 매우 잘 정비되어 있었다. 현관을 들어서자 "자치진취"라는 현판이 걸려 있다. 이 학교의 건학 이념을 새긴 글귀로 '자신의 일은 스스로 해결하고 다른 사람보다 앞서 행동한다.'는 의미로 '신실하고 강하고 올바른 정신(질실강건)'의 기풍과 함께 건학 정신이 되었다고 한다. 현관을 지나 대담장 안으로 들어가니 학교장이 친절하게 맞이한다. 이 학교의 대표인 가토 다케이코 교장인데 학원의 이사장을 겸직하고 있는 사람이다.

우리가 들어선 대담장 정면에는 한국기와 일본기, 교기가 나란히 걸려 있다. 우리와 비슷한 손님들을 자주 맞이해 보았는지 개인 명패와 학교 홍보물 자료 들을 깔끔하게 준비하였고 행사 진행이 매우 매끄러웠다. 참석한 직원들은 모두 학교의 상징으로 보이는 같은 종류의 줄무늬 넥타이를 매고 감색 양복을 입고 있다. 학교장은 50대 중반 정도로 젊어 보였으나 사무국장을 비롯한 직원들은 60대의 노련한 경험자들로 보였다.

먼저 학교장이 종이에 적힌 한국말을 조금 서투르게 읽어 가면서 환영사를 하였다. 이어 전영수 의장님의 인사말이 끝난 뒤 학교 현황에 관해 질문을 받고 설명을 하였다. 우리 교육위원들이 던지는 질문의 상당 부분을 학교장이 자신감 있게 답변하였고, 세부적인 내용은 참석한 학교 관계자들이 답변을 하거나 보충 설명을 덧붙였다.

수광중등학교는 언어와 음악에 역점을 두어 교육한다고 했다. 언어 특화 교육과 음악 특성화 교육을 강조하고 있는 것이다. 특히 음악은 82명의 오케스트라단원이 있는데 뉴욕 앙상블과 2년째 협연을 진행하고 있을 정도의 수준이라고 한다. 이곳 학생들은 모두 기숙사 생활을 하고 있기에 한국에서 진행되는 입시 중심의 학원 교육, 야간 자율학습 형태와 비교하여 방과 후 교육 실태는 어떠한지 물었다. 학교장은 한국의 학교를 많이 다녀 봤는데 한국과 일본 모두 고등학생들의 대학 진학률을 높이기 위한 방법은 다 비슷하지 않겠냐고 되물었다. 그러면서 이 학교의 교원들이 석박사 학위를 갖고 있으며, 정규 수업을 마친 뒤에 특별보충수업을 진행하고 그에 따른 적정한 수당을 지급한다고 한다.

일본 방문 중에 우리 교육위원들이 영어 교육에 관해 관심 있게 질의를 몇 차례 했지만 그다지 신통하고 별다르게 영어 교육을 하고 있다는 답변을 듣지 못했다. 이 학교 역시 다른 일반 고교보다 영어 수업을 2배 수준으로 하고 있지만 외국어 코스 학생들에게 원어민 교사를 배치하여 가르치고 있는 정도라고 한다. 한국의 사립학교는 재정결함 보조금을 받고 있는데, 이곳 사립학교도 정부 차원의 사립학교 지원금이 별도로 있어서 보조금을 받지만 주로 학생들의 수업료에 의존하고 있다. 중학교도 의무교육이지만 사립이라 수업료를 받고 있다. 수입 재정의 구성은 학생 수업료 75%, 정부 보조금 20%, 재단 전입금 5%로 운영한다고 한다.

우리 교육위원들이 돌아가면서 묻는 질문에 대해 학교장은 중요한 핵심만 추려 논리적으로 답변을 했다. 학교에 대해 매우 자부심이 크고 학교 운영을 하는 데 있어서 상당히 자신감에 차 있는 모습이다. 특히 학생들의 대학 진학 실적에 관해 강조하였고, 수광중등학교의 야구부와 럭비부가 전국대회에서 우수한 성적을 거두고 있는 것을 자랑스러워했다. 면담장 벽면에도 축구부와 럭비부 선수들의 출전 모습과 재학생들의 응원 장면을 담은 사진들이 액자에 여러 장 걸려 있었다.

우리 교육위원들은 상당히 오랜 시간 동안 궁금한 점들을 물은 뒤 학원 사립재단의 사무국장과 함께 학교 시설을 둘러보기 위해 대담장을 나섰다. 복도 쪽으로 나가는 길을 안내하다 잠시 멈춰 건너편 운동장을 가리켰다. 야구장인데 학생들이 야구와 럭비 연습을 하고 있었다. 봄방학이 시작되어 대부분의 아이들이 자신들의 집으로 돌아갔지만 운동부 아이들은 학교에 남아 연습을 한다고 한다. 널따란 야구장 한 켠의 건물은 비가 올 때 사용하는 실내 야구 연습장이라고 설명을 하였다.

복도와 계단을 지나 2층 중간쯤에서 학생들의 일반 교실을 살펴보았다. 교실 모습이야 한국과 크게 다를 바 없었지만 교실 크기가 좀 널찍해 보이고 36개의 1인용 책상이 교실에 들어차 있었다. 교실 앞뒤 벽면은 아무런 장식물이나 부착물이 없고 칠판과 빈 벽면에 유인물이 몇 장씩 붙어 있었다. 특히 앞면의 칠판은 곡면형인데 전체 벽면의 3분의 2 이상을 차지할 정도로 매우 긴 것이 눈에 띄었다. 학생들의 사물함은 모두 복도 밖에 매입형으로 부착되어 있었다.

복도를 지나는데 콜라, 사이다를 비롯한 십여 가지 음료수들을 담아 놓은 자판기가 층별로 두어 군데씩 설치되어 있었다. 우리나라는 학생들의 비만과 건강 문제로 최근 초·중·고 학교 안의 자판기 설치를 금지하고 있는 것과는 다른 모습이었다. 이런 상황을 견주어 일본 학교 안의 자판기에 대해 교육적인 문제 제기가 없는지 물었는데 아직까지는 특별한 논의가 없다고 한다.

컴퓨터실도 들렀는데 최신형 컴퓨터가 실습하기 좋게 구비되어 있었으며 특히 천장에 삼각형 모양으로 천창을 내어서 정보화실의 분위기가 돋보였다. 체육관도 아주 넓고 시원스러웠다. 여학생들 셋이 검도 연습을 하고 있고, 농구대 옆에서 또 다른 여학생 넷이 서서 물끄러미 우리 방문단을 바라본다. 아이들을 불러 사진을 함께 찍자 하니 매우 반가워하고 좋아한다. 아이들은 어느 나라 어느 곳에서 만나도 밝고 예쁘다.

시설을 둘러보고 나오는 길에 중앙의 학교 설립자 흉상 앞에 멈춰서 학교 연혁을 설명한다. 이 사립재단은 학교장의 할아버지인 가토 선생이 센다이에 1905년에 처음 학교를 설립한 이래로 6만 명이 넘는 졸업생을 배출한 학교법인 센다이 육영학원으로 발전해 왔다고 한다. 지금은 일본의 여러 곳에서 고등학교와 통신과정 고등학교를 운영하고 있으며, 수광중등학교는 현 교장이 부동산업을 하다가 서른 살이 되었을 때 설계하여 개교한 학교라고 덧붙인다.

학교 방문을 마치고 교문을 막 나서려는데 국기봉에 태극기가 걸려 휘날리고 있다. 일본기와 학교 깃발 사이에 태극기가 걸린 사연을 물으니 학교를 방문하는 나라의 국기를 걸어둔다고 한다. 그러고 보니 지난여름에 학교를 방문했다는 콜롬비아 국기도 함께 매달려 있었다.

동경 한국학교 방문

동경에서 아침을 맞아 거리로 나오니 비가 그쳐 있었다. 하늘은 흐리고 거리에는 바람이 쌀쌀하게 분다. 사람들이 목도리를 매고 종종걸음으로 아침 출근길을 서두른다. 우리는 차를 타고 메이지신궁에 들렀다. 메이지 일본 왕 부부의 덕을 기리기 위해 세웠다는 신사에는 새해 초가 되면 수백만 명의 일본인들이 참배를 하러 온다고 한다. 일본의 유적을 살펴본다는 기분으로 가볍게 그곳을 둘러본 뒤 오전 교육기관 방문 목적지인 동경 한국학교로 발길을 옮겼다.

오전 10시쯤 동경 한국학교에 도착하였다. 동경 한국학교는 6 · 25 전쟁이 끝난 직후인 1954년 동경의 민단계 재일동포들이 중심이 되어 초등학생 17명, 중학생 9명, 교사 10명으로 설립되었다. 그 뒤 1962년 당시 대한민국 문교부의 학교 설립 인가를 받은 정식 학교로서 우리 민족 교육을 펼쳐 오고 있다.

교문을 들어서자 학교 운동장이 한눈에 들어왔다. 우레탄이 깔린 운동장에는 간이 축구대, 농구대를 비롯하여 늘임봉 등 아이들의 놀이기구와 운동기구가 들어서 있는데 운동장 크기가 우리네 학교의 반 정도이다. 중앙 현관을 통해 학교 안으로 들어가자 복도 왼편 커다란 모조지에 학생들 이름이 빼곡하게 적혀 있다. 가까이 가 보니 '2008년도 한국 및 일본의 대학에 합격한 졸업생들의 명단'이다. 2008년도에 서울대학교 5명을 비롯하여 한국의 여러 4년제 대학과 일본의 대학에 합격한 학생들 이름인데 여기까지 와서 이런 입시 풍경을 보려니 잠시 혼돈스러웠다. 이곳 동경 한국학교도 대학 입시 결과에 지도 목표를 두고 있는 것은 아닌가 싶어 어리둥절하였다. 복도 가운데의 세종대왕과 신사임당 흉상을 지나 도서실 쪽으로 들어가는 문 입구에 "세계화의 주역이 될 쓸모 있고 존경받는 한국인 육성"이라고 쓴 붓글씨 액자가 눈에 들어온다.

우리는 학교장의 안내로 교실 한 칸 정도에 빼곡히 책으로 들어찬 도서실에서 학교 관계자들과 마주 앉았다. 먼저 학교 쪽 소개가 있었다. 이곳 동경 한국학교 김명식 교장은 교육부에서 올해 이 학교 16대 교장으로 부임하였다고 한다. 교육부에서 국제교육 업무를 담당하였고 이전에는 경기도 고양시의 중학교에서 학교장으로 2년 남짓 근무한 경력이 있어 낯익은 분이었다. 박성렬 교감, 정태동 교무부장, 초등부 여성 교감선생님까지 네 선생님이 자리에 함께하였다. 이 학교는 어제부터 봄방학에 들어가 학생들의 모습을 볼 수 없어 아쉬움이 컸지만 그 대신 학교장이 학교 소개를 상세하게 하였다.

동경 한국학교의 교육 목표는 현관 앞에 쓰인 글처럼 '세계화의 주역이 될 쓸모 있고 존경받는 한국인 육성'이라는 기치 아래 '나라를 사랑하는 어린이, 힘써 배우는 어린이, 사이좋게 지내는 어린이'를 교훈으로 삼고 있다. 학생들은 초등부 480명, 중등부 270명, 고등부 270명으로 전체 540여 명의 학생이 재학하고 있다. 학생들의 구성 비율을 보면 1988년도를 기준으로 나누는데 1988년 이전부터 일본에 거주해 온 영주자가 전체의 11.3%로 소수이며, 1988년 이후에 일본으로 들어와 살고 있는 정주자와 주재원, 상사원 자녀 등 일시 체류자들이 차지하는 비율이 한층 높다고 한다. 교직원은 초·중·고 모두 82명인데 특히 그 가운데 15명 정도가 초등 영어를 담당하는 교사라고 강조한다.

이 학교에서는 '언어 교육'에 중점을 두고 영어, 일어, 한국어를 자유롭게 구사할 수 있는 능력을 갖추는 데 힘을 기울이고 있다. 특히 영어 교육은 1~6학년 학생들에게 영어 몰입 교육을 하고 있다고 한다. 또 최근 중고등부 중에는 한국에서 온 학생들이 한국 대학에 들어가지 않고 바로 일본 대학을 진학하려는 경향이 많아져 대학 입시 준비반을 운영하기도 한다. 학교 설명을 하는 중에 한국어와 우리 민족 교육을 하기 위해 정부 지원으로 운영되는 학교에서 영어 몰입 교육을 한국보다 앞서 시행하고 있다니 선뜻 이해가 되지 않았다.

학교장의 설명이 끝나고 이어 교육위원님들이 한국 학교 교육에 대해 매우 깊은 관심을 나타내며 질의를 하였는데, 동경 한국학교의 학교장과 교감, 교무부장이 성심껏 답변한 내용을 아래에 정리한다.

문 재직한 교원들은 어떤 형태로 채용되었나?

답 학교장은 교육부에서 파견하는 공무원으로 대개 3년 연한으로 근무한다. 지난해까지는 일부 교사들의 경우 한국 정부에서 파견된 교사들이 2년 동안 근무하는 제도가 있었는데 올해부터 폐지되었다. 그래서 대부분 일본 현지에서 채용된 교사들로 교사 집단이 구성되어 있다.

문 한국에서 지원하는 재정 규모는 어느 정도인가, 이 학교는 대학 진학 목적보다는 한국인의 정체성 교육에 중점을 두어야 하지 않겠는가?

답 연간 한국 정부에서 9,000만 엔 정도 지원을 받는다. 한국인 육성은 언어 교육에 달려 있다. 언어는 혼이 아닌가. 우리말을 잘 가르쳐 주는 것이 한국인 교육이다. 초등학교 입학생의 3분의 1가량은 한국말을 모른다, 그래서 어려움이 따르고 방과 후에도 한국어 교육을 한다. 또한 운동회, 문화제, 전통무용 시간 들을 통해 한국의 문화를 접할 수 있게 하고 한국의 역사를 필수로 가르친다. 다만 지나치게 국수주의에 흐르게 되면 세계 속에서 살 수 없다.

문 한국인 영주자, 정주자 중에서 일부만 이 학교에 진학하고 있는데 입학생 학부모들의 학교에 대한 생각과 호응 정도는 어떠한가?

답 현재 일본에 있는 한국 학교는 도쿄 1곳, 오사카 2곳 등 모두 4개교이다. 동경 한국학교는 학생들이 매우 많은 편이다. 그래서 학급당 학생 수가 45명인데도 학교 시설이 부족하고 지원자가 많아서 대기하는 학생들이 많은 편이다. 학생들의 학비는 초등학생들의 경우 영어 몰입 교육을 포함하여 한 달에 3만 4,000엔, 중등부는 2만 5,000엔, 고등부는 3만 5,000엔의 수업료를 부담하고 있다.

문 총련계 조선학교와 교류 활동은 하고 있는가?

답 조선학교는 한국어 교육과 민족 교육을 여기보다 훨씬 강하게 하고 있는 것으로 알고 있다. 교류 행사는 고등부가 1년에 2번 정도 축구대회를 열어 친선 경기를 하고, 외국인 합동 미술전 같은 문화 행사에도 함께 참여하고 있다.

질의를 마치고 학교의 시설 환경을 둘러보았다. 일반 교실을 비롯하여 과학실, 컴퓨터실 들을 돌아보았는데 그다지 시설 여건이 좋은 편은 아니라서 일본 속에서 한국 학교가 차지하는 비중과 위치가 어느 정도인지 가늠하기 어려웠다.

동경 한국학교 방문을 마치고 나오면서 만난 한국교육원의 한 교사는 일본의 한국 학교들이 민족 교육보다는 주재 상사원 자녀들의 한국 대학 특례 입학에 치중한다고 우려했다. 또 다른 한편에 해방 이후 우리 겨레들이 손수 쌈짓돈을 털어 세워 운영하고 있는 조선학교들이 떠올랐다. 지금도 일본인들의 탄압과 차별을 받으면서 매우 어렵게 민족 교육을 펼치고 있는데, 우리 조국은 그들에게 무엇이며 어떤 도움을 주고 있는 것일까?

동경의 사립 아오야마 소학교

동경의 한국식당 '고려'에서 점심을 먹은 뒤 다음 방문 일정을 진행하였다. 우리가 오후에 방문할 교육기관은 일본의 '아오야마 학원(青山學園)' 사립재단이 운영하고 있는 '아오야마 소학교(초등학교)'이다. 일본의 학제는 소학교(6년), 중학교(3년), 고등학교(3년), 대학교(4년)로 우리나라와 같은 형태이며 소학교와 중학교는 의무 교육이다. 소학교는 학급마다 실기나 실험 등을 하는 수업을 제외하고는 정해진 교실에서 수업을 받는다.

우리 일행은 오후 2시에 아오야마 소학교에 도착하여 회의실로 들어갔다. 60대 초반쯤 되어 보이는 인자한 표정의 학교장인 간베 상이 먼저 인사말을 하면서 학교를 간단히 소개하였다. 아오야마 소학교는 크리스트교 신앙을 바탕으로 설립된 학교인데 전체 학생은 720명이고 한 학년에 4학급씩 총 24학급이 편성되어 있다고 한다. 한 학급당 학생 수는 30명씩이고 월요일부터 금요일까지 주 5일제 수업을 하고 있으며

... 경기도교육위원들은 5박 6일 동안 일본의 교육청과 유아원, 소학교, 중·고등학교를 두루 방문하였다. 공통된 점은 매우 겸소하게 손님을 응대하고 한국에 비해 영어 교육을 그다지 강조하지 않는다는 것이다.

사립학교라서 1학년부터 영어 교육을 한다고 덧붙였다.

이어서 우리 교육위원들이 질의응답을 하였는데 상당히 알차고 깊이 있는 시간이 되었다. 아래는 그 자리에서 주고받은 교육위원들의 물음과 학교장의 대답이다.

문 주당 영어 수업 시수와 6학년까지 마치면 어느 정도 영어 의사소통 능력이 생기는지?

답 주당 2시간씩 영어 수업을 한다. 이렇게 적은 수업 시수로 6년 과정을 공부해도 그다지 영어 의사소통 능력이 활발하지 못하다. 영어 교육은 한국이 앞서 갈 것으로 예측된다. 일본에도 학교 교육 외에 언어 교육을 받는 학생들이 많다.

문 방과 후 교육 활동과 학과 보충 학습은 어떻게 진행하는가?

답 (학교장은 준비한 책자의 럭비 사진을 펼치며) 초등학교 클럽 활동 모습이다. 방과 후 활동으로 성가대, 미술, 수영, 핸드볼, 영어, 자전거, 탐험 등 12개 클럽 활동이 있다. 학생들은 주 1~2회 클럽 활동을 하고 있다.

문 학교 정규 수업을 마친 뒤 나머지 시간은 어떻게 보내는가? 한국은 많은 학생들이 학원으로 몰려가는데…….

답 개인의 선택으로 피아노, 스포츠, 축구 클럽에 가입해 활동하거나 숙제를 하는 정도이다. 특별히 학원에 가거나 학과 보충 수업을 하지 않는다.

문 이곳은 사립학교인데 건학 이념과 공립학교와 차별성은 어떠하며 학부모들의 학교 선호도는 어느 정도인가?

답 이 학교는 크리스트교 신앙에 바탕을 두고 설립한 학교로 사랑과 봉사의 덕목을 길러 지역사회의 소금, 세상의 빛이 되자는 목표로 학생들을 교육하고 있다.

공립학교가 문부성의 정해진 틀에 따라 교육하는 데 비해 사립학교는 자율성을 갖고 있다. 예를 들면 공립 초등학교는 한 교사가 학급 전체 학생들을 맡아 가르치지만 사립학교는 전문 교사가 교과 일부를 따로 지도할 수 있다. 동경에는 52개 사립 초등학교가 있는데 우리 학교는 이름난 3대 초등학교 순위에 들어갈 정도이고 약 5 대 1의 경쟁률을 뚫고 학생들이 입학한다.

문 학생들의 수업료와 교사들의 급여 지급 방법, 국가의 지원 내역은?

답 입학생은 연간 120만 엔, 130만 엔 정도의 수업료를 낸다. 2학년부터는 100만 엔이다. 정부의 동일한 수업료 책정액은 없지만 수업료를 인상할 때는 보고서를 내어 일정한 지도를 받게 된다. 교사들의 급여는 재단에서 지급한다. 사립학교의 재정 지원은 동경도 자치단체에서 하는데 보조금 명목에 따라 학교 규모, 교육 내용에 대한 학교 평가를 근거로 지원하고 특정한 영역에 사용하라는 간섭이나 제한은 없다. 우리 학교의 경우 초등부에만 지난해 1억 3,000만 엔 정도 지원받았다.

문 일본 교사들의 근무 시간과 대우는 어떠한가?

답 정해진 근무 시간은 8시 20분 출근해서 4시 30분에 퇴근한다. 하지만 4시 30분에 퇴근하는 교사는 없다. 보통 6~7시까지 학생 지도를 위한 준비와 자신의 업무를 처리하고 있다. 출근 역시 8시 20분에 오는 선생님은 없고 7시쯤 출근하여 학생들을 맞이할 준비를 한다. 교사들에 대한 대우는 사립이 공립학교에 비해 나은 편이지만 다른 회사원들에 비하면 그다지 좋은 건 아니다. 늦게까지 근무해도 잔업수당이나 특별수당은 없다. 초임 교사들은 20만 엔 정도의 월급을 받는데 대략 10년이 지나면 30만 엔, 20년이 지나면 40만 엔 정도로 오른다. 이곳 교사들의 정년은 65세인데 학교에 따라 정년이 60세인 학교도 있다.

문 교사 나이가 60세 이상이면 학부모들이 싫어하지 않는가?

답 오히려 반대로 경험 많은 베테랑 교사라 해서 학부모들이 좋아한다.

이 학교도 일본의 다른 교육기관을 방문할 때와 마찬가지로 질의 응답이 내내 계속되는 동안에 특별하게 손님을 접대하는 행위는 없었다. 우리 같으면 간단한 과일과 과자, 차들을 내올 텐데 그런 다과 따위가 전혀 나오지 않아 한편으로 홀가분했다. 학교 전반에 관한 궁금증을 푸는 시간이 끝난 뒤 간베 교장선생님의 안내로 학교 시설을 둘러보기 시작하였다.

아오야마 소학교는 지난해 9월 새롭게 개축된 학교라서 전체적으로 최신식 시설이고 규모도 큰 편이었다. 더욱이 학교 건물이 자연 친화적이고 어린이들의 눈높이에 맞게 설계가 되어 있을 뿐만 아니라 재질도 매우 고급스러워 보였다. 이런 훌륭한 학교 시설을 학교장이 홍보 담당 직원 한 사람만 대동한 채 직접 곳곳을 앞장서 다니며 설명을 하거나 묻는 말에 그때마다 친절하게 답변을 해 주었다. 특히 학교장이 직접 방마다 하나하나 문을 열어 불을 켜고 끄면서 안내하는 모습이 존경스러웠다.

1층에 있는 2학년 일반 교실을 먼저 살펴보게 되었다. 교실 벽면 양쪽이 모두 시원한 유리창 구조로 되어 있다. 바깥쪽은 우리네 아파트 베란다처럼 바깥이 모두 보이는 구조인데 문을 열고 밖으로 바로 나갈 수 있게 되어 있다. 문 바깥은 바닥이 나무 테라스로 되어 있거나 잔디밭이라서 아이들이 언제든 문만 열면 교실과 땅을 만날 수 있겠다. 복도 쪽 역시 교실만 한 크기의 활동 교실이 열린 형태로 바로 붙어 있어서 아이들이 일반 교실과 활동 교실을 자유롭게 넘나들 수 있게 되어 있다. 우리나라 과거 열린 교실의 고급형이라고나 할까? 우리가 교실을 살펴보는 동안에는 벽 형태의 통문이 모두 열려 있었지만 필요한 경우 닫아 놓고 수업을 진행한다고 한다. 이런 미닫이식 창문 구조는 교사들의 연구실, 학생용 화장실과 마주 붙어 있기도 하였다.

교실마다 아이들이 세면을 할 수 있는 수도시설이 준비되어 있었고 화장실은 아이들이 편안하게 설치가 되어 있으면서도 쉼터라 해도 좋을 만큼 깔끔하였다. 교실을 둘러보다가 교사용 전화기가 없는 까닭을 묻자 학교에서는 교사 개인 용도로 전화기는 설치해 주지 않는다고 한다. 또한 학교 공용 전화를 개인이 쓰는 경우에는 반드시 전화비용을 청구하여 받는다고 한다.

도서실은 학년마다 갖춰져 있으며 교실 3~4칸 정도 크기의 도서실에 책들이 가득 차 있었다. 지하에는 학생 수영장이 있었다. 깊이를 조절하기 위해 바닥을 올렸다 내렸다 하는 수영장으로 학생들이 1년 내내 수영을 할 수 있다고 한다. 급식실도 관심 있게 둘러보았는데, 1학년과 6학년, 2학년과 5학년, 이런 식으로 저학년과 고학년이 2개 학년씩 짝을 지어 식당에서 점심 식사를 하고 일부는 교실에서 배식을 하기도 한다. 학교를 둘러보면서 전체가 매우 깨끗하고 낙서나 파손된 시설이 없어서 학생들의 생활지도가 잘 되어 있는 것 같다고 말하니 학교장이 흐뭇해하였다. 그러면서 교사들의 성별 구성 비율을 묻자 이 학교는 남교사가 여교사보다 2배가량 많지만 일본의 전체적인 교사 성별 구성 비율은 남녀가 절반씩 되어 있다고 하였다.

소학교 방문을 마친 뒤 같은 아오야마 학원 재단에서 운영하는 유아원도 방문하였다. 50대 중반의 원장이 나와 유아원 선생님답게 세심하고 자상하게 안내를 하였다. 이곳 유아원에서는 3, 4, 5세 아이들을 3년간 가르친다고 한다. 3개 학급으로 나뉘어 공부하는데 한 반에 20명씩 2개 학급이 편성되어 있어 학급당 원아 수는 적은 편이었다. 수업료는 연간 100만 엔이라고 하는데 아무리 사립 유아원이라고 하지만 그 비용이 비싸서 다소 놀랐다.

유아원은 전통이 있어 보였지만 시설 전반은 초등학교에 비해 낡은 편이었다. 유아원 건물은 교실이 5칸 정도 죽 이어져 있고 바깥에는 자그마한 마당이 딸려 있다. 유아원 교실에 들어서니 토끼와 새, 거북이, 금붕어 따위를 한쪽에서 기르고 있다. 토끼는 원래 밖에서 있다가 날씨가 추워 안으로 들여놓았다는데 움직임이 둔한 늙은 토끼는 이곳 유치원 아이들과 오래 살아왔겠다. 건물에 딸린 마당에는 작은 연못이 있고 다섯 마리 금붕어들이 한가로이 헤엄을 치며 놀고 있다.

이곳 유치원 교사들의 정년은 65세라고 했다. 나이가 들수록 부모처럼 할머니, 할아버지처럼 아이들을 잘 돌보아 주기에 오히려 학부모들이 좋아한다니 우리 한국의 현실과는 딴판이다. 우리는 50세만 넘으면 아이들이 할머니, 할아버지 선생이라고 부를까 조바심을 내고 학부모들도 능력 이전에 나이 든 교사들을 꺼려하고 있는데 말이다.

아오야마 학원(청산학원)의 초등학교와 유아원 방문을 마친 우리들은 서둘러 가나가와현의 작은 소읍인 하코네로 떠났다. 가나가와현은 간토 지방의 남서부로 동경에 인접해 있으며 산, 강, 바다 등 다양한 자연의 아름다움과 특색 있는 문화를 간직하고 있는 지방이다.

일본에서 마지막 날

일본에서 마지막 맞이한 아침에 우리는 팽창하는 동경의 도심 기능을 분산하기 위해 조성되었다는 동경 인근의 신도시 오다이바의 해변 공원을 산책하였다. 해변에는 미국과 수교를 기념하는 자유의 여신상이 서 있었다. 그곳에서 걸어서 후지 텔레비전 방송국을 둘러본 뒤 도요타 자동차 전시장에도 들렀다. 세계적인 자동차 기업이 생산하고 있는 여러 종류의 자동차들을 살펴보고 직접 타 보기도 하였다.

점심을 먹은 뒤 나리타 공항으로 가는 버스에 올라탔다. 공항으로 가는 길에 우리를 5박 6일 동안 안내해 준 심미경 씨가 소감을 말한다. 그이는 일본 여행 안내만 16년 동안 해 온 전문 가이드이다. 그이는 우리가 교육계에서 일하는 사람들이라 이번 여행에 큰 보람을 느꼈다며 일본 교육의 모습을 이렇게 이야기해 준다.

"일본 아이들은 그동안 미래에 대한 불안감이나 공포감 없이 행복하게 살아가는 편이었습니다. 물론 일부의 아이들은 유치원부터 게이오 대학 졸업까지 입시를 통과하기 위한 치열한 과정을 밟지만 말입니다. 그러나 최근 일본 정부에서 유도리(여유) 교육 해제와 함께 학력 향상이나 토요일 휴무 폐지 움직임이 일어나고 있어 어떤 교육이 좋은지 판단이 잘 서지 않습니다.

일본 아이들 가운데는 고교를 중도에 포기하고 자기 직업을 갖거나 대학을 가지 않는 학생들도 많아지고 있습니다. 그리고 다른 사람의 위치나 직업에 대해 비교하지 않고 만족감을 갖고 행복하게 살아갑니다. 그에 비해 우리나라는 대학을 나와도 취업이 되지 않고 유학을 다녀와도 할 일이 마땅하지 않은 형편에도 오직 대학 진학을 위한 입시 경쟁이 사라지지 않고 있어 의아스럽습니다."

한일 간 학생 교류나 수학여행 행사를 치르면서 느낀 점도 덧붙여 주면서 교육위원님들이 학교 정책에 반영해 달라고 요청한다.

"학생들을 인솔하고 온 교사들의 모습에서 상당한 차이가 납니다. 일본의 교사들은 행사에 나오기 전에 미리 학교에서 거의 완벽하게 준비를 해 옵니다. 그리고 여행 기간 동안 잠을 제대로 자지 못하면서도 아이들을 관리하고 돌보는 일에 집중합니다. 하루의 여정을 마치면 교사들은 물론 관광사 직원까지 참여한 가운데 평가와 반성회를 갖습니다.

그에 비해 한국의 교사들은 대체적으로 가이드나 여행사 직원들에게 요구사항이 많습니다. 심지어는 아이들을 놓고 물건을 사러 다니거나 숙박지에서 아이들 관리를 가이드가 하도록 조건을 걸기도 합니다. 학부모들 모습도 크게 비교됩니다. 일본의 부모들은 자기 아이와는 반드시 다른 차에 타고 다니고, 행사가 끝날 때까지 누가 학생의 부모인지 알 수 없을 정도입니다. 그러나 한국의 부모들은 어머니가 아이를 따로 데리고 다니며 행동하길 다반사로 해서 여행 분위기를 망쳐 놓기도 합니다."

물론 일부의 이야기일 수도 있겠지만 우리의 해외 수학여행이나 학교 간 교류에서 깊이 되돌아보고 하루빨리 고쳐야 할 부끄러운 모습을 따끔하게 지적해 준 것 같다.

우리 일행은 한 시간 남짓 차를 달려 나리타 공항에서 한국으로 가는 비행기에 몸을 실었다. 이번 5박 6일 동안 우리 교육위원들은 매우 진지하고 열정적으로 일본 국외 연수에 참여하였기에 마음에서 우러나는 기쁨도 컸을 것이다. 비록 짧은 시간이었지만 서로 정을 나누는 가운데 일본의 자연과 문화, 역사, 교육의 모습을 두루 돌아보는 소중한 국외 연수였다. 특히 최근 일본의 교육 정책 변화에 따른 학력 향상 정책, 사립학교 교육 여건을 직접 체감하는 계기가 되었다. 다만 이번 교육기관 방문 기간에 일본의 학교가 봄방학 중이라 학생들을 직접 만나 이야기를 나눌 수 없어 아쉬웠다. 일본에서 우리 교육위원회 일행을 진지하고 세심하게 안내해 준 교육 관계자들의 고마움, 깔끔하고 단아한 유적지의 모습, 전통 여관의 맛깔스러운 음식과 따뜻한 온천수의 추억을 가슴에 안은 채 우리는 일본 땅을 떠나왔다.

2008. 8.

3

창의성을 키우는 문화예술 교육

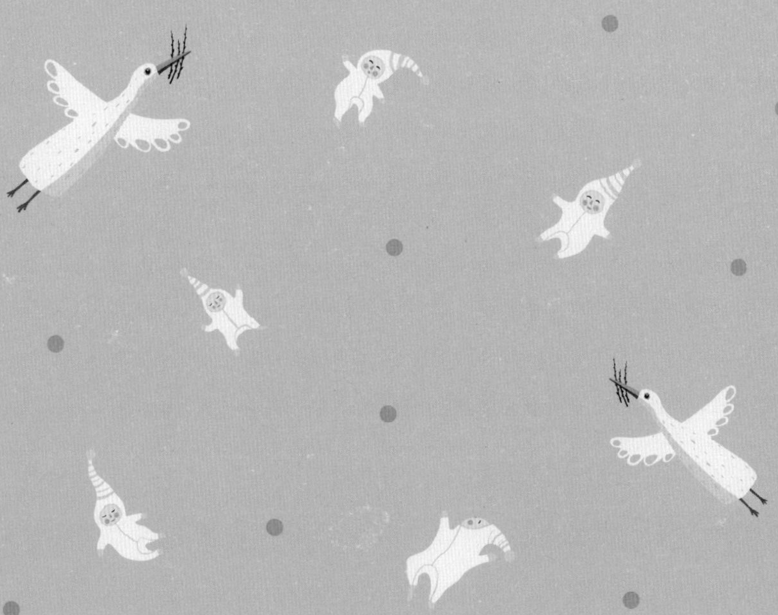

친일 시인 노천명의 묘 앞에 시비라니

예수 탄생의 기쁨이 충만한 세밑 성탄절에 경기도 지방신문에는 「사슴」의 주인공 노천명 시인의 묘가 고양 벽제동에서 발견된 일이 마치 지역의 대단한 경사인 양 보도되었다. 이 묘를 찾아낸 이는 고양시 향토사 전문위원이고, 소식을 들은 고양시장은 노천명 시인의 묘에 시비를 비롯하여 안내문과 설명판까지 설치할 계획을 밝혔다고 한다.

노천명 시인이 어떤 사람인가? "모가지가 길어 슬픈 짐승이여"로 시작되는 그의 대표작 '사슴'처럼 그저 가냘프고 고고한 여류 시인인가? 물론 그의 일부 시에서는 고독, 슬픔의 감정 표현을 통해 자신을 극복하려는 모습을 보이거나 농촌 생활의 서정을 그려내 고향에 대한 그리움을 불러일으켜 독자들의 호감을 얻고 있기도 하다. 그러나 그 이가 일본 제국주의가 한반도를 식민 통치하던 시기에 시를 팔아 일제 침략을 찬양한 과오까지 덮기에는 그 해악의 정도가 크고 깊다.

노천명은 1940년대 일제 침략 전쟁을 옹호하고 징병, 징용은 물론 일본어 상용 운동에 앞장섰던 친일 잡지 『조광』에 시 「기원」을 통해 "신사의 이른 아침에 일본의 전 아세아의 무운을 경건히 손 모으며 기원하는 여인"이었다. 또 『매일신보』에는 「싱가폴 함락」이라는 시를 써서 "거리거리에 일장 깃발이 물결을 친다. 아세아 민족의 큰 잔칫날, 싱가폴을 떨어뜨린 이 감격"을 노래하며 "젖과 꿀이 흐르는 이 땅에 일장기가 나부끼고 있는 한 너희는 평화스러우리 영원히 자유스러우리"라 찬양하였다.

더구나 일제가 우리 조선 청년들을 징용에 불러들이고, 꽃다운 조선 처녀들을 정신대로 내몰며 침략 전쟁에 미쳐 날뛰던 시기에 시 「님의 부르심을 받들고」에서 "남아면 군복에 총을 메고 나라 위해 전장에 나감이 소원이리니"를 외치고 「부인 근로대」에서 "나라를 생각하는 누나와 어머니의 아름다운 정성은 오늘도 산만한 군복 위에 꽃으로 피어 있네"라 칭송하였다. 일제 강점기의 시류에 아첨하고 영합하던 그는 해방 이후에는 매국노로 낙인찍혔지만, 6 · 25전쟁 즈음에는 문학가 동맹에 가담한 죄로 부역 혐의를 받아 한때 투옥되었다가 풀려난 뒤에는 반공, 애국시를 쓰는 등 변신을 거듭하였다.

문학을 팔아 이처럼 겨레의 역사와 정신을 멍들게 하고 지조 없이 친일에 나섰던 시인이 그나마 고양동 벽제관길 외진 곳에 묏자리라도 잡아 소리 없이 잠들어 있던 게 다행이었는지도 모른다. 그런데 뒤늦게 이를 찾아낸 것이 대단한 업적인 양 지역사회에 퍼뜨리는 불분명한 역사 인식도 이해하기 어렵거니와 즉흥적으로 시비를 세우고 안내판까지 설치하겠다는 발표를 듣자니 실망스러움에 혀를 차지 않을 수 없다. 잘못된 역사를 바로잡고, 곧은 기상을 세워야 할 위치에 있는 자치단체 공직자들이 어찌 그리 어처구니없는 생각을 하는가? 일제의 간악한 탄압과 회유에 맞서 목숨을 바쳐 겨레의 독립 해방을 위해 싸웠던 민족 선열과 독립 운동가의 영령 앞에 부끄럽지도 않은가?

올바른 역사를 간직하고 싶은 고양시민이라면 누구나 친일 시인의 시비나 안내판이 고양 땅에 버젓이 세워지는 걸 그대로 바라보지 않을 것이다. 우리는 지난 1990년 11월, 통영의 남망산 공원에 극작가 유치진의 흉상이 세워지자 통영 시민들이 유치진의 과거 친일 행적을 밝히고 '유치진 흉상 철거 대책위원회'까지 구성하여 철거한 일을 기억한다. 1996년에는 충북의 시민사회단체가 친일 행위를 한 '정춘수'의 동상에 밧줄을 걸어 철거한 일도 있었다. 후손들에게 민족정기를 바로 세우고 역사의 올바른 교훈을 심어 주려는 시민들의 이 같은 눈물겨운 실천 운동이 고양시에서도 되풀이되길 바라는가?

노천명 시인이 고양시 한 귀퉁이 땅이라도 빌려 영혼을 쉬고 있다면 그만이다. 자꾸 알리려 들지 말고 지금 있는 그대로 두어라. 그가 죽어서라도 후세에 더 이상 부끄럽지 않게 말이다. 이미 무덤가에는 그이의 심정을 나타내듯 "눈물 어린 얼굴을 돌이키고 나는 이곳을 떠나련다"는 「고별」이라는 시비도 서 있다지 않은가? 이러한 충심 어린 고언을 마다하고 고양시가 끝내 시인을 기리겠다면 시비에 '친일 시'를 새기고 '역사의 교훈장'으로 삼아야 할 것이다.

2004. 1.

문화예술 교육이 활짝 피어나길

'고양문화재단'이 깨끗한 우리말 이름으로 지은 '덕양 어울림누리'를 운영하고 있는 것만으로도 지역사회에서 큰 몫을 하고 있다. 그런데 이제 걸음 너비를 더 넓혀 우리 지역 교사들을 위해 문화예술 교육 어울림 연수를 열게 된다니 얼마나 반갑고 고마운 일인가?

학교 교육에서 예술 교육의 중요성은 거듭 강조해도 지나치지 않다. 아이들의 곱고 아름다운 내면을 가꾸고 감수성을 기르는 데 있어 문화예술이 밑거름이 된다. 그래서 전 세계에 1,000여 개 가까운 학교에 퍼져 있는 발도로프 교육 철학의 바탕은 '교육은 곧 예술이다.'는 명제이다.

슈타이너 학교의 예술 교육 체험

나는 수년 전에 발도로프 학교와 같은 이념으로 세운 스위스의 슈타이너 학교에서 보름 동안 연수를 받은 적이 있다. 슈타이너 학교는 독일의 발도로프 학교를 세운 교육 사상가인 슈타이너의 이름을 그대로 사용한 스위스의 초·중등 과정의 학교이다. 슈타이너 학교 연수에는 한국의 초·중등 교사 15명이 참가했는데, 우리는 마치 교생 실습을 하듯이 슈타이너 사범학교에서 슈타이너 교육 이론에 대한 강의를 들었다. 실제로 교육 실습을 하고 학생들의 수업 참관도 하였다. 그 뒤 오랜 시간이 흘렀지만 슈타이너 학교의 본질 속에 마치 실핏줄처럼 녹아 흐르던 예술 교육의 기억은 잊히지 않는다.

슈타이너 학교 교육의 전체 과정에는 음악, 조소, 무용(오이리트미), 목공, 공예, 미술을 비롯한 여러 분야의 예술 교육이 핵심 요소를 이룬다. 예술 교육을 통해 아이들 스스로 몸과 마음으로 겪고 느끼게 하는 것을 중시하여 진정한 자유인으로 성장하게 한다. 우리는 슈타이너 학교 선생님들의 지도로 슈타이너 교육을 실습하면서 우리가 그동안 배우고 익혀 왔던 교육 방법과 매우 달라 놀라웠다. 오래 지난 일이라 정확하지는 않지만 슈타이너 학교에서 실습한 내용 가운데 단편적이나마 기억나는 대로 몇 가지 사례를 되살려 말해 보겠다.

수채화를 공부하는 시간이었다. 사용하는 물감은 모두가 자연에서 얻은 천연 물감이다. 천연 물감과 화학 물감이 주는 느낌이 다르기 때문이란다. 이렇게 근본과 시작부터가 다르다. 그곳 선생님은 '좋은 작품을 만들어 내는 결과'보다 '과정에서 느낌과 체험이 중요함'을 강조하였다. 선생님은 노랑, 파랑, 빨강 등 원하는 대로 물감을 조금씩 나눠주며 "색을 즐겨라, 색깔이 품어 내는 빛을 느끼라."고 말했다. "마음을 담아 색을 즐기라."는 주문에도 우리는 자꾸 선을 그리고, 무슨 모양을 만들어 내려고 애를 썼다. 또 자꾸 같은 교사 처지에 어떤 평가를 받을까 의식이 되어 붓놀림이 자유스럽지 못했다.

목공예 시간은 어느 공부보다 즐거웠다. 먼저 이 학교에는 목공실이 훌륭하게 갖춰져 있어서 매우 부러웠다. 우리 교실 서너 칸 크기의 목공실에는 갖가지 통나무와 도구, 학교를 거쳐 간 아이들이 남긴 수백 점의 작품들이 들어차 있고 실습실이 잇따라 있다. 우리가 목공실을 거

... 문화예술 교육은 아이들의 곱고 아름다운 감성을 기르는 밑바탕이 된다. 슈타이너 학교에서 보름 동안 연수를 받으면서 예술 교육의 중요성을 체험으로 인식하였다.

쳐 실습실에 들어오니 목공을 가르치는 선생님이 커다란 통나무 몇 둥치를 들고 나왔다. 목공은 나무가 뿌리내려 자란 땅을 이해하게 하는 공부라며 나무의 근본 철학을 설명한다. 그러더니 도끼로 나무를 직접 빠개고 알맞은 크기로 잘라 나누어 준다. 목재소에서 매끈하게 다듬어진 나무로만 물건 만들기를 가르쳐 온 우리에게 새로운 깨우침을 준다.

선생님은 목공을 시작하기 전에 학생들에게 절대로 '무엇을 만든다는 걸 말하지 않는다.'며 우리에게도 이리저리 깎고 다듬기만을 일러 준다. 무엇을 만든다는 생각 없이 조그만 손칼로 부지런히 깎아 나가는 게 오히려 호기심이 생기고 재미가 있다. 손끝의 감각으로 나무가 깎이는 느낌을 맛보고 있는데 어느덧 나무토막에서 팽이 모양이 태어난다. 바람개비가 만들어진다. 통나무의 생명력이다.

또 다른 슈타이너 학교 선생님들과 털실로 인형을 만들 때도, 손주머니에 수를 놓을 때도, 리코더로 음악을 연주할 때도 근본을 이해하고 과정 속의 느낌을 중시하는 철학이 일관되게 흐른다. 그런데도 우리는 자꾸 무엇을 만들려고 구상하고 작품의 결과를 의식하는 습관을 버리기가 쉽지 않았다. 인형을 만들 때는 머리 모양을 어떻게 만들까를 고민하였다. 수를 놓을 때는 씨앗을 뿌리듯 점만 박으라고 하는데도 어떤 형상이 만들어지는지에 관심이 더 많다. 수십 년 동안 배우고 가르치면서 예술 교육에서조차 '과정에서 즐김보다는 결과의 평가'에 치중하였던 우리나라 교사들이니 어쩌겠는가?

우리나라 예술 교육의 현실

이제 돌아와 우리 교육 현장으로 눈을 돌려 보자. 슈타이너 학교에서 교육의 모든 과정이 예술이라고 하였지만 우리나라는 아무래도 그 경계가 뚜렷하게 구분된 편이다. 예술 교육은 주로 교과 교육으로 하게 되는데 대표적인 교과가 미술, 음악 정도이겠다. 초등학교의 실과나 중등학교의 기술, 가정도 부분적으로 포함할 수 있겠지. 그래서 교과 교육의 상황을 살펴보는 게 문제를 접근하는 정확한 방식이라고 볼 수 있다.

먼저 우리 미술 교육의 실상은 어떤가? 미술 교육의 지도 요소는 여러 가지가 있지만 그림 그리기만을 생각해 보자. 아이들은 학교에 들어가기 전부터 선 그리기와 색칠 공부를 주로 시킨다. 유아 교육 과정에서 그리기, 만들기에 많은 시간을 할애하지만 그 근본을 이해하거나 과정을 즐기고 느끼는 방식이 아니다. 더욱이 슈타이너 교육에서 중시하는 자신의 마음을 담아 표현하는 것도 소홀히 다뤄진다. 정해진 틀에 박힌 모양과 선을 잘 그리고 꾸며 내는 게 우선이다. 그래서 아이들 그림에 다양한 개성이 사라지고 자유로운 상상력이 엿보이지 않는다.

그나마 우리 아이들이 유아 시기에는 그림을 자주 그리고 즐거워하지만 초등학교의 학년이 올라갈수록 그림에 흥미와 자신감을 잃어간다. 그림은 생활 속에서 떠나가고 미술 교과 시간이나 미술 학원에서 공부하는 걸로 치부된다. 그리고 차츰 미술 특기로 상급 학교에 진학할 특기생들과 교과 점수 때문에 수동적으로 미술을 공부하는 아이들로 나뉜다. 보통 아이들의 삶 속에서 그리기는 없어지는 한편으로 미술 입시를 준비하는 아이들은 서양의 석고상을 지겨울 정도로 그려대고 있기도 하다.

만들기 교육은 더욱 심각하다. 예전에는 어린아이들이 흙장난을 하면서 진흙을 주물럭거려 이것저것을 만들며 놀았다. 또 동네 산에서 대나무를 쪼개 연을 만들고, 나무를 잘라 팽이도 깎고, 썰매를 만들기도 하였다. 그러나 이마저 요즘 아이들 세계에서 사라진 지 오래다. 흙은 옷이 더러워지니 못 만지게 하고, 칼은 위험해서 못 쓰게 한다. 그 대신 책상에 앉아 규격적인 찰흙을 주무르거나 색종이를 오리고, 장난감은 돈으로 사서 논다.

음악 교육도 그다지 다를 바 없다. 아이들의 노래인 동요는 아이들 생활 속에 없다. 그저 학교 음악 시간에나 부르는 게 동요일 뿐 아이들은 텔레비전 속의 대중가요에 푹 빠져 있다. 그래서 아이들 모임이나 행사에서는 동요를 부르면 시시해하고, 심지어 학교 운동회나 학예회에서도 대중가요를 배경 음악으로 사용하는 건 지극히 당연한 일이 돼 버렸다.

아이들이 이렇게 일상에서는 자기 노래를 잃어버리고 살면서도 사교육 기관에서 피아노나 악기 한 가지쯤 배우는 것은 필수처럼 되어 있다. 슈타이너 학교 아이들은 모두 대추나무로 만든 리코더를 분다.

하지만 우리 아이들이 학교에서 가장 많이 다루고 언제든지 손쉽게 불 수 있는 리코더는 값싼 플라스틱 악기를 사 주고 있다. 그러고도 비싼 돈을 들여 학원에서 피아노를 치면서 서양의 고전음악 음계를 반복하여 익힌다. 아이들은 음악 속에 살거나 즐기지 못하고 오직 음악 점수 따기와 기능 훈련에만 내몰리고 있는 것이다.

예술 교육의 근본 철학과 방향을 점검해야

예술 교육을 중심으로 견주어 이야기를 하다 보니 마치 슈타이너 학교의 교육만이 최선인 것처럼 강조된 것 같다. 물론 보름 가까운 짧은 시간에 슈타이너 학교 교육을 경험한지라 그 본질이나 속내까지 충분히 이해하지 못한 채 좋은 면만 부각시켰을지도 모른다. 좀 더 오랜 시간 깊이 있게 슈타이너 학교를 들여다보면 그들이 안고 있는 문제점도 많을 것이다. 더구나 역사적 배경과 교육 문화 환경이 다른 우리나라와 단순 비교하는 것이 무리일 수도 있다. 하지만 우리 교사들과 전문가들이 좀 더 폭넓은 눈으로 예술 교육의 근본 철학과 현주소를 면밀하게 점검하고 토론하기를 바라는 욕심에서 다소 무리한 글을 쓰게 된 것을 이해하여 주었으면 한다. 치열한 문제 제기와 비판이 있어야 함께 풀어 가야 할 과제와 나아가야 할 방향도 올바로 모색되리라는 믿음 때문이다.

이번 고양문화재단에서 진행하는 두 가지 어울림 연수에 크나큰 기대를 건다. 이번 첫 연수는 일회성 문화욕구 충족을 위한 강좌가 아니라고 생각된다. '현장 교사와 문화예술 교육 활동가의 연계망 구축', '고양시 장애인 관련 단체, 교사 연계망 구축 및 연수'로 계획하여 조직 간에 네트워크를 시도한 발상이 예사롭지 않다. 지속적인 지역의 복합적인 문화예술 교육을 위해서 매우 바람직한 방식이라 여겨진다. 아무쪼록 뜻하고 바란 대로 사업이 잘 진행되어 우리네 학교에서 창의성과 감성을 키우는 문화예술의 꽃이 활짝 피어나면 좋겠다. 그래서 우리 사랑스러운 아이들이 문화예술 교육의 한마당에서 흐드러지게 춤을 추길 바란다.

2004. 12.

마음에는 평화가 얼굴에는 웃음이

2000년도가 저물어 가는 12월 말이었다. 가방 하나 달랑 메고 계룡산 숲 속에서 열리는 '동사섭' 마음 수련장을 찾았다. 겨울 숲길은 한적하고 바람소리만 휘이잉 나무를 흔들고 지나갔다. 나는 왜 한 해가 끝나 가는 그 한겨울에 수행 길을 떠났던가?

2000년은 내가 전교조 결성과 관련하여 10년 가깝게 해직되었다가 뒤늦게 복직한 지 2년째 되던 해이다. 복직을 결정하면서 애초 힘이 들 거라는 예상은 했지만 뜻밖에 고통이 심했다. 돌아온 학교는 10년 전과 달리 무언가 바뀌고 달라진 것 같았지만 정작 꼭 달라져야 할 것은 그대로여서 답답하기 짝이 없었다.

학교 운영에 관한 의사 결정을 하는 데 교장, 교감 등 관리자 중심으로 이루어지는 건 전혀 달라지지 않았다. 교무회의 풍경은 예전처럼 지시 전달 중심이고, 교사들은 학교 운영에서 여전히 구경꾼이다. 교실 안에 50여 명의 아이들이 꽉 들어차 바글거리는 건 똑같은데, 아이들 하나하나는 개성이 뚜렷하고 종알종알 수군대거나 돌아다니는 일이 보통이다. 사회에서는 '교실 붕괴'라는 말이 떠돌고 그나마 희망을 걸었던 합법 전교조마저 하는 일이 성에 차지 않았다.

1980년대 중반부터 교육운동과 지역운동에 목을 매다시피 살아온 나에게 그때만큼 큰 좌절과 고통이 없는 것 같았다. 사회 변화에 삶의 의미를 둔만큼 뜻대로 주변 일이 풀리지 않으니 화가 쌓이고 앞날이 어둡기만 하였다. 돌덩이처럼 이렇게 무거운 가슴을 안고 찾아든 게 불교 이치에 따라 마음을 닦는 '동사섭'이다. 세상과 학교 교육이 쉽사리 변화되지 않는 상황에서 '내 지나온 날과 마음자리를 돌아보면서 새 삶을 열어야지.' 하는 막연한 심정으로 찾은 길이다.

동사섭 수련 첫날, 경계심으로 멀찍이 떨어져 관찰하고 웅크리던 내 모습은 거울 스님의 이야기가 시작되면서 벗겨지고 부서져 갔다. '인생의 목적이 무엇인가?' 하는 질문 앞에 얼른 뚜렷한 대답을 내놓을 수가 없다. '참된 세상, 평등, 평화……'부터 시작해 '잘 먹고 잘 사는 것'까지 잡다한 것들이 떠오른다. 거울 스님은 '행복'이라고 툭 대답을 내놓고 '행복은 좋은 느낌, 기분 좋은 것'이며 '참된 행복은 우리 모두의 행복'이라고 매듭을 지었다. 결국 5박 6일의 동사섭 수련이 우리 인생의 목표인 '모두의 행복'을 찾아가는 시간이라고 한다.

그때 나는 행복하고 싶었다. 솔직히 말하면 세상이 좀 잘못되고 교육이 뒤틀려 있더라도 내 마음은 평화로웠으면 했다. 행복하고 싶으면 어떻게 해야 할까? 스님은 "지금 행복해 버려라. 양쪽 입술 끝을 약간 위로 치켜들고 미소를 지어라. 그러면서 마음은 지금 나는 행복하다고 선언을 하라."고 일갈한다. 이렇게 시작해 행복하기 위해서 '마음을 닦고(수신), 서로 마음을 나누며(화합), 바른 일을 하며(작선)' 살아가는 이치를 5일 동안 차근차근 깨닫게 해 주었다.

'기적의 미세 정서' 시간에는 내가 '행복의 조건'이라고 붙들고 살았던 '거대 담론'들이 결국 나를 얼마나 옥죄었던가를 깨닫게 해 주었다. 내가 살아오면서 행복했던 순간들과 느낌들을 되살려 내어 보니 한두 가지를 제외하고 대부분은 아주 작은 일들이었다. 내 둘레와 마음 안에서 일어난 그 작고 짧은 느낌들을 행복이라고 여기지 못하고 나라와 사회의 변화에만 행복의 조건을 걸었던 삶의 방식이 문제였다. 작은 느낌에 충실하지 못하고 머리로 생각하는 행복이 마음까지 불행하게 만든 것이다. '머리는 떼어 내고 몸과 가슴으로 살아라.' 행복하기 위해서 깊이 새겨들어야 하는 말이다.

마지막 날 '맑은 물 붓기' 시간에는 교단의 교사로서 큰 깨우침을 얻었다. 컵에 가득 담긴 맑은 물에 한 방울의 먹물이 떨어지니 온통 새까맣게 된다. 저 컵에 처음 담긴 물처럼 맑고 깨끗한 아이들 가슴에 얼마나 먹물을 뿌려 댔던가? 나는 그날 밤 오랫동안 죄를 씻어 내는 마음으로 고해성사를 하며 먹물에 맑은 물을 거듭 붓고 부어서 맑게 하였다.

동사섭 수련을 마치고 나오는 날, 내 자신의 외부 환경이 바뀌거나 달라진 것은 없었다. 산은 그대로 산이고, 물은 그대로 물이었다. 그러나 그 산과 물은 보는 내 마음과 느낌은 달라져 있었다. 행복한 삶을 바깥의 변화에만 매달리지 않고 마음 안에서도 찾기 시작했다. 그러면서 마음에 평화가 오고 얼굴에는 웃음이 피어났다.

동사섭 수련을 하면서 나는 아이들과 사는 교실살이가 행복해졌다. 또 뜻이 조금 다른 동료 교사들도 마음 안에 따뜻하게 품어 안을 수 있게 되었다. 아이들 앞에서 화가 사그라지고 맑은 물을 부어 주는 교사가 되었다. 나는 그때 이후 해마다 겨울이면 동사섭 마음 공부를 하기 위해 계룡산 삼동원을 찾는다. 올 겨울에도 물론이다.

2004.

깨끗한 우리말로 참된 글을

'우리말 살리는 겨레 모임'은 올해 한글날을 맞아 2003년 우리말 훼방꾼과 우리말 지킴이를 뽑아 발표했다. 이 단체가 뽑은 으뜸 훼방꾼은 한자 교육과 사용 확대를 위해 한자교육진흥법안을 대표 발의한 한 국회의원이다. 으뜸 지킴이는 일본식 한자말투성이인 법률 문장을 한글로 바꾸기 위해 '법률 한글화 특별조치법'을 추진한 법제처이다.

이 보도를 보면서 지난달에 세상을 떠난 이 단체의 대표이자 우리말 운동가인 이오덕 선생님이 새삼 그리워졌다. 선생님은 온 힘을 기울여 깨끗한 우리말과 글을 지키고 사랑한 큰 스승이었다. 아이들을 가르치는 우리 교육자들에게 삶의 푯대이자 큰바위얼굴과 같은 분이었다. 아이들을 목숨처럼 사랑하셨으며 대쪽처럼 올곧게 사는 모습 그 자체가 가르침이었다. 삶을 가꾸는 글쓰기 교육으로, 우리말 바로 쓰기 운동으로 우리를 끊임없이 일깨워 주었다.

선생님은 우리글을 가장 더럽히는 사람들은 제대로 못 배운 일반 백성이 아니라 글로 밥벌이를 하는 작가나 언론인, 지식인들이라고 나무랐다. 그러면서 지식인들이 유식한 채 끌어 쓰는 어려운 한자말과 일본식 문장을 낱낱이 들어서 쉽고 깨끗한 우리말로 고쳐 일러 주었다. 또 생활에서 쓰는 말과 동떨어진 문자말투에 버릇 들지 않은 어린이와 시골의 할아버지, 할머니들 말이 살아 있는 우리말이라고 강조하였다. 그 입말을 그대로 글로 써야 깨끗한 우리글이 된다고 했다. 머리가 아닌 몸으로 살아가는 노동자와 농민이 입말로 참된 글을 쓰며 살아가야 한다고 했다.

이론으로만 우리글을 지키고 아낀 것이 아니다. 선생님 스스로 아이들에게 참삶을 가꾸는 글쓰기 교육을 실천하면서 얻은 귀중한 시와 글들을 세상에 내보였다. 농촌 아이들의 삶이 고스란히 담긴 정직한 글들은 어린이는 물론 어른들에게도 깊은 감동을 주었다. 선생님이 남긴 여러 권의 동시, 동화집, 아동문학 평론집, 글쓰기 교육 지도서, 우리글 쓰기와 관련된 책들도 우리말을 바로 지키고 바로 쓰는 모범이자 교과서가 되었다.

선생님이 저 경상도 산골에서 아이들을 지도하여 『일하는 아이들』을 비롯한 여러 권의 글쓰기 책을 펴낼 때마다 세상 사람들은 크게 놀랐다. 아이들이 나무지게를 지고 일하고 동무들과 놀이하는 모습이 그토록 생생하게 시로 쓰인 게 해방 이후 처음이었으니 말이다. 동네 풀밭의 개구리와 벌레, 풀꽃 들을 보고 듣고 느낀 대로 정직하게 쓴 것이 어느 글보다 감동을 주었기 때문이다. 거기다 아이들이 일상에서 쓰는 경상도 사투리와 입말이 그대로 글로 나온 것도 상당한 충격이었다. 선생님은 삶을 가꾸는 글쓰기를 통해 아이들에게 앵무새처럼 마음에도 없는 말을 꾸미고 흉내 내어 글재주 부리는 잘못된 글짓기 교육을 통렬하게 깨우쳐 주었다.

한 나라의 말과 글은 겨레의 생명이자 문화의 뿌리이다. 말글을 잃어버리면 겨레의 영혼이 병들고 노예의 삶을 살게 된다. 일본 제국주의가 왜 그토록 우리 백성들에게 우리말을 못 쓰게 짓눌렀는가를 보면 알 수 있다. 그 대신 그 알량하고 시원찮은 일본말을 나라말로 삼아 한 겨레의 정신과 혼을 빼놓으려 한 걸 생각하면 지금도 가슴이 서늘하다. 이래도 우리말을 업신여기고 함부로 할 것인가? 이오덕 선생님의 몸은 우리 곁을 떠났지만 그 정신은 남아서 우리말글 사랑을 일깨워 준다.

2003. 10.

케냐의 아이들에게 아름다운 학교를

유난히 추운 겨울날이 계속되던 지난 1월 14일부터 21일까지 저 멀리 아프리카 대륙의 케냐를 다녀왔다. 국제 구호봉사 단체인 월드비전이 주선하여 케냐 어린이들의 교육 상태를 알아보고 학교 짓는 일을 후원하기 위해 교육 관계자들과 함께 방문한 것이다. 떠나기 전에도 간접으로 보고 들어서 막연하게나마 아프리카의 가난한 나라 아이들이 굶주리는 처참한 상황을 도와주어야 한다는 인식은 갖고 있었다.

그런데 막상 실제로 케냐 땅에 내려 원주민들의 마을 깊숙이 들어가서 본 삶의 모습과 환경은 예상보다 훨씬 힘들고 어려운 지경이었다. 케냐에 도착하기 전까지는 아프리카라면 나무들이 가득 찬 밀림 속에 갖가지 열대 과일이 열리고 동물들이 뛰노는 장면을 상상하였다. 그런데 우리가 케냐의 수도인 나이로비에서 원주민 마을까지 자동차로 비포장도로를 4시간 정도 달려가면서 마주친 자연환경은 그곳이 얼마나 어려운 형편인가를 한눈에 보여 주었다.

인공적인 개발이 부진하고 가난한 지역일수록 사람들이 기본 의식주를 해결하기 위해 자연 의존성이 높기 마련이다. 그런데 우리가 밟은 자연 그대로의 케냐 땅은 불모지와 다름없었다. 한 해 내내 비가 내리지 않은 건기가 계속되어 땅은 온통 바싹 메말라 있었다. 풀들은 물이 없어 말라 죽어 있고 나무들도 푸른 잎사귀가 거의 없이 가시들만 앙상한 가운데 간신히 생명을 유지하고 있었다. 야생동물이라곤 사람들이 사는 마을을 한참 벗어나 깊숙이 들어가야 고라니, 토끼 무리들을 가끔씩 볼 수 있는 정도였다.

우리 일행은 흙먼지가 풀풀 날리는 황톳길을 4시간가량 달려 '올도니로 사업장' 지역에서 원주민인 마사이족들을 만났다. 그들은 어려운 생활 형편 속에서도 자신의 문화와 공동체를 지켜 가고 있었다. 원주민 여성들은 빛깔 고운 화려한 옷과 장식용품으로 단장하고 우리를 흥겨운 춤으로 맞아들였다. 중 · 고등 학생들쯤으로 보이는 청소년들도 통일된 복장으로 자신들의 전통춤을 추며 우리를 환영하였다. 키가 부쩍 크고 마른 마사이족들 남자들은 느긋한 자세로 그늘에 앉아 전통춤을 구경하고, 환영 의식에서 인사말을 들으며 박수를 치곤 하였다. 그날 만난 그들의 모습만 보아서는 아직 문명세계에 들어서지만 못했을 뿐 자신의 선조들처럼 자연과 어우러져 평화롭게 살아가고 있었다. 오히려 경쟁이 치열한 다른 세상 사람들과 비교하지 않고 행복하게 살아가고 있는지도 모르겠다.

원주민들이 환영 의식과 행사를 치르는 동안 멀찍이 나무 그늘 아래에는 수백 명의 어린아이들이 이방인들의 방문에 호기심과 두려움이 섞인 표정으로 조용히 앉아 있었다. 이 아이들은 수십 킬로미터 먼 곳에서 아침부터 걸어 이 행사 잔치에 모여들었다고 한다. 아이들은 한결같이 몸이 마른 편이었고, 옷차림이 허름한데다 닳아 해진 가죽신을 신고 있었다. 행사가 끝나고 점심시간에 주민들 전체가 먹을 수 있는 대형 원통에 찐 밥과 감잣국을 한 덩어리씩 얹어 주자 손으로 남김

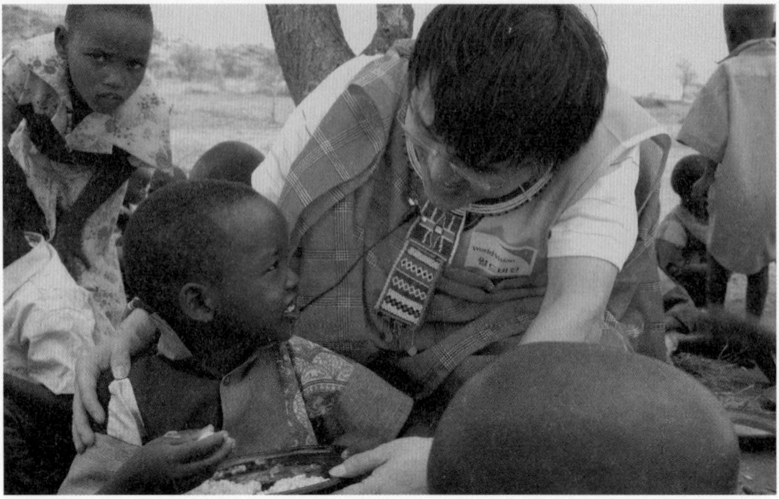

... 케냐의 원주민들이 우리 일행을 춤과 노래로 환영해 준 모습을 잊을 수가 없다. 우리는 도심에서 수백 킬로 떨어진 황량한 지역에 여학생들이 다닐 학교와 기숙사를 지어 주기로 했다.

없이 먹어 치웠다.

마사이족 아이들은 기본적인 의식주를 해결하기도 어렵지만 인간답게 살기 위해 필요한 교육을 받을 기회에서 완전히 소외되어 있어 안타까웠다. 부모들은 교육의 중요성에 대한 인식이 낮고 가정 형편이 어렵기 때문에 학교에 가야 할 어린아이들에게 집안일만 돕게 하거나 돈벌이를 위해 일터로 내보낸다고 한다. 그나마 학교에 간다 해도 야생동물의 위험을 무릅쓰고 무려 20킬로미터 넘게 걸어가야 하기에 중간에 배움을 포기한다. 더구나 여자아이들은 대부분 학교를 보내지 않고 어린 소녀 시절에 일찍이 소 몇십 마리에 팔려 가듯 혼인을 치른다고 한다.

우리는 까만 얼굴에 소처럼 순한 눈망울을 가진 이 아이들에게 학교를 지어 주기로 결정하고 현지 봉사단들과 구체적인 실행 계획을 협의하였다. 멀리 떨어진 집에서 찾아올 여자아이들의 안정된 생활을 위해 기숙사를 갖춰 주기로 했다. 우리나라 아이들이 사랑의 저금통에 한 푼 두 푼 동전을 모아 케냐의 눈망울 초롱한 아이들이 공부할 아름다운 학교를 지어 준다는 생각만으로도 가슴 설레고 벅찼다. 우리는 행사 막바지에 그런 약속을 가슴에 심어 꽃피우겠다는 다짐이라도 하듯 학교터 주변의 황량한 땅에 아카시아 나무를 심고 그곳을 떠나왔다. 나는 이번에 케냐를 다녀오면서 이제 조금씩 덜 먹고, 덜 쓰고, 덜 갖기로 마음을 먹었다. 꼭 필요한 만큼만 먹고 쓰면서 지구촌의 이웃인 아프리카 케냐의 아이들에게 한 모금 맑은 물을, 한 권의 공책을 보내 주기로 다짐하였다.

2011. 3.

3장

창의로운 교육 대안을 제시하며

2002년부터 8년 동안 두 차례 교육위원으로 활동하고 2010년 세 번째 직선 교육의원으로 뽑히게 되었다. 그동안 교육계에도 상당한 변화가 이루어졌다. 개혁적인 의정 활동으로 교육청에도 상당한 제도 개선이 이루어졌고, 민선 교육감 시대와 함께 혁신적인 교육 정책이 도입되기 시작하였다. 학생 무상급식, 혁신학교, 학생인권조례 등 본질적인 공교육의 변화를 적극적으로 추진하게 되었다. 학생들이 행복하고, 꿈을 실현하는 학교를 만들기 위해 조례와 제도를 만들었다. 아이들을 창의적인 민주시민으로 키우기 위해 평등하고 정의로운 교육 현장을 만드는 데 열정을 쏟았던 의정 활동 이야기를 모았다.

1

교육혁신을
제도적으로 완성하는
조례들

경기도 교육여건개선특별법 제정 운동에

전국 시도 가운데 가장 학교가 많은 곳은 경기도이다. 학생 수도 180만 명으로 전국에서 가장 많을뿐더러 서울보다도 31만 명이 많다. 그러니 경기도 교육이 우리나라 교육의 중심을 차지한다고 보아도 큰 무리가 아니다. 학교 수와 학생 수가 전국 최다인데 이에 따른 교육 환경도 최고 수준이면 얼마나 좋을까?

하지만 안타까운 건 오히려 그 정반대라는 점이다. 경기도의 학교 교육 여건은 OECD 국가는 제쳐 두고 국내에서도 민망스럽게 전국 꼴찌 수준이다. 전라도 같은 농촌 지역과 견주어 보면 더 말할 나위 없고 대도시인 서울보다도 훨씬 뒤떨어져 있다. 그래서 우리나라 열악한 교육 여건의 과제는 곧 경기도의 문제이고, 경기도의 교육 여건이 개선되면 우리 교육 전반이 나아지는 셈이다.

교육 여건은 학생 교육을 하는 데 있어 기초가 되는 조건을 말한다. 여기에는 여러 조건이 있을 테지만 그 핵심 되는 것으로 보통 학급당 학생 수와 교사 1인당 학생 수를 들 수 있다. 한국교육개발원 교육 통계에 따른 초·중·고 전체 평균 학급당 학생 수를 살펴보면 전남은 27명이고, 서울은 34명인 데 비해 경기도는 무려 38명이다. 평균치라서 그렇지 경기도내 대도시 중심 지역 초·중 학교의 대부분 교실에는 50명 가까운 학생들이 꽉 들어차 있다. 그래서 과밀 학급 비율이 초등학교의 85%, 중학교의 88%로 매우 심각한 수준이다.

교원 법정 정원 확보율도 82.7%로 전국 평균 86.7%보다 4%나 낮을 뿐만 아니라 교원 1인당 교육하는 학생 수도 다른 시도와 꽤 큰 차이가 있다. 교원 1인당 학생 수는 전국 18.6명, 서울 21.59명, 전남 15.68명인 데 비해 경기도는 23.82명이다. 경기도의 교원 1인당 학생 수가 전국이나 전남에 비해 5~8명 많다는 것은 그만큼 열악한 상황에서 학생 교육이 이루어지고 있음을 보여 주는 것이다.

경기도의 이처럼 심각한 교육 여건은 수년째 누적되어 왔다. 또 앞으로도 개선될 가능성이 희박하기 때문에 정부 차원의 특별한 대책과 예산 지원이 필요하다. 마침내 누구보다 이런 문제를 뼈저리게 느끼고 있는 교사들이 일어섰다. 지난 9월 8일, 교원단체가 중심이 되어 '경기도 교육 여건 개선을 위한 도민운동본부'를 구성하여 특별법 제정을 요청하고 나선 것이다.

도민운동본부는 특별법 제정을 요구하는 도민 100만인 서명 운동을 펼쳐 국회에 법률 청원을 할 계획이라고 한다. 특별법이 제정되면 행정자치부가 움켜쥐고 있는 교사 정원 책정도 교육부로 옮겨 경기도에 교사를 충분하게 배치할 수 있게 해야 한다. 경기도의 학교 신증설을 위한 특별 부서도 구성하고, 이에 따른 교육 예산도 특별 재정으로 확보할 수 있는 길을 열게 된다.

교육 여건 개선은 학부모나 지역 주민들이 먼저 요구하고 앞장서는 게 옳다. 그리하여 정부가 교육 여건을 잘 조성해 놓고 교사들은 학생 교육에 전념하도록 해야 한다. 오죽하면 교사들이 나섰을까. 이제 우리 도민 모두가 특별법 제정 서명 운동에 불타오르듯 참여하여 경기도의 교육 여건을 개선하는 데 온 힘을 모아주면 좋겠다. 경기도의 교육이 밝아야 도민들의 미래도 밝아진다. 그러기에 '경기도 교육여건개선 운동본부'의 출발은 더욱 값지다.

2005. 9.

아이들 급식비마저 정략적으로 깎아 버리나

경기도교육위원회 교육위원인 저 최창의는 지난 15일부터 열린 경기도교육위원회 200회 임시회에서 예산결산소위원회 위원장을 맡았습니다. 여느 시기와 달리 진보적인 새 교육감이 당선되어 공약 사업을 반영한 경기도교육청 제2회 추경예산 심의라서 난항이 예상되기에 위원장을 피할까 하는 잠깐의 망설임도 있었습니다. 그러나 어려운 때일수록 그 일을 감당하는 자가 되자는 각오로 부족한 제가 예결위원장을 맡게 되었습니다.

예상하고 짐작하지 못한 것은 아니었지만 경기도교육청의 추경예산 심의 과정은 참으로 감내하기 어려울 정도였습니다. 김상곤 신임 교육감의 공약이나 핵심 추진 사업에 대한 무차별적인 공격성 질의와 독설에 가까운 비난이 계속되었지요. 전임 교육감 때에는 전혀 볼 수 없던 교육위원들의 활약에 혀를 내두를 정도였습니다. 무상급식에 관한 보도자료를 배포하였다고 옷을 벗으라고 추궁당하는 공보담당관의 모습은 가엾기까지 할 정도였습니다.

저는 예결위원장으로서 교육감이 이제 사업을 시작한 지 갓 1개월 남짓 흘렀기에 부족한 점이 있더라도 기본적인 사업을 추진할 최소한

...경기도 학생 무상급식 예산이 도교육위원회에서 다수의 보수적인 위원들에게 사정없이 잘려 나갔다. 여기에 항의하기 위해 7박 8일 동안 경기도의회 본회의장에서 철야농성을 진행하였다.

의 예산만이라도 남겨 둘 것을 간곡히 요청하였습니다. 그런데도 교육위원 중의 상당수는 한 치의 양보도 없이 김상곤 교육감 핵심 공약이라 할 수 있는 사업들에 대해서 감정적인 삭감의 칼날을 사정없이 내리쳤습니다. 결국 혁신학교 추진 사업비 28억 원 전액이 삭감되고, 농산어촌 초등학생 무상급식비 171억 원 중 50%인 85억 원이 잘렸습니다.

교육위원회의 감정에 치우친 예산 삭감으로 새로운 미래형 혁신학교에 대한 실험은 맥없이 무너졌습니다. 혁신학교를 지원하겠다고 한 교육청의 약속은 헌신짝처럼 내동댕이쳐졌습니다. 문화 복지 혜택에서 소외된 농산어촌과 도시 외곽의 소규모 학교 어린이들에게 따뜻한 점심밥을 먹여 보려던 소박한 꿈은 바싹 깨져 버렸습니다.

교육적으로 처리하지 못한 예산 삭감에 대해 비판과 질책의 목소리가 쏟아지고 있습니다. 경기도교육위원회와 경기도교육청 홈페이지에는 쉴 새 없이 비난 글들이 올라오고 있습니다. 교육위원회의 부당한 심의권 남용에 대해 앞으로도 수많은 질타와 항의를 감수해야 할 줄 압니다.

무엇 때문에 신임 교육감이 적극 추진하려는 사업을 그처럼 잘라 내었습니까? 그렇게 해서 어떤 결과를 기대합니까? 김상곤 교육감에게 정치적 타격을 입혀 무엇을 바랍니까?

김상곤 교육감이 취임한 지 6개월이 되었습니까, 아니면 1년이 되었습니까? 이제 막 걸음마를 시작한 지 갓 한 달이 지났을 뿐입니다. 그러면 교육 행정을 추진하는 데 미숙함과 실수가 있을 수 있겠지요. 현장의 정서와 의견을 제대로 알지 못하고 무리하게 사업을 추진한 것도 있을 것입니다.

그런데 많은 교육 경륜과 경험을 가진 교육위원 여러분이 이번 예산 심의에서 보여 준 모습은 예산의 절감이나 불필요한 사업에 대한 견제가 아니었습니다. 이제 막 의욕을 갖고 교육 희망과 교육복지를 향해 나서려는 진보적인 교육감의 무릎을 무참히 꺾어 버린 분풀이요, 화풀이에 지나지 않았습니다.

경기도교육위원 여러분, 한 사람의 교육위원으로서 거듭 진정으로 여쭙겠습니다. 이렇게 해서 무엇을 바랍니까? 새로운 미래의 희망이자 꿈나무인 우리 아이들에게 과연 어떤 교육을 안겨 주려고 이러는 겁니까? 해맑은 우리 아이들의 눈망울을 떠올리며 엄중한 물음을 던져 봅니다. 2009년 6월 23일 경기도교육위원회 본회의에서 농산어촌 아이들의 무상급식비를 싹둑 잘라 버린 당신은 정말 떳떳합니까?

2009. 6.

아이들의 밥값을 깎은 교육위원들에게

경기도교육위원회 예산 심의에서 학생 무상급식 예산의 절반인 85억 원 삭감을 막지 못해 죄스러운 심정으로 본회의장에서 항의 농성을 시작한 지 8일째에 접어들었습니다. 저는 농성을 진행하면서 동료 교육위원님들이 뒤늦게라도 국민들의 비판과 질책을 받아들여 진심으로 도민들에게 사과하기를 바랐습니다. 무슨 변명으로도 통하지 않을 아이들의 밥값을 반이나 싹둑 자른 배경에는 신임 교육감의 진보적인 정책에 대한 반감이 개입되었다고 솔직하게 고백하기를 기도하였습니다. 그리고 앞으로 이루어지는 의정 활동에서는 이번 일을 거울삼아 무상급식 예산을 원상회복하고 교육적인 원칙에 따른 의정 활동을 펼치겠다고 다짐하리라 믿었습니다.

그런데 막상 6월 29일, 예산 삭감에 찬성한 경기도교육위원님들의 기자회견을 지켜보면서 참으로 안타깝고 실망스러운 마음을 금할 수

——— 이 글은 지난 6월 23일 경기도교육위원회의 학생 무상급식 예산 삭감에 반대하며 항의농성을 벌였던 최창의 교육위원이 8일 동안의 농성을 마치며 교육위원들에게 쓴 편지입니다.

없었습니다. 비록 한두 문장이지만 무상급식비 50%를 삭감해 심려를 끼쳐 유감이라고 밝힌 것은 그나마도 다행입니다. 선뜻 가슴에서 우러나오지 않는 말을 하느라 얼마나 힘들었을까요? 어렵게 큰 용단을 내린 것이겠지요.

그러면 정작 교육위원님들께서 꼭 하고 싶었던 말은 무엇이었을까요? 바로 그날 기자회견 내용의 대부분을 차지하고 있는 변명과 해명하는 내용이었습니다. 겉으로는 사과 기자회견을 하는 것처럼 해 놓고 무상급식 예산 삭감의 근본 의도는 두루뭉술 넘어가 버렸지요. 삭감의 정당성을 이러저러한 자료를 들어 극구 해명하려는 모습이 정직해 보이지 않았습니다. 누구보다 교육 경륜을 내세우는 분들이기에 정말 어른스럽게 사과하기를 기대한 저희가 잘못입니다.

위원님들은 기자회견에서 각종 수치를 들어 무상급식에 대해 이렇게 주장하셨지요. 경기도교육청이 565억 원의 교육 예산을 투입하여 16만 명의 저소득층 학생들에게 무상급식을 지원하고 있으니 큰 문제가 없다고 말입니다. 기자회견 내용을 명확하게 분석해 보지 않으면 지금도 저소득층 학생들이 무상급식 지원을 잘 받고 있고, 마치 다른 교육 사업에 쓰기 위해 위원님들이 급식비를 삭감한 것인 양 그다지 문제가 없어 보입니다.

그러나 현실을 정확히 들여다보면 생각이 달라집니다. 우선 그동안 경기도교육청이 가정 살림이 어려워 급식비 지원을 신청하는 저소득층 아이들 모두에게 급식비를 지원하였나요? 그리고 전임 교육감 시절에 저소득층 학생의 급식비 지원 예산을 충분하게 편성하였던가요? 전혀 그렇지가 않습니다. 2008년도 경기도교육청 통계에 따르면 저소득층 학생 급식 예산 556억 가운데 76억은 외부에 통사정하여 얻어다 아이들에게 밥을 먹였습니다. 그렇게 하고도 2008년도 말에는 7,000명 학생이 9억 6,000만 원의 급식비를 못 내기에 이르렀습니다. 2009년도에는 학생 급식비를 지원한 19만 명 가운데 무려 3만 5,000명이 지원 대상에서 매정하게 탈락되었습니다. 이러고도 급식비 지원을 제대로 하고 있다고 강변할 수 있습니까?

급식 예산 삭감에 찬성하신 위원님 여러분, 이번 무상급식 문제의 본질을 교육적 관점에서 깊이 들여다보십시오. 학생 무상급식은 저소득층 아이들에게 온정을 베푸는 시혜 차원의 문제가 아닙니다. 국민소득 2만 불 시대를 바라보는 국가에서 해야 할 의무교육의 전면 이행이요, 공공기관의 차별 없는 교육복지의 구현입니다. 그래서 밥 한 끼를 두고 같은 교실에서 급식을 공짜로 먹는 아이들과 당당히 돈을 내고 먹는 아이들로 나뉘지 않게 하려는 것입니다. 가슴 아픈 계층 구분을 없애서 모두가 밝고 편안한 마음으로 점심을 먹을 수 있게 하자는 것입니다. 그런데 앞으로 경제 사정이 나빠지게 될까 봐 다른 곳에 예산을 쓰려고 예산을 삭감했다니 정말 가슴을 칠 노릇입니다.

이곳 경기도교육위원회 본회의장 바닥에서 항의 농성을 시작한 지 9일째에 이르는 7월 첫날, 저는 새로운 운동을 펼치기 위해 농성장을 떠나려고 합니다. 이 싸움을 끝내는 것이 아니라 새로운 방향으로 전환하기 위해 다시 깃발을 들려고 합니다. 그래서 7월 1일 무상급식 예산 원상회복을 촉구하는 시민결의대회에 참석하고, 3일 무상급식 실현을 위한 시민대토론회에 함께하겠습니다. 나아가 7일부터 이루어지는 경기도의회 예산 재심의에서 삭감된 급식 예산 원상회복과 무상급식 확대 활동을 힘차게 벌여 나가겠습니다. 우리 아이들의 완전한 의무교육과 차별 없는 복지 실현을 위해 시민들과 손 맞잡고 힘찬 투쟁을 펼쳐 나가겠습니다.

여러 위원님들께 마지막으로 다시 한 번 부탁하고 호소드립니다. 해맑은 아이들의 무상급식비 50%를 무참하게 싹둑 잘라 버려 정말 미안하다고 사과하십시오. 그리고 삭감한 예산 부활과 무상급식 확대를 위해 적극 나서겠다는 뜻을 분명하게 표명하십시오. 그 길만이 우리 경기도교육위원회가 바로 서고 여러 위원님들과 제가 함께 사는 길입니다.

2009. 7.

행복한 학교도서관을 만드는 조례 제정

아이들이 글자를 익히면 책을 읽으면서 마음이 쑥쑥 자라게 된다. 또 재미있는 책을 잡으면 시간 가는 줄 모른다. 그런데 몇 해 전부터 교과부가 아이들의 독서 이력을 대학 입시에 반영하겠다고 해서 논란을 불러일으킨 적이 있다. 책은 재미있어서 자연스럽게 읽어야지 성적에 반영하는 방식은 아무래도 문제가 많을 게 분명하다. 다행히 이러한 문제점을 일찍이 알아차린 독서문화운동 단체들의 끊임없는 문제 제기와 반대 운동이 일어나자 마침내 지난 5월, 교과부 장관이 독서 이력을 입시와 연계시키지 않겠다고 발표하였다.

우리는 아이들이 삶을 살아가는 과정의 하나로 스스로 좋은 책을 읽고 자라도록 하는 일에 힘써야 한다. 책을 읽으면서 생각을 키우고 올바른 가치관을 쌓아야 참된 사람으로 자랄 수 있기 때문이다. 또한 책을 읽으면 머릿속에 지식과 정보가 채워질 뿐 아니라 창의적인 문제 해결 능력이 길러진다. 따라서 가정과 학교에서 어떤 공부 못지않게 중요하게 지도해야 할 것이 독서이다. 독서는 마치 나무가 알찬 열매를 맺게 하기 위해 밑거름을 넣는 일과 같다.

학생들에게 책을 친근하게 느끼게 하고 독서 습관을 붙이는 데 있

... 경기교육정책포럼의 대표를 맡아 학교도서관의 제도적인 개선 방안을 모색하는 토론회를 개최하였다. 토론회 이후 '학교도서관 운영 지원 및 독서 교육 진흥 조례안'을 전국 최초로 제정하는 성과를 거두었다.

어서 학교도서관은 매우 중요한 구실을 한다. 아이들은 학교에서 생활하는 틈틈이 학교도서관에서 책을 골라 읽고 빌려 본다. 또한 어떤 과제가 주어질 때 도서관에서 여러 가지 책을 찾아 문제를 해결하기도 한다. 학교도서관은 정보의 보물창고로서 학교 교육의 심장과 같은 역할을 하고 있는 것이다. 이 같은 학교도서관의 중요성이 인식되면서 과거와 달리 이제 전국의 거의 모든 학교에는 도서관이 설치되어 있다. 필자가 교육의원으로 일하는 경기도의 경우 99.1% 학교에 도서관이 있다. 전국의 아이들이 학교도서관에서 독서의 참맛을 알고 습관을 붙이면서 참다운 인격체로 자라나고 있으니 얼마나 바람직한 일인가.

하지만 학교마다 학교도서관 시설이 새롭게 만들고 꾸며진 데 비해 그 속을 들여다보면 아직도 도서관으로서 제 구실을 다하기에는 부족한 점이 많다. 무엇보다 도서관 운영의 핵심이라 할 수 있는 인력과 프로그램이 제대로 갖추어져 있지 못한 게 문제이다. 현재 학교도서관 전체의 절반은 도서관을 운영할 실질적 책임자인 사서가 없는 형편이다. 실제 통계를 살펴보면 전국 학교도서관 1만 937개 가운데 4,556개 도서관에만 사서가 배치되어 있고, 나머지 58.3%인 6,381개 도서관에는 사서가 없다. 더욱이 사서의 95%는 신분이 불안정하고 처우가 열악한 비정규직이다.

도서관에 사서가 없으면 자유롭게 책을 읽거나 대출을 하기에 어려움을 겪는다. 학생들의 독서 지도를 위한 프로그램도 제대로 운영할 수 없다. 그래서 사서 없는 학교도서관은 담당 교사나 자원봉사 학부모들이 일정한 시간만 운영하거나 심지어는 문을 닫아 놓은 경우도 있다. 따라서 학교도서관이 독서 교육, 정보 활용 교육, 도서관 활용 수업 등 다양한 교육적 구실을 다하기 위해서는 사서 전문 인력의 확보가 무엇보다 먼저 이루어져야 한다.

사서 인력의 배치와 함께 학교도서관의 공교육을 보완하는 교육적 기능도 강화되어야 한다. 학생들이 도서관에서 독서를 통해 자기 주도적 학습 활동을 할 수 있도록 지원하고, 교육과정과 연계한 독서, 토론, 글쓰기 수업을 진행할 수 있어야 한다. 학교도서관을 활용한 독서 교육을 강화하고, 지식정보 격차를 해소하기 위해 소외 계층을 대상으로 하는 독서 프로그램과 장애 학생 및 독서 부진아를 지도하는 사업 개발도 필요하다. 학교도서관을 주민들에게도 개방하여 독서문화센터로서 역할을 할 수 있도록 지역사회와 연계하여 협력하는 활동도 중요하다.

학교도서관에 사서직이 배치되어 있지 않은 학교에서는 대부분 학부모 자원봉사자들이 도서관 운영을 거의 도맡아 하는 게 현실이다. 그런데 이러한 학부모 자원봉사자들이 단순히 아이들이 늘어놓은 책 정리하는 역할에 머무르거나 학교장의 관심 정도에 따라 활동 폭의 격차가 심하다. 도서관 전담 인력이 부족한 상황에서 학부모 자원봉사자들의 활동을 활성화하려면 그 위치와 역할이 분명하게 자리 잡을 수 있도록 제도적 지원이 이루어져야 한다. 학부모 도서관 자원봉사자들의 자긍심을 높이는 것과 아울러 독서 지도 역량 개발을 위한 연수 프로그램이 마련되어야 하는 것이다.

학교도서관이 학교 교육에서 매우 중요한 역할을 하고 있지만 그 운영 측면에서는 여러 가지 해결해야 할 과제를 안고 있다. 현재 학교도서관을 행정적으로 지원할 수 있는 기관은 학교를 관할하는 교육청이다. 따라서 시도 교육청 교육감이 학교도서관 운영을 활성화하고 제도적으로 지원하는 길을 찾아야 한다. 그 방법이 바로 시도 교육청의 학교도서관 지원을 법률로 규정하는 조례를 제정하는 것이다. 그동안 지방자치단체장에게 의무성을 부과하는 조례를 통해 교육 지원 사업을 적극 추진한 으뜸 사례로는 2004년부터 전국 시도에서 학부모와 시민단체들이 나서서 추진한 '학교 급식 지원 조례'가 손꼽힌다. 학교 급식 식재료로 친환경 우리 농산물을 공급하여 학생들에게 안전하고 질 좋은 급식을 제공하고 우리 농업을 살리기 위한 목적으로 추진한 이 조례 제정 운동은 주민들의 폭넓은 참여로 급식 행정의 획기적인 변화를 이끌어 내는 성과를 거두었다. 이 조례의 제정으로 학교 급식에 안전한 지역 농산물을 공급하고 의무교육 기관의 무상급식을 추진하는 밑바탕이 되었다.

필자는 경기도의회 교육의원으로서 이러한 '학교 급식 지원 조례' 제정에 참여했던 경험과 성과를 바탕으로 학교도서관 운영을 진흥하기 위한 경기도교육청 조례를 제정하기로 마음먹었다. 그래서 지난 7월 5일 경기도의회에서 학교도서관 전문가들과 함께 '학교도서관 진흥을 위한 정책 방안'을 주제로 포럼을 개최하였다. 이 자리에서 발제와 토론자들은 한결같이 현재의 학교도서관 운영을 활성화하여 독서교육을 강화하기 위해서는 조례를 제정하여 체계적인 행정 지원을 펼쳐야 한다고 입을 모았다. 그 뒤 교육청의 학교도서관 담당 부서, 도서연구 시민단체 실무자, 도서관 운동 전문가, 사서 교사, 비정규직 사서들과 협의하여 '학교도서관 운영 및 독서 교육 진흥 조례안'을 만들었고, 다가오는 9월 열리는 도의회에서 의원 발의를 통해 조례를 공식으로 제정할 계획이다.

학교도서관 진흥 조례가 제정되면 학교도서관 운영에 따른 정책 지원과 예산 투여가 더욱 활발해질 것으로 기대한다. 무엇보다 먼저 학교도서관에 사서가 필수 요원으로 배치되고 이들이 책임감 있고 안정되게 근무할 수 있도록 여건을 조성하는 근거를 마련할 수 있을 것이다. 아울러 학교도서관이 독서 지도와 학습 기능을 강화할 수 있는 각종 프로그램 개발과 학교도서관 활용 수업이 충실하게 이루어질 수 있을 것이다. 나는 학교도서관에서 아이들이 행복하게 책을 읽고 참된 사람으로 알차게 자라나는 나라를 꿈꾼다. 그러기 위해 경기도에서 출발하는 이 학교도서관 진흥 조례가 제주에서 서울까지 전국의 모든 시도 교육청으로 들불처럼 번져 나갔으면 좋겠다.

2011. 9.

인권 교육 강화와 교권 조례도 제정되어야

교육 본질을 중심에 두고 변화와 혁신을 거듭하고 있는 경기도 교육사에서 며칠 전인 10월 5일은 매우 뜻깊은 날이었습니다. 경기도교육청이 지난해 학생인권조례를 제정하고 1주년을 맞이하는 날이었기 때문입니다. 비록 인권조례는 경기도교육감이 제정하였지만, 도의회에서 심의하는 과정을 거쳐 공포한 조례이기에 우리 의원들도 공동의 책임 의식과 더불어 깊은 관심을 갖고 있기는 마찬가지였을 것입니다.

학생인권조례는 우리 교육이 궁극적으로 지향해야 할 인권 의식과 민주적인 가치를 학교에 뿌리내리고 신장시키는 데 중요한 계기가 된 게 사실입니다. 인권조례가 시행되면서 학생들은 자신들의 권리에 대한 기본적인 인식을 바탕으로 삶과 교육의 주체로서 행동하고 책임지는 태도로 변화되고 있습니다.

교사들도 과거의 통제 위주의 지도 방식에서 벗어나 학생들을 존중하는 가운데 진정한 의미의 교육적 권위를 확보하려는 풍토를 만들어 가고 있습니다. 경기도에서 전국 처음으로 탄생한 학생인권조례는 올 10월에 광주시 교육청이 뒤를 이어 제정하였으며, 전라북도와 서울시 교육청에서도 조례 제정 작업을 마무리하고 있습니다. 이는 인권과 민주주의 발전을 지역에서 돌파구를 열어 전국으로 확산한 지방교육자치의 긍정적 사례로도 평가할 만한 일입니다.

이처럼 경기도교육청의 학생인권조례가 갖는 의미와 성과에 주목하면서 앞으로 학교 현장에 확실하게 정착시키기 위해 현재까지 실행한 사업을 엄정하게 진단하고 평가할 것을 바라면서 두 가지 사항을 제안하고자 합니다.

학생인권조례가 학교 현장에 착근되기까지 일어나는 일부 혼란은 감수하고 극복해야겠지만 되도록 그 부작용은 최소화해야 할 것입니다. 그런 면에서 무엇보다 중요한 첫 번째가 인권에 관한 교육과 연수입니다.

학생과 학부모에게 진정한 인권의 의미와 권리를 누리는 자세에 관해 체계적인 교육이 필요합니다. 학생들에게는 개인의 권리와 공동체의 질서 유지, 상대방의 권리 존중 등에 관한 실감 있는 교육이 이루어져야 합니다. 학부모들에게는 현행 입시 경쟁 교육 속에서 학생 인권이 무시되거나 제약되는 현상을 올바르게 인식할 수 있도록 교양 강좌가 적극 진행되어야 할 것입니다. 교사들에게도 신규 임용 연수와 각종 자격 연수 과정에 일정한 시간 인권 교육 시간을 편제해야 할 뿐 아니라, 교사 연수를 담당해야 할 강사진 양성, 교재와 프로그램 개발 사업도 지원되어야 할 것입니다. 아울러 이 같은 인권 교육과 연수를 체계 있고 효과적으로 진행하기 위해서 '인권교육 지원센터' 같은 기구를 설치하는 것도 적극 검토해야 합니다.

교육 현장에서는 학생인권조례 못지않게 교원들의 권리조례도 제정되어야 한다는 목소리가 많습니다. 이는 학생 인권과 맞서거나 대립되는 개념이 아닌 상호 보완적인 장치로서 조례가 제정되어야 한다는 것입니다. 교원권리조례 속에는 교육 전문가로서 교육권을 침해받지

... 진보적인 김상곤 교육감이 선출되면서 경기 혁신교육에 새바람이 일어났다. 교육위원회도 새로 구성되면서 무상급식 예산과 학생인권조례, 고교평준화 조례 안건이 진통 끝에 통과되었다.

않을 권리와 학교 운영 참여권이 우선되어야 할 것이며, 일반 시민으로서 갖는 참정권, 노동권 등도 명확하게 담겨야 할 것입니다. 아울러 교원들의 교권 보호를 위한 교육청 단위의 법률 지원구조와 상담센터 등도 적극 모색되어야 합니다.

결국 학생들의 권리를 충분하게 보장하기 위해서라도 교원에 대한 권리를 보장하는 조례가 뒤따라야 하는 것이 마땅한 이치입니다. 물론 경기도교육청에서는 이미 교권보호헌장이 제정되었지만 그 내용이 상징적인 확인 차원에 머물러 있다는 지적이 있습니다. 전라북도와 광주시 교육청에서는 최근 교원의 권리, 권한에 관한 조례 작업을 마쳐 의회에 상정한 것으로 알고 있습니다. 따라서 경기도교육청에서도 관련 전문가와 교원들의 폭넓은 참여 속에 '교원권리조례 제정위원회'를 구성하여 조례를 준비해야 합니다.

우리 모두는 학생 인권과 교권이 상충되지 않고 학교 안에서 활짝 꽃피기를 기대합니다. 민주주의가 학교 담장 밑에 숨죽이지 않고 교실 안에서 펄펄 살아 움직이기를 소망합니다. 경기도 학생인권조례가 우리 사회의 인권과 민주주의를 살리는 심장과 허파가 될 수 있도록 더욱 정진해 주기를 바랍니다.

2011. 10.

2

평등하고 정의로운 교육 정책 실현을 위해

무상급식은 차별 없는 교육복지의 구현

며칠 전 아침 신문에는 성남시에서 내년 3월부터 모든 초등학생들에게 무상급식을 한다는 소식이 실려 있다. 이를 위해 성남시는 현재 초등학교에 지원하고 있는 급식 예산을 270억 원으로 늘리는 한편 급식 재료는 우수 농 · 수 · 축산물을 사용하도록 권장할 계획이라고 덧붙였다. 또 지난 7월 중순경에는 경남교육청이 올해 초등학생 무상급식을 시행한 데 이어 2010년도에는 도내 모든 초 · 중학생들에게 무상급식을 확대하겠다고 밝혔다. 이미 알다시피 경기도교육청이 올해 6월에 추경예산을 통해 추진하려던 벽지와 농촌, 도시 소규모 학교 지역 초등학생 무상급식 사업비는 의회 예산 심의 과정에서 사정없이 모두 깎여 버렸다. 하지만 이렇게 시 자치단체와 다른 도교육청에서는 앞다투어 무상급식을 추진하고 있으니 어찌 된 셈인가?

우리나라 초 · 중 · 고교에서 시행되고 있는 학교 급식은 이제 중요한 교육활동의 일환으로 자리 잡았다. 오늘날 학교 급식은 도입 초기 어머니들의 도시락 싸는 번거로움을 해소한다거나 점심 한 끼를 학교에서 해결한다는 차원에 머무르지 않는다. 학교에서는 급식을 제공하면서 학생들의 식생활 습관과 예절을 가르치고, 골고루 음식을 섭취함

... 학생 무상급식 예산이 삭감되면서 찬반 양론이 무성하였다. 여러 차례 공청회에서 무상급식은 의무교육의 완성이자 보편적인 교육복지의 실현임을 강조하였다.

으로써 한참 자라나는 아이들이 건강하게 신체를 가꾸도록 하는 중요한 교육이 되고 있다. 또한 아이들에게 급식 시간은 학교생활 가운데 가장 기다려지는 행복한 시간이다. 급식 시간이 다가오는 4교시가 되면 조리실에서 풍겨 오는 음식 냄새에 수업 분위기가 흐려지기도 한다.

이처럼 중요하고 즐거운 학교 급식이 어떤 아이들에게는 때로 가슴에 상처가 되기도 한다. 가정 형편이 어려워 급식비를 제때 내지 못하거나 급식 지원을 받아 무료로 밥을 먹는 아이들에게 그렇다. 교육청에서는 해마다 저소득층인 기초생활 수급권자와 일부 차상위 계층 자녀들에게 급식비를 지원한다. 그런데 급식비 지원을 신청하는 과정에서 아이들은 부끄러움을 무릅쓰고라도 부모의 경제 능력을 까발려 보여야 한다. 다시 말해 한 달에 4~5만 원 정도 되는 급식비를 낼 수 없을 정도로 가난하다는 증명을 내보여야 한다. 어려운 집안 형편을 드러내 놓고 싶지 않은 부모나 예민한 아이들은 급식비 지원 신청을 하지 않고 급식비를 밀리기도 한다. 이러한 현실을 사려 깊게 들여다보면 급식 지원을 단순히 돈의 문제로만 판단해 저소득층 급식비 지원을 차별적으로 지원하는 것이 능사가 아님을 알 수 있다. 아이들에게 마음의 상처를 남겨 자신감을 위축시키거나 경제력으로 위화감이 생기지 않도록 세심한 교육적 배려가 필요한 것이다.

학교 급식을 단순히 밥 한 끼를 해결하는 것이 아닌 아이들의 몸과 마음을 온전하게 키우려는 교육 차원으로 바라본다면 경기도교육청의 무상급식 추진은 이 시기에 꼭 필요하고 적절한 사업이다. 그리고 진보교육감이 아니더라도 아이들의 차별 없는 교육과 복지에 관심 가진 행정가라면 누구라도 마땅히 추진해야 할 일이다. 거시적으로는 국민소득 2만 불 시대를 바라보는 나라에서 완전한 의무교육 실현과 평등한 교육복지를 구현하는 차원의 책무이기도 하다. 아울러 경제난으로 고통받고 있는 서민층 가정의 교육비 부담을 줄여 주는 데도 도움이 된다.

그런데 경기도의회 도의원들은 이번 도교육청 추경예산을 심의하는 과정에서 무상급식 예산 171억 원 전액을 삭감하면서 저소득층 자녀 급식 지원비 101억 원을 예비비에서 증액시켰다. 그러면서 학교급별로 단계적인 무상급식이 아닌 저소득층의 급식 지원 비율을 높이는 방식이 합당하다고 강변하였다. 그러나 이는 무상급식 예산을 삭감하는 데 따른 비난 여론을 피해 보려는 꼼수에 지나지 않는다. 저소득층 급식비 지원과 무상급식은 서로 충돌되는 사업이 아니라 동시에 추진해야 하는 사업이다. 무상급식은 저소득층 지원에 따른 부모의 재산 정도에 따른 구분과 위화감을 보완하고 해소하는 방편이기 때문이다. 결국 이번 경기도교육청이 추진하려던 무상급식 사업에 대한 도의회의 예산 삭감은 어떤 이유와 변명을 들이대도 진정성이 떨어진다. 그래서 많은 도민들이 새로 당선된 김상곤 교육감의 진보적인 교육 정책을 견제하기 위한 정략적인 발목잡기요, 다수 집단의 힘으로 교육감을 무릎 꿇리려는 속셈이라고 비난하는 것이다. 결국 의회기관의 보수적인 교육위원과 도의원들의 그릇된 정치적 잣대에 따라 아이들 모두를 차별 없이 점심 급식을 먹여 보려던 소박한 교육적 소망이 내동댕이쳐지게 된 것이다.

그러면 앞으로 경기도의 무상급식 사업은 예산이 전액 삭감되었기 때문에 끝장난 것인가? 결코 그렇지 않다. 오히려 이번 예산 삭감 과정에서 많은 도민들이 무상급식의 본질과 교육적 철학을 올바로 깨닫는 계기가 되었고, 무상급식이 경기도를 넘어서 전국적인 의제가 되었다. 따라서 다가오는 내년 지방선거와 교육감, 교육위원 선거에서는 무상급식 사업이 전국적인 쟁점이 될 뿐 아니라 대부분의 선거 공약에 반영될 가능성이 크게 높아졌다. 의식 있는 민주시민이라면 무상급식의 확대와 차별 없는 교육복지를 실현할 수 있도록 더욱 깊은 관심과 참여가 필요할 것이다. 그래서 미래의 꿈나무인 사랑스러운 아이들이 급식비를 못 내서 눈치 보지 않고 편안한 마음으로 점심을 먹도록 해야겠다.

2009. 8.

누구를 위한 교육 정책인가

자율과 다양화를 강조하는 이명박 당선인의 교육 공약 가운데 '자율형사립고 100개, 기숙형공립고 150개 설립'과 '특수목적고, 자율형사립고 설립 권한의 지방 이양'이 본격 논의되면서 특목고와 자사고가 대폭 늘어날 것으로 예상된다.

실제로 대통령직인수위가 교육부 보고에서 이러한 방침을 확인하자 각 시도 교육청은 그동안 교육부 규제에 따라 주춤하던 특목고 신설을 적극 추진할 움직임을 보이고 있다. 고양시도 관련 부서와 특별한 협의도 거치지 않은 채 식사 택지지구에 특목고나 자립형사립고를 유치하기로 건설업체와 이행각서를 서둘러 협약하는 등 논란을 일으켰다.

현재 전국의 특목고는 과학고 19개, 외국어고 29개이고, 자립형사립고가 6개로 모두 합하면 54개 학교이다. 경기도에만 9개의 외고와 2개의 과학고가 설립, 운영되고 있는데 지역 인재를 육성한다는 명분으로 일부 지방자치단체들이 앞을 다퉈 특목고 설립에 나서고 있다.

그러나 이러한 특목고와 자립형사립고는 특정한 재능을 가진 인재를 육성한다는 본래 취지와 달리 인기 대학 입시목적고로 전락됐다는 비판을 받고 있다. 또한 특목고 입학이 곧 인기 대학 진학으로 보장되는 통로로 연결되면서 초 · 중학생들의 사교육 열풍 진원지가 되고 있기도 하다.

실제로 교육부가 제출한 외고 졸업생의 대학 진학 실태 자료를 분석해 보면, '외국어 전문 인력 양성'이라는 설립 취지가 무색하다. 2007년도에 외국어고 출신 대학 진학자 5,440명의 25.8%인 1,403명만이 인문계, 어문계로 진학했을 뿐이기 때문이다. 정부기관인 교육개발원의 '특목고 정책의 적합성 연구' 보고서에서도 "특목고 입시가 중학교 과정을 넘어 출제되면서 특목고 지망자의 고액 사교육 비율은 초·중·고 모두 일반 학교 진학자에 비해 두 배 전후로 높았고, 중3 교실 붕괴 등 공교육의 위기를 불러일으키고 있다."고 지적했다.

이러한 사정은 이른바 귀족형 학교로 불리는 자립형사립고도 마찬가지다. 교육부가 2005년에 내놓은 '자사고 시범운영 평가 보고서'를 보면 재학생들의 68%가 사교육을 받고 있다. 이는 전국 평균치인 58.7%를 크게 웃도는 수치다. 학교 교육비도 만만치 않은데 대표적인 자사고인 민족사관고의 경우 등록금 290만 5,200원과 기숙사비, 특기적성활동 교육비 등 수익자 부담 경비 1,331만 3,375원을 합치면 한 해에 학교에 내야 할 돈만 1,621만여 원이나 된다고 한다.

경제적 부담을 무릅쓰고 학부모들이 자녀의 사교육에 치중하는 것은 단순히 학교 교육에 만족하지 못하거나 뒤떨어지는 과목을 보충시키기 위해서가 아니다. 자녀들이 치열한 입시 경쟁에서 앞서 가기를 바라기 때문이라서 입시 명문고로 인식되고 있는 특목고나 자사고 확대 정책은 결국 사교육비를 폭발적으로 증가시킬 게 불 보듯 뻔하다. 또한 이는 필연적으로 중학교는 물론 초등학교까지 입시 경쟁 교육으로 치달아 공교육이 더욱 황폐해질 것이다.

공교육의 생명은 모든 사람에게 공공성과 교육 기회 균등을 보장하는 데 있다. 부모의 경제력이 자녀 학벌로 이어질 수밖에 없는 현실 속에서 공교육 전반을 개선하지 않고 일부 특수한 계층이 진학하는 학교만 육성하는 정책은 교육으로 빈익빈 부익부를 심화시킬 것이다. 도리어 계층 간에 격차를 더 벌려 지금보다 훨씬 큰 사회 갈등을 불러일으킬 수 있다. 정부와 시도 교육청이 특목고 확대 정책에 앞서 나가지 말아야 하는 까닭이 여기에 있다.

2008. 1.

교육감 선거에 관심과 참여를

사람들이 한창 휴가 챙기기에 바쁠 때인 7월 30일, 교육계에서는 매우 크고 중요한 일이 치러졌다. 바로 서울 시민들이 우리나라 수도 교육을 이끌어 갈 서울시교육감을 선출하는 날이었기 때문이다. 서울시 교육 정책은 우리 교육 전반의 흐름에 미치는 영향이 커서 이번 선거는 서울 지역을 넘어서 전국의 관심사로 눈길을 모았다.

서울 교육감 선거가 언론에 보도되고 화제에 오르면서 우리 경기도 주민들이 가끔 이런 물음을 해 왔다.

“경기도교육감은 선거 안 하나요? 언제 선출합니까? 직선이라는데 주민 전체가 투표를 하나요?”

이런 기초적인 질문을 많이 하는 걸로 보아 그만큼 교육감 선출 방식에 대한 이해와 홍보가 안 되어 있다는 증거일 것이다.

오늘날의 직선제가 되기까지 교육감 선출 방식은 몇 차례 변화 과정을 거쳤다. 1991년 3월 1일 제정 · 공포된 ‘지방교육자치에 관한 법률’에 따라 교육감을 교육위원들이 선출하다가 한때는 학교운영위원장들이 선거인단으로 참여하여 선출하던 시기가 있었다. 국민의 정부 들어서 2000년부터는 학교운영위원 전체가 선거를 하였는데, 지금의 경기도나 서울의 교육감이 바로 학교운영위원들 손에 당선되어 4년 임기의 후반기를 맞게 된 경우이다.

교육감 주민직선제는 국회가 2006년 12월 20일 제정 · 공포한 교육자치법률 개정에 따라 치르는 것이다. 그동안 학교운영위원들이 간접선거를 하면서 일어난 현직 교육감들의 사전 선거운동 시비, 학연에 따른 교단 분열, 선거 비리 및 부정, 주민 대표성 논란 등이 개정 이유였다. 당시 법률 개정 과정에서 시도 교육위원 역시 주민직선으로 변경되었고, 시도 의회의 상임위원회로 흡수, 통합하는 제도 개편이 함께 이루어졌다. 결과적으로 교육위원회의 기능은 오히려 축소되고, 교육감은 독점적인 집행 권한을 그대로 둔 채 직선에 따른 주민 대표성이 이전보다 강화되기에 이르렀다.

이 법률 개정안에서 교육감과 교육의원 선거 시기는 2010년 지방선거와 동시 선거로 선출하도록 규정하였다. 이러한 배경에는 선거를 따로 치를 경우 예상되는 낮은 투표율과 선거 비용의 과다를 고려한 측면이 있다. 한편 교육계에서는 차후 정치권이 정당공천제와 시도 자치단체장 러닝메이트제를 도입하려는 의도가 아닌지 경계를 늦추지 않고 있다. 이처럼 복합적인 배경 속에서 법률에 따라 이번에 새로 선출된 교육감은 한시적으로 그 임기를 2010년까지만 수행하게 된다. 그래서 7월 30일 선출되는 서울시교육감도 약 1년 10개월가량 교육감으로서 지위를 갖게 된다.

그럼 경기도교육감은 언제 선출을 하게 되는 걸까? 현 경기도교육감은 4년 임기를 내년인 2009년 5월 5일에 마치게 된다. 따라서 현행 개정 법률안대로 선거 일정이 진행된다면 경기도교육감 선거는 2009년 4월 8일경 도민 직접 선거로 실시된다. 문제는 수십억 원에 이르는 막대한 선거 비용에 비해 주민들의 무관심과 턱없이 낮은 투표율이다. 현재까지 단독으로 교육감 선거를 치른 부산의 투표율은 15.6%, 충남도교육감 선거는 단독 출마에다 투표율을 높인다며 최고 2억 원의 포상금을 내걸었는데도 투표율은 겨우 17.2%에 불과했다. 교육감 선거의 의미나 교육감의 막강한 권한을 제대로 인식하지 못하고 있는 현실을 낮은 투표율이 보여 주고 있는 것이다.

교육감은 흔히 교육 대통령이라 불릴 정도로 인사, 예산, 정책 등 교육 행정에 관한 권한이 막강하다. 시도 교육청의 최종 집행권자로서 지역의 초 · 중 · 고 교육 정책에 관해 거의 모든 결정권을 지닌 자리이다. 우리 아이들의 희망찬 미래와 행복한 삶을 위해 교육감 선거에 관심과 참여가 절실하고 또 절실하다.

2008. 7.

교육상임위원장은
교육 전문가인 교육의원에게

우리 경기도교육의원 7명 전원은 지난 14일부터 비상행동에 돌입하였다. 이미 언론매체를 통해 알려졌듯이 "교육위원장을 교육 전문가인 교육의원에게" 맡길 것을 요구하며 교육위원회 사무실에서 밤샘 농성을 진행하였다. 그러나 이에 아랑곳하지 않고 경기도의회 다수당인 민주당과 한나라당은 교육의원들과 별다른 협의도 없이 양당 간의 나눠 먹기 식으로 상임위원장 선출을 강행하여 민주당 소속 일반 도의원에게 교육상임위원장을 맡기기에 이르렀다.

지난 6월 2일 지방선거에서 우리 교육의원들은 어떤 선거보다 참으로 어렵고 힘든 선거를 치렀다. 무려 국회의원 선거구 8인 내외를 뽑는 광역단위 선거구에 100만이 넘는 유권자들을 상대로 선거운동을 벌여왔다. 그 과정에서 과거와 달리 주민들의 교육적 요구를 가장 중립적인 위치에서 실천할 일꾼으로 선택받아 교육의회기관 대표로 당당하게 도의회에 입성하였다. 이제 교육의원들은 도의회로 일원화된 교육위원회가 비록 교육 자치를 온전하게 수행하지 못하더라도 교육 전문가인 교육의원들의 전문성과 정당 정치인인 도의원들의 정치력을 잘 융합하여 신뢰받는 경기 교육을 만들어 보겠다는 의욕에 불탔다.

...교육위원장을 교육 전문가 출신의 교육의원이 아닌 정당의 도의원들이 줄곧 차지하였다. 교육의원들이 기자회견을 열어 항의하고 교육위원장을 민주적으로 선출할 것을 요구하였다.

그러나 이러한 벅찬 기대는 현실 정치인들의 당리당략 앞에서 한낱 순진한 무지갯빛 환상으로 전락하고 만다는 것을 깨닫는 데 그다지 오랜 시간이 걸리지 않았다. 경기도의회가 개원되자 민주당과 한나라당은 의장단과 상임위원장 자리를 놓고 그들만의 주고받기 식 협상을 진행하였다. 더욱이 의장단 선출 과정에서 아무런 의견도 개진하지 못했던 교육의원들은 의회 운영의 중심인 상임위원장단 구성 논의에서도 철저히 배제되었다. 적어도 교육상임위원장만큼은 교육 전문가인 교육의원들 몫으로 남겨 두겠지 하는 실낱같은 바람조차도 정당의 자리다툼 앞에 재물이 되어 다수당의 차지가 되어 버렸다. 이는 헌법에 보장된 교육의 자주성, 전문성, 정치적 중립성을 교육의원 제도를 통해 지키려는 지방교육자치법의 정신과 직선을 통해 이를 확인한 도민들의 의사를 짓뭉개는 민주주의에 대한 심각한 도발이다. 기형적인 광역단위 선거까지 치르면서 교육위원회와 도의회의 교육자치 통합으로 거두려던 효율적인 의회 운영의 싹을 짓밟는 반의회적인 행위이다.

우리 교육의원들은 교육위원장을 감투나 명예욕으로 차지하려는 것이 아니다. 나라의 미래인 교육 문제만큼은 비정당인이자 교육계 출신인 교육의원들이 상임위원장을 맡아 정당의 이해관계에 휘둘리지 않고 교육 본질적 관점에서 다루어야 한다는 대의와 원칙 때문이다. 또한 의회 상임위원회의 대표라 할 수 있는 상임위원장단 논의 구조에 교육계를 대변하는 교육의원들이 소외되지 않고 참여하려는 것이다. 이처럼 명분 있는 요구는 이미 상임위원장 선거를 치른 8개 시도 의회에서 교육상임위원장을 교육의원들이 맡게 됨으로써 증명되지 않았는가?

경기도의회를 책임 있게 이끌어 가야 할 다수당인 민주당은 6월 2일 지방선거에서 보여 준 도민들의 참뜻을 다시 한 번 새겨 보기 바란다. 도민들은 지난 시기 다수당이 저지른 오만과 독선으로 의회를 운영하지 말라고 표를 통해 심판한 것이다. 정당의 정략적 이해보다는 의원들의 전문성을 바탕으로 책임 있는 의정 활동을 구현해 줄 것을 선거를 통해 요구하였다. 따라서 6 · 2 지방선거에서 드러난 민심을 겸허하게 받아들인다면 상식과 원칙, 배려의 정신으로 교육의원들에게 교육상임위원장을 맡겨 주는 것이 순리이자 상식이다. 또한 그것이 소통하는 의회, 소수의 의견을 존중하는 의회를 구호가 아닌 실천으로 보여 주는 것이다.

지금이라도 경기도의회 의장과 다수당인 민주당 대표는 정당만의 밀실 합의에 따른 교육위원장 선출 강행에 대해 진실되게 사과하고 도의원 출신 교육위원장 선임을 원점에서 재검토하기 바란다. 그 길이 교육위원회가 파국으로 가는 것을 막는 최선의 선택이요, 교육의 자주성, 전문성, 정치적 중립성을 지켜 가길 바라는 도민들의 뜻을 따르는 참된 의회의 모습이다.

2010. 7.

학교폭력만 기록하는 비교육적 이중 처벌

사랑과 인정으로 꽃피어야 할 학교가 폭력으로 신음하는 현실에 우리 사회는 깊은 시름에 빠져 있습니다. 더욱이 교육 당국이 각종 대책을 쏟아 내는데도 학교폭력 문제는 수그러들지 않고 피해 학생이 목숨까지 버리는 안타까운 상황이 일어나고 있어 국민들의 불안감이 커지고 있습니다.

학교폭력은 학생들만의 문제가 아닙니다. 학교를 둘러싼 우리 사회의 비인간적인 경쟁이 빚어낸 구조악이자 인성 교육이 제대로 이루어지지 못한 데서 일어난 문제입니다. 이처럼 복합된 상황에서 학교폭력의 믿음직한 해결 방안을 내놓아야 할 교육과학기술부와 교육청이 최근 학교생활기록부 기재 방침을 두고 갈등을 일으키는 처사에 대해 깊은 우려와 통탄을 금치 못합니다. 더욱이 교과부는 학교폭력 처분 결과를 학교생활기록부에 기재하라는 지시 방침을 보류한 경기도교육청과 해당 학교에 대해 특별감사라는 무기를 빼 들고 겁박을 줌으로써 사태를 되돌리기 어려운 상황으로 몰아가고 있습니다.

이번 사태의 일차적 책임은 졸속적인 대책을 성급하게 밀어붙인 교과부에 있습니다. 교과부의 지시는 학교폭력 가해 학생에 대한 처분 결과를 학교 졸업 후 5년 동안이나 학교생활기록부에 기재함으로써 입시와 취업에 일정한 불이익을 주겠다는 방식입니다. 이는 이미 국가인권위에서 밝혔듯이 인권 침해 소지가 명백할 뿐 아니라 폭력배의 낙인을 찍는 비교육적인 이중 처벌입니다. 따라서 학교폭력의 근본 원인을 찾아 해결하는 대책으로서는 부적합할 뿐만 아니라 학생들의 잘못을 바로잡아 끊임없이 새로운 인격체로 성숙시켜야 할 학교기관으로서는 받아들이기 어려운 조처임은 두말할 것 없습니다. 그런데도 단기간의 가시적인 억제 효과에만 골몰하여 충분한 교육적 고려와 의견 수렴 과정도 없이 획일적인 정책을 지시한 것은 책임 있는 교육 당국의 자세라고 보기 어렵습니다. 교과부는 일선 학교의 불안감과 수능을 앞둔 학생들의 혼란을 조금이라도 이해한다면 지금이라도 학교폭력 기재 방침을 철회하거나 보류해야 합니다.

교과부가 지난달 28일부터 보름여에 걸쳐 학교폭력 학생부 기재 방침을 보류한 경기도교육청과 해당 학교에 대해 특별감사를 실시하는 것은 매우 볼썽사나운 처사입니다. 공공기관 간의 정책에 대한 견해 차이가 생기면 서로 조정하고 협의하는 것이 민주사회의 합리적인 절차이자 방법일 것입니다. 아직까지도 권위주의 시대의 일방 지시 행정으로 지방교육자치단체와 학교를 지배하려 들고, 이를 거부하면 억압적인 감사 조처로 무릎을 꿇리려 하고 있으니 시대착오적인 행태로밖에 여겨지지 않습니다. 이는 법률에 보장된 지방교육자치권에 대한 명백한 침해이고 자신들의 지시를 거부한 교육청을 보복하기 위해 감사행정을 이용한 처사로서 국민들의 지탄을 받을 것입니다. 교과부는 명분 없는 특별감사를 그만두고 오히려 시도 교육청 및 교육 전문가들과 공개적인 토론과 협의를 진행하는 것이 이 나라 교육 행정의 최고기관으로서 권위와 신뢰를 살리는 길임을 직시해야 할 것입니다.

덧붙여 경기 교육을 책임지고 이끌어 가야 할 경기도교육청도 이번 사태를 엄중하게 받아들여야 합니다. 학교폭력 기재 방침을 보류하고 교과부의 방침을 비판한다고 해서 결코 그 책임에서 자유로울 수 없음을 똑똑히 알아야 합니다. 도민과 학부모들은 교과부의 지시를 거부하였기에 더욱더 경기도교육청의 학교폭력 해결 방안과 대책에 대해 깊은 관심을 갖고 있음을 잊지 말아야 합니다. 이번 기회에 경기도교육청은 학교폭력의 근본 원인을 찾아 예방하고 해결할 수 있는 대안과 학교폭력 가해 · 피해 학생에 대한 치유 대책을 확실하게 제시하여 평화로운 학교공동체를 만들어야 할 것입니다.

2012. 9.

특성화고 취업 희망자 특별전형 확대해야

경기도교육청이 혁신교육을 적극 추진하면서 교육계의 변화에 상당한 기대를 모으고 있습니다. 하지만 상대적으로 소홀해지거나 축소되는 사업도 적지 않습니다. 그 가운데 대표되는 한 가지가 특성화고의 지원에 대한 비중과 관심이 낮아지고 있다는 사실입니다. 올해 본예산만 해도 특성화고 실험실습비와 실습기자재 확충 예산 36억 원 정도가 감액 편성되어 교육위 심의에서 논란이 된 적이 있습니다. 이런 상황에서도 최근 들어 특성화고가 학생들이 선호하는 학교로 탈바꿈하고 있는 현상은 매우 주목해야 할 만한 일입니다.

특성화고는 흔히 알고 있는 과거의 실업계 학교로 최근에는 전문계고, 직업계고로 일컫다가 시대적 요구와 기업의 필요에 따라 특정 기술 영역을 집중적으로 지도해서 취업 인력을 배출하는 고등학교입니다. 이전에는 우리 사회 전반에 대학 진학 열풍이 불어 한때는 마치 성적이 낮은 학생들이 진학하는 비선호 학교처럼 취급되기도 하였습니다. 그러나 최근 들어 특성화고의 인기가 상당히 높아졌습니다. 특성화를 졸업하고 규모 있는 기업과 회사에 취업하는 학생들이 늘어남에 따라 중학교 졸업생들의 입학 경쟁이 치열해져서 2013년도 신입생 도내

110개 특성화고 평균 경쟁률은 1.22 대 1로 지난해보다 높아졌습니다.

하지만 특성화고 진학을 선호하는 현상이 생기면서 상대적으로 인문계고에 또 다른 침체 현상과 부작용이 생겨나고 있습니다. 그것은 학업 성적이 낮아 특성화고 입시에서도 떨어지는 학생들이 대학 진학을 목표로 하는 인문계 고교에 진학한다는 것입니다. 학문에 뜻이 없어 공부보다는 기능이나 기술을 익혀 사회에 진출해야 할 학생들이 특성화고를 가지 못해 3년 동안 인문계고 교실에 앉아 있으니 얼마나 고통스러운 일입니까?

이 같은 고교 운영체계의 문제점을 바로잡기 위해서 현행 인문계고와 똑같이 내신성적으로만 신입생을 선발하는 특성화고 전형제도를 바꾸어야 합니다. 학과 성적보다는 취업을 원하거나 기능을 배우고 싶어 하는 학생들이 진학할 수 있는 비율을 대폭 확대해야 합니다. 다행히 지난 8월 경기도교육청이 내년부터 이런 의견을 받아들여 도내 68개 특성화고교 가운데 40개교에서 진로적성(취업 희망자) 특별전형을 시행한다고 밝혔습니다. 취업 희망자 특별전형은 학생의 소질과 적성에 맞는 진로 선택의 풍토를 조성하고, 취업 희망 학생 우선 선발로 특성화고의 직업교육기관 정체성을 확립하기 위해 정부 차원에서 도입된 제도입니다. 이에 따라 특별전형 응시자는 취업 희망서 등을 제출해야 하며 일반전형 지원자와 달리 중학교 내신성적이 20% 이내에서만 반영됨으로써 성적 중심의 선발 방식이 개선되는 것입니다.

특성화고의 성공 여부는 학생들의 취업 기회 확대에 달려 있습니다. 그래서 특성화고 졸업생들의 공공기관 인력 채용을 늘려 가는 방안을 강구해야 합니다. 지금은 기술직 공무원들의 특별 채용을 일부 진행하고 있지만, 교육청이 앞장서 행정직까지 포함한 공무원들의 특별 채용 확대를 적극 추진해야 합니다. 더불어 지방자치단체, 각종 공단과 농협을 비롯한 공공기관에도 적극적인 취업 인원을 늘려 줄 것을 요청해야 할 것입니다.

교육청과 학교에서 취업을 확대하는 방안으로 공무원은 아니지만 점차 정규직화되는 교육실무직의 신규 인력으로 받아들이는 방안도 적극 고려해 보아야 합니다. 특성화고 학과에 교육실무직 업무 수행에 필요한 자격반 교육과정을 적극 개설하여 우수한 졸업생들이 학교 현장에 투입된다면 업무 능력도 높이고 취업 기회도 확대하는 일석이조의 효과를 거둘 수 있을 것입니다.

특성화고 졸업생들의 선취업 후진학 전략은 우리 교육이 안고 있는 대학 진학 만능주의 신화를 깨뜨리고 적성에 맞게 진로를 찾아가는 측면에서 중요한 사회적 의미가 있습니다. 이는 고등학교 완성 교육 체제의 새로운 블루오션 전략이 될 수 있습니다. 이런 점을 감안하여 앞으로 특성화고 교육과 운영에 더욱 깊은 관심과 혁신적인 지원책을 적극 강구하여야 할 것입니다.

2013. 9.

3

싱그러운 아침 같은
교육 희망을 꽃피워

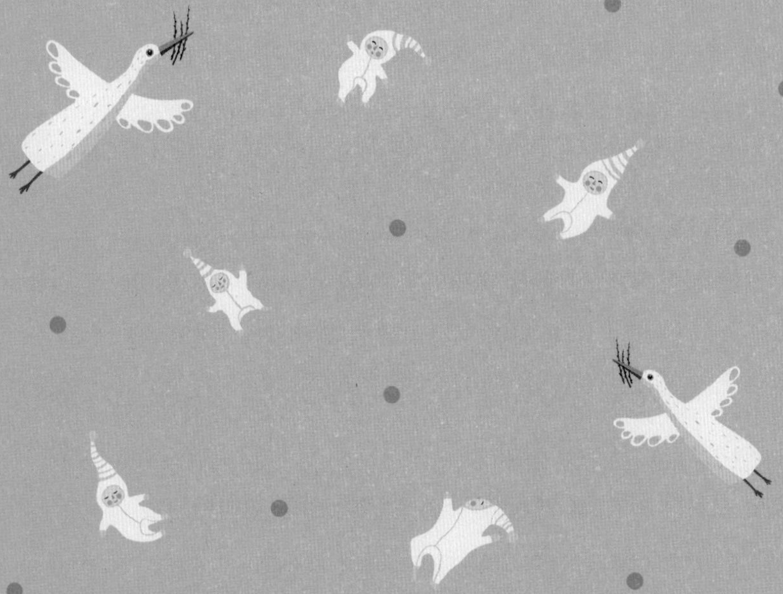

산이 좋으면 산을 지켜라

나는 산을 좋아한다. 푸르른 나무들이 마음을 평화롭게 해 준다. 숲에서 이는 바람이 가슴을 맑게 해 준다. 철마다 피는 꽃들을 만나는 재미도 쏠쏠하다. 그래서 틈이 나면 산에 자주 간다. 평소에는 가까운 정발산이나 고봉산을 오르고 주말에는 심학산과 북한산을 찾는다.

산에 갈 때마다 산에게 빚지는 느낌을 갖곤 한다. 산에 올라 제 맛보고 가져갈 건 다 하면서 산에게 무엇을 해 주고 있는지 돌이키면 그렇다. 나뿐만 아니라 산을 좋아하는 사람들 대부분이 산에게 같은 심정을 가질 게다. 그래서 산을 좋아하면 산을 있는 그대로 잘 지켜야 한다. 요즈음 산과 어우러져 함께 살면서 우러난 이야기이다.

북한산을 오르며

일요일이 되면 산에 갈 때가 많다. 아침에 집을 나서면 새로운 길을 찾아 떠나는 기분이다. 이번 일요일에도 북한산을 올랐다. '더오름 산악회'와 약속이 되면 함께 가기도 하지만 오늘처럼 혼자 갈 때가 많다. 혼자라서 처음엔 조금 쓸쓸하다. 하지만 그런 마음 곧 잊는다. 내 힘에 맞게 걷거나 쉬는 걸 마음대로 할 수 있어 외려 편하다.

북한산 들머리에 들어서니 겨울 찬 공기가 코끝에 싸하게 닿는다. 그래도 햇볕이 따사롭게 내리쬐어 산을 오르기에 좋은 날이다. 산줄기에 이르니 언제 내렸는지 하얀 눈들이 희끗희끗 쌓여 있다. 계곡의 얼음장 아래로 잘잘잘 흐르는 물소리가 반갑다. 멀찍이서 까마귀 한 녀석이 까옥까옥 우짖는데 듣기 싫지 않다. 경국정사에서 통통통 목탁 소리가 들려온다. 산사 앞에 현수막 글씨가 큼직하게 한눈에 다가온다.

'날마다 좋은 날 되소서.'

그 여름내 푸른 잎사귀를 팔랑대던 나무들은 모두 옷을 벗어 던졌다. 신갈나무, 졸참나무, 굴참나무, 갈참나무, 떡갈나무 같은 참나무 식구들은 잎사귀를 다 떨궈서 누가 누군지 구별하기 어렵다. 층층나무, 단풍나무, 함박꽃나무도 가지만 앙상하다. 소나무들만 산허리를 푸르게 두르고 있다. 지난봄에 산길 언저리에서 피어나던 봄맞이꽃, 양지꽃, 노랑제비꽃들은 모두 어디로 간 것일까? 풀숲 사이에서 수줍게 웃음 짓던 족도리꽃도 그리워진다.

오늘도 어김없이 산길에는 나이 지긋한 부부들이 자주 눈에 띈다. 나이 든 부부들을 만나면 복스러워 보인다. 세상일 접고 주름진 세월을 이야기하며 함께 등산하는 모습이 얼마나 정겹고 따뜻한가. 가끔씩 젊은 부부들도 앞으로 지나간다. 함께 데려온 아이들이 깡총댄다. 산에서 만나는 아이들은 얼굴에 생기가 돌고 믿음직스럽다. 마치 이 산자락에 푸르게 자라나는 아기나무 같다.

어느덧 백운대 정상에 올랐다. 아내가 떠오른다. 지금쯤 아내는 교회에 가 있을 게다. 아침에 나올 때 교회에 같이 가기를 바라는 눈치였다. 그래도 자기 뜻을 드러내지 않고 산에 가는 나를 지켜본 사람! 아내는 가정의 평화와 건강한 삶을 위해 기도하겠지. 나도 산 위에 서서 두 손을 모은다.

“세상 사람들이여! 나무, 풀, 새, 풀벌레, 산짐승, 달빛, 비바람, 눈보라를 가리지 않고 모두 품에 안은 산처럼 늘 건강하소서.”

고양시의 허파 고봉산 지키기

초겨울 햇살이 따스하게 내리는 일요일 한낮에는 고봉산에 올랐다. 오늘은 ‘고봉산 장승제’가 있는 날이다. 앞머리 ‘고’ 자를 따서 지명에 붙일 만큼 고양시 명산인 고봉산의 품은 언제 찾아도 넓고 포근하다. 그런데 얼마 전부터 고양시 아파트 밀집 지역의 허파이자 시민들의 건강한 쉼터인 고봉산이 수난을 당하고 있다. 택지개발업체가 고봉산의 가슴팍을 파헤쳐 아파트를 지으려고 개발 사업을 진행하고 있기 때문이다.

고봉산의 아름다운 자연을 지키려는 지역 주민들과 시민단체들은 분별없는 개발을 막기 위해 온갖 노력을 기울여 왔다. 고봉산 택지개발 반대 서명 운동, 고봉산 땅 한 뼘 사기 운동, 고봉산 살리기 음악제, 촛불 집회, 천막농성 등 갖가지 방법으로 맞섰다. 사람들이 이처럼 눈물겹게 선한 싸움을 벌이고 있는데도 업체는 산 뒤편에서 밤을 틈타 길 닦기 작업을 밀어붙였다. 하룻밤 사이에 수십 년 된 소나무, 참나무, 팽나무들이 둥치째 밑둥이 잘려 나가고 산 발꿈치는 여기저기 파이고 깎였다.

고봉산을 사랑하는 시민들은 더 이상 산자락이 마구 파헤쳐지고 나무들이 몸뚱이째 잘려 나가는 사태를 그대로 둘 수 없어 산자락에 모여들었다. 그 마당이 오늘 열리는 ‘고봉산 장승제’이다. 바람이 제법 쌀쌀한데도 고봉산 지키기 운동에 나선 시민들과 지역 시민단체 일꾼들이 나무가 베여 나간 자리에 가득 채워 섰다.

먼저 풍물패가 길놀이로 판을 열었다. 징소리와 북소리가 둥둥 산을 울린다. 파헤쳐진 산자락 곳곳에 개발의 잡신을 몰아내고 살림의 기운을 불러일으킨다. 힘찬 날라리 소리가 높다란 산을 오른다. 풍물소리가 자연과 생태계를 지키겠다는 다짐으로 가슴을 부풀게 한다.

풍물소리가 한껏 높아질 즈음 사람들이 산을 파헤치러 들어오는 길목에 장승을 세우고 흙을 덮었다. 세 개의 장승이 잘려 나간 나무들의 생명을 위로하고, 눈을 부릅뜨고 서서 숲을 지켜보는 것 같아 믿음직스러웠다. 이런 자리에 노래가 빠질 수 있으랴. 장승제를 지낸 뒤 모두 어깨를 걸고 입을 모아 '아침이슬'과 '사랑으로'를 불렀다. 우리 생명의 원천이자, 보금자리인 자연을 지키려는 울림이 고봉산 산자락을 타고 멀리멀리 퍼져 나간다.

2003. 12.

표현의 즐거움과 감상의 기쁨을

우리 교육의 문제점으로 누구나 입시 경쟁의 병폐를 꼽는다. 지금 대학 입시 중심의 교육은 초·중등 교육을 그릇되게 종속시켜 시험 점수를 따기 위한 수단으로 굴러 떨어뜨리고 있다. 더구나 아이들의 심리를 마음껏 표현하고 다양한 감수성을 기르는 창조적 원천인 문화예술 교육도 근본이 망가져 걱정을 더해 준다.

교육의 모든 과정이 문화예술이라고 할 수도 있지만 우리 학교 교육에서는 그 구분이 뚜렷하게 나뉘어 있는 편이다. 우리의 예술 교육은 주로 교과교육 중심으로 하게 되는데 대표적인 교과가 미술, 음악 정도이겠다. 또 다른 교과에 편성된 연극이나 무용도 부분적으로 포함할 수 있겠지. 그래서 교과 교육의 상황을 살펴보는 게 문제에 접근하는 데 정확한 방식이라고 볼 수 있다.

먼저 우리 미술 교육의 실상은 어떤가? 미술 교육 분야는 여러 가지가 있지만 먼저 그림 그리기를 살펴보자. 아이들은 대체로 유아 교육 과정에서 그림을 많이 그리지만 그 근본을 이해하거나 과정을 즐기고 느끼는 교육이 아니다. 더욱이 예술 교육에서 중시하는 자신의 마음을 담는 것도 소홀히 다뤄진다. 틀에 박힌 모양과 선을 잘 그리고 만드는 평가 결과에 치우친다. 그래서 아이들 그림에 다양한 개성이 사라지고 자유로운 상상력이 엿보이지 않는다.

그나마 유아 시기에는 그림 그리기를 즐거워하지만 초등학교에 들어가 학년이 올라갈수록 아이들은 그림에 흥미와 자신감을 잃어 간다. 그림은 생활 속에서 떠나가고 미술 교과 시간이나 미술 학원에서 하는 걸로 치부된다. 그리고 차츰 미술 특기로 상급 학교에 진학할 특기생들과 교과 점수 때문에 수동적으로 그림을 그리는 아이들로 나뉜다. 아이들의 삶 속에서 그리기는 없는데 입시미술을 준비하는 아이들은 서양의 석고상을 죽자 살자 그려 대고 있기도 하다.

만들기는 차라리 옛 시절이 더 나았다. 의도적인 교육은 아닐지언정 아이들의 생활 속에서 자연스레 이뤄졌기 때문이다. 아이들은 때때로 흙장난을 하면서 진흙을 주물럭거려 이것저것을 만들며 놀았다. 또 동네 산에서 대나무를 쪼개 연을 만들고, 나무를 잘라 팽이도 깎고, 썰매를 만들기도 하였다. 그러나 이마저 요즘 아이들 세계에서 사라진 지 오래다. 그런 놀이를 할 기회도 없어졌을 뿐 만 아니라 흙은 옷이 더러워져서 못 만지게 하고, 칼은 위험해서 못 쓰게 한다. 그 대신 미술공부 시간에 책상에 앉아 찰흙을 주무르거나 색종이를 오리고 있다.

음악 교육도 그다지 다를 바 없다. 아이들의 노래인 동요는 아이들 생활 속에 없다. 그저 학교 음악 시간에나 부르는 게 동요일 뿐 아이들은 텔레비전 속의 대중가요에 푹 빠져 있다. 그래서 아이들 모임이나 행사에서는 동요를 부르면 시시해하고, 학교 운동회나 학예회에서도 대중가요를 배경음악으로 사용하는 건 지극히 당연한 일이 되어 버렸다.

아이들이 이렇게 일상에서 자기 노래를 잃어버리고 사는데도 사교육 기관에서 피아노나 악기 한 가지쯤 배우는 것은 필수 과정이다.

학교에서 가장 많이 다루고 일상생활에서 손쉽게 불 수 있는 리코더는 가볍게 취급된다. 그러고도 비싼 돈을 들여 학원에서 피아노를 두들기며 서양의 고전음악 음계를 반복하여 익힌다. 아이들은 음악 속에 살거나 즐기지 못하고 오직 음악 점수 따기와 기능 훈련에만 내몰리고 있는 것이다.

무용이나 연극은 학교에서 가르칠 만한 여건이나 환경도 안 되는데다 이를 체계적으로 지도할 전문성도 부족하다. 그래서 특정한 행사가 열리면 아이들끼리 고작 대중 예술인들의 국적 없는 댄스를 내보이거나 개그맨 흉내로 그칠 수밖에 없다.

이처럼 오직 점수 따기 입시 경쟁의 살벌한 싸움터에서 참된 문화예술 교육은 제자리를 찾을 수 없다. 진정한 문화예술 교육은 아이들의 심성을 아름답게 가꿔 주고 영혼을 성숙하게 한다. 표현의 즐거움과 감상의 기쁨을 일깨워 주는 창조적 동력이다. 그런 점에서 지난해부터 교육부와 문화부가 공동으로 시작한 '문화예술 교육 활성화 종합 계획'은 학교의 문화예술 교육에 새바람을 불러일으킬 적절하고 의미 있는 정책이라 할 수 있다. 지속적으로 학교와 지역사회 연계를 통해 사업이 알차게 진행되어 우리 학교 현장에 문화예술 교육이 활짝 꽃피길 기대한다.

2005. 8.

함께 사는 세상

1. 한 초등학생의 죽음 앞에서

며칠 전인 지난 16일, 인천의 한 어린 초등학생이 11층 아파트에서 뛰어내려 목숨을 끊었다. 아이는 학교 성적을 비관하여 목숨을 끊었다고 한다. 신문 한 귀퉁이에 난 기사를 보면서 한동안 가슴이 멎었다. 12살 꽃 같은 아이가 왜 채 피어 보지도 못하고 이렇게 스러진 것일까?

초등학생의 죽음은 이번에 처음 일어난 일이 아니다. 얼마 전에 대전의 한 어린이가 "물고기처럼 자유롭고 싶다."며 세상을 떠난 기억도 생생하다.

이 어린아이의 죽음을 두고 많은 언론들은 '자살'이라고 쓰고 있다. 겉으로 드러난 모습만 볼 때는 그럴지도 모른다. 어른들은 보도를 보면서 아이들이 목숨을 하찮게 여긴다고 혀를 끌끌 찬다. 또 한편에서는 요즘 아이들이 몸만 컸지 마음이 약하고, 인내심이 없어서 큰일이라고 걱정을 하기도 한다.

그러나 속내를 조금만 깊이 들여다보면 아이 스스로 목숨을 끊었다고 잘라 말할 수 없다. 우리 사회가 어린아이를 죽음으로 내몰았다는 게 맞다. 성적으로 아이들을 줄 세우고 골라내는 경쟁 교육이 빚어낸 타살이다. 따라서 우리는 이 어린아이의 죽음 앞에 깊은 책임을 가져야 한다. 우리 교육 구조에 대한 진지한 반성이 필요하다.

교육은 미래의 아이들이 행복하게 살아가기 위해 필요하다. 참된 교육이라면 아이들을 사람답게 기르고, 더불어 살아가는 지혜를 북돋워 준다. 그러나 살벌한 경쟁 교육은 우리 아이들을 불행에 빠뜨린다. 아이들의 영혼을 짓밟고 심지어는 죽음으로 내몰기까지 한다. 아이들을 살리는 교육을 할 것인가, 죽이는 교육을 할 것인가?

2. 어머니의 주검과 6개월을 지낸 중학생 이야기

이천의 한 중학생이 어머니 주검과 한 방에서 6개월을 지낸 이야기는 우리가 얼마나 차가운 세상에 살고 있는지 알려 준다. 이 중학생은 죽은 어머니의 추한 모습을 남들에게 보이기 싫었다면서 아무도 찾아 주지 않는 것이 편했다고 한다. 신문에 난 소식을 보면서 비정한 세상 앞에 머리를 조아리게 된다.

모두에게 충격을 던져 준 이번 사건에서 우리 사회에 존재하는 가족주의의 슬픈 단면을 본다. 이 사건이 알려지기 전까지 상황을 잠깐 돌이켜 보자. 아이의 어머니가 병환으로 돌아가 시신이 썩어 가고 있다. 아이는 그 뒤 무려 6개월 동안이나 학교를 가지 않았다. 그러니 장발에 때 묻은 옷을 입고 부랑아처럼 길거리를 돌아다녔을 것이다. 먹을 것이나 제대로 있었겠는가. 몸이 바짝 마르고 눈자위는 퀭하고 힘이 없었겠지.

그런데도 이 아이는 우리 사회의 관심 밖에 내던져 있었다. 아이 주변에 형제나 친척 하나 없기 때문이었다. 결국 가족이나 친척 피붙이가 없으면 누가 죽든 버려지든 상관없고 알려지지 않는 게 가족 중심

... 학부모들은 교육의 중요한 주체이자 동반자이다. 더불어 살아가는 공동체 사회를 위해 학부모들의 인식이 중요하다. 그래서 학부모들을 꾸준히 만나 의견을 듣고 강의도 하는 것이다. 2008년부터 운영해 온 교육포럼의 한 장면이다.

의 사회 모습이다.

아이를 발견한 학교 선생님을 두고도 말이 많다. 왜 6개월이 될 때까지 아이를 방치했느냐는 나무람이다. 하지만 확인해 본 바로는 아이의 학교 선생님은 누구보다 아이를 찾기 위해 노력하였다고 한다. 과연 우리 사회가 선생님에게만 모든 책임을 넘기고 홀가분할 수 있는가? 학교 선생이 찾지 않으면 이웃에서 사람이 죽어 가도 몰라야 하는지 되묻고 싶다.

사건을 지켜본 사람들은 요즈음의 냉정한 세태와 이웃에 대한 무관심을 꼬집기도 한다. 그러나 이웃의 인정에 의존하기에는 우리 사회가 이미 돌이킬 수 없을 정도로 공동체의 삶이 깨어졌다. 따라서 이제는 가족이 해체되거나 홀로 된 어린아이들은 사회의 안정된 보호 속에 성장할 수 있는 국가 복지 시스템이 작동되어야 하는 시점에 있다. 우리는 어린 중학생이 이 지경에 이르기까지 정부기관이 아무런 역할도 하지 못한 원인과 대책을 정확하게 따져 볼 일이다. 이제 어린 중학생은 어머니의 장례를 치르고 학교로 돌아왔다. 또 여러 곳에서 학생을 돕겠다는 손길도 밀려들고 있다. 하지만 이 아이처럼 우리 사회의 또 다른 곳에서 따돌림받고 떠도는 어린 영혼들은 없는가? 눈을 크게 뜨고 가슴을 활짝 열어야 하겠다. 모두가 함께 사는 세상이라야 앞날에 희망이 있다.

2003. 12.

슬픔 속에 꽃피는 희망

5월의 꽃 내음은 상큼하고 나무들의 푸른빛은 눈부시다. 봄바람에 살랑이는 푸르른 나무 잎사귀들을 보노라면 세상이 아름답기만 하다.

이 아름다운 계절을 시샘하듯 스승의 날을 앞두고 들려온 전 선생님의 병환 소식은 가슴을 저미게 한다. 전 선생님은 경기도의 작은 초등학교에 근무하고 있다. 그를 떠올리면 빙긋 웃는 얼굴이 겹쳐지듯 늘 밝고 낙천적으로 살아가던 사람이었다. 초임 발령 때부터 농촌 지역 학교에서만 재직하면서도 누구 못지않게 아이들을 따뜻하게 사랑하던 교사였다. 연구 활동도 게을리하지 않아서 창의성교육연구회 회장을 맡아 교실 수업 개선에도 힘을 쏟았다.

악한 구석이 없고 이웃을 도와주며 살아가는 사람들이 제 몸 상하는 걸 모르는 걸까? 갑자기 전 선생님이 난치병인 급성 골수염백혈병으로 병원에 입원하였다는 것이다. 급성 백혈병이 얼마나 무섭고 힘든 병인가는 몇 년 전 같은 병으로 돌아간 가까운 사람을 통해 익히 알던 터였다. 소식을 듣는 순간 맥이 쭉 풀리면서 하늘이 원망스러웠다.

전 선생님은 급성 백혈병 진단을 받은 뒤 무균실에서 항암 치료를 받으며 지내고 있다. 그의 생활 방편이자 보람인 교직까지 휴직한 채

머리가 한 움큼씩 뭉텅 빠지는 고통스러운 병상 생활을 견디며 삶의 의지를 불태우고 있다. 그러나 1년이 넘는 기약 없는 치료 기간에다가 억대에 가까운 치료비가 필요하다고 한다. 또 골수이식을 받아야 하는데 가족들은 검사를 해 봐도 적합한 사람이 없어 애간장만 태우고 있다. 꽃 같은 쌍둥이 두 딸은 아버지가 하루빨리 집으로 돌아오게 해 달라고 날마다 눈물로 기도한단다.

하지만 희망이란 절망 속에서 솟아나고 황폐하기에 나무를 심는다고 하지 않았던가? 전 선생님을 사랑하는 주위 사람들은 비통하고 절망적인 상황 속에 던져진 그를 홀로 내버려 두지 않았다. 지금은 모두 일선 초등학교의 중견 교사로 자리 잡은 그의 대학 동기들이 먼저 움직이기 시작했다. '백혈병 치료를 돕기 위한 교사 후원회'를 꾸려 성금을 모으고 혈액 기증 운동에 발 벗고 나섰다.

전 선생님 후원회 카페에는 동료 교사들의 후원과 혈액 기증을 하겠다는 소식이 줄줄이 이어졌다. 무엇보다 뭉클하게 가슴을 울리는 건 역시 제자들의 성원이다. 1억 원에 가까운 병원비를 대느라고 집을 내놓았다는 소식을 들은 꼬맹이 제자는 5,000원의 용돈을 털어 성금을 내겠다고 한다. 20년 전 제자가 혈액을 기증하겠다고 전화를 걸어오고, 오래전 시골학교에서 가르친 한 제자는 아기 아빠가 되어 병실로 찾아오기도 했다. 이런 모습에 감동받은 전북 장수의 한 교사는 "그가 앓아누워서도 동료 교사들에게 제자 사랑을 어떻게 해야 하는지 가르쳐 주고 있다."고 목메어 말한다.

전 선생님의 4학년 제자는 카페에 이렇게 편지를 썼다.

"저도 기억하지 못하는 저에 관한 것들을 일일이 기억해 주시는 우리 선생님! 제가 43번이었다는 것도, 김주성 머리를 하고 다녔다는 것도 모두 모두 기억하시는 선생님. 하고 싶은 말이 참 많습니다. 어서 일어나셔서 어린 제자의 재롱을 보아주시어요."

그 제자의 바람처럼 전 선생님이 힘들고 어려운 백혈병을 훌훌 털고 곧 교단으로 돌아오리라 믿는다. 우리 모두의 따뜻한 사랑과 정성, 소망스러운 기도가 그를 다시 일으켜 세우는 원동력이 될 것이기 때문이다.

2004. 9.

뻐꾸기와 뱁새의 가르침

아침에 배달된 신문을 펼쳐 보다가 1면 머리에 나온 사진 한 장이 눈길을 끌었다. 잿빛 줄무늬 빛깔의 큼지막한 새가 입을 쩍 벌려 자그마한 새에게 풀벌레를 받아먹는 사진이다. 덩치가 큰 새가 제 입속에 들어갈 만큼 작은 새에게 먹이를 받아먹는 모습이 궁금해졌다. 사진 아래에는 경기도 안산시 갈대습지공원 주변 숲에서 붙잡은 장면이라면서 이런 설명이 덧붙여 있다.

"붉은머리오목눈이(일명 '뱁새') 어미새가 자신보다 몸집이 훨씬 큰 뻐꾸기 새끼에게 먹이를 물어다 주고 있다. 남의 둥지에 알을 맡기는 습성이 있는 뻐꾸기는 붉은머리오목눈이 둥지에서 어미새 몰래 알을 한두 개 먹어 치우고, 자신의 알을 몰래 낳는다. 둥지에 있던 알보다 먼저 깬 뻐꾸기 새끼는 나머지 알을 모두 둥지 밖으로 밀어 떨어뜨리고 다 자랄 때까지 먹이를 독차지한다. 뻐꾸기 새끼가 부화한 지 18일가량 지나 둥지를 떠나도 붉은머리오목눈이 어미새는 쫓아다니며 먹이를 먹인다."

뻐꾸기라면 여름 한낮 애절한 울음소리로 숲 속의 정취를 자아내고 아련한 향수를 불러일으키던 새 아닌가. 그런데 사진 설명을 곱씹어 보니 뻐꾸기에게 정나미가 뚝 떨어진다. 뻐꾸기의 제 새끼만 생각하는 탐욕스러운 모성애가 밉살스럽기 짝이 없다. 어찌 제 새끼를 잘 키우겠다고 남의 새끼까지 먹어 치울 수 있단 말인가.

오직 제 새끼만 아는 어미 밑에서 태어난 어린 뻐꾸기도 그 이기심의 혈통을 그대로 이어받는다. 자기를 품어 준 대리어미인 붉은머리오목눈이의 보살핌 따윈 아랑곳없다. 오직 먹이를 독차지하기 위해 채 깃털도 나지 않은 몸으로 안간힘을 써서 둥지 안의 다른 알들을 밖으로 떨어뜨린다. 그리고 다른 어미새가 부지런히 날라 준 먹이를 먹으면서 살을 찌우고 날개의 힘을 기르며 커 간다. 남을 짓밟고 속이더라도 자신만 배부르면 된다는 심보이다.

'붉은머리오목눈이'는 이름이 너무 길으니 흔히 부르는 '뱁새'라고 해 두자. 뱁새 어미는 어떤가? 어찌 보면 무척 어리석고 바보스럽다. 뱁새 어미는 새끼를 키운다는 본능만으로 눈먼 사랑을 퍼붓지 않는가. 그 맹목적인 모성애가 결국 제 새끼를 죽이고 탐욕스러운 뻐꾸기 새끼의 뱃속만을 채우는데도 말이다.

이러한 뻐꾸기와 뱁새의 삶은 동물의 본능이라 치자. 그러나 이러한 새들의 세계가 새들만의 이야기로 그치는 걸까. 조금만 우리 사람들이 사는 세상으로 눈길을 돌려 생각해 보자. 세계에서 으뜸가는 우리 부모들의 치열한 입시 경쟁 교육열이 우리 아이들을 병들게 하고 있다. 오늘 우리는 뻐꾸기 같은 탐욕스러운 모성애로 수많은 뱁새의 아이들을 죽이고 있지는 않는가? 뱁새 같은 맹목적인 모성애로 무서운 뻐꾸기 자식들을 길러 내고 있지는 않는가? 뻐꾸기와 뱁새의 먹이 사슬을 보면서 깨우쳐야 한다.

2005. 7.

아이들에게 싱그러운 아침을 맛보게

이른 아침이면 알람으로 울리는 '합창 교향곡'에 눈을 뜬다. 별일이 없으면 자리를 털고 일어나 일산 호수공원으로 산책하러 나간다. 비록 인공이지만 집 가까이에 널따란 호수가 있는 것도 큰 복이다. 한 걸음 두 걸음 호수공원 길로 들어서는 마음은 상쾌하고 시원하다.

호수공원 들머리에는 어김없이 이른 아침부터 채소를 파는 할머니들이 있다. 채소를 늘어놓는 별다른 도구랄 것도 없다. 길바닥에 펴놓은 널빤지 몇 장이 그대로 장사판이다. 올망졸망한 바구니에는 토마토나 햇감자들이 올망졸망 담겨 손님을 기다린다. 가지도 몇 개씩, 파 몇 단, 상추나 깻잎, 푸성귀도 조금씩 놓여 있다. 얼굴이 검게 그을린 할머니들은 물건을 파는 짬짬이 쉬지 않고 손을 놀린다. 고구마순이나 콩껍데기를 벗기고 열무를 다듬는다. 이렇게 부지런히 살아가는 할머니들의 모습에서 힘을 얻는다.

호수 둘레길을 걷기 시작하면 자연이 낳고 기른 풀과 나무, 새들이 마음을 기쁘게 한다. 물가 가장자리에는 갈대들이 무성해서 바람이 일 때마다 사각사각 잎새를 부벼 댄다. 길쭉한 소시지 모양의 애기부들은 줄기만 껀정하게 서 있다. 그 곁에는 털부처꽃이 보랏빛 꽃들을 피워

...아이들이 건강하게 자라려면 지식 교육 못지않게 자연에 대한 생태 감수성을 키워 주어야 한다. 자연의 아름다움과 이치를 알게 하는 생명생태 교육이 지속 가능한 미래 사회를 위해 강화되어야 한다.

물속 식물들을 돋보이게 한다.

물 위에서는 잠자리들이 곡선을 그리며 날고 있다. 까치들은 제 목청껏 우짖어 잠든 귀를 깨운다. 약초섬 근처에서는 오리 식구들이 한가롭게 물질을 하고 몇 마리는 둔덕에 나와 몸을 말린다. 오리들은 처음에 찾아왔을 때와 달리 사람들을 그리 두려워하지 않고 이 호수에서 어우러져 산다.

호수길 중간쯤에 이르면 벚나무, 느티나무 숲 아래 잘잘한 풀꽃들이 반긴다. 봄날 군데군데 노랗게 피어난 민들레는 둥그런 솜털모자를 쓰고 홀씨를 퍼뜨린다. 밥풀뭉치 같은 토끼풀꽃과 쑥부쟁이, 나리꽃, 개망초들도 여기저기 피어 있다.

이렇듯 제철마다 제 빛깔로 살아가는 자연의 길 따라 걷다 보면 여러 사람들과 마주친다. 대부분 운동 삼아 걷는 사람들인데 나이 지긋한 어른들이 많다. 인생살이에서 무엇보다 건강이 소중함을 몸으로 깨달은 사람들이다. 30, 40대 전후의 아주머니들도 많이 만난다. 남정네들은 이 시간이면 일터에 나가고 있겠지.

어른들 사이에서 가뭄에 콩 나듯 가끔씩이나마 아이들을 만나면 참 반갑다. 호수공원에 나오는 아이들은 대부분 초등학교 5, 6학년이나 중학생 또래의 청소년들이다. 아이들은 두세 명씩 짝지어 이야기를 나누며 걷거나 어린아이들은 어머니 곁에서 발맞춰 걷는다. 덩치 좋은 몇 아이들은 헉헉대며 뜀박질을 한다. 인라인을 타고 휘휘 빠르게 곁을 지나는 아이들도 있다.

이른 아침 호수길에 나오는 이 아이들을 눈여겨보라. 아이들의 모습은 저마다 달라도 그 얼굴에는 모두 생기가 흐른다. 아침햇살 사이로 힘차게 휘두르는 팔다리는 얼마나 건강한가. 맑은 아침 기운을 마시니 마음도 한껏 밝아지겠지. 그래서 아침에 만나는 아이들은 나무처럼 믿음직스럽다. 꽃송이처럼 예쁘고 사랑스럽다.

0교시나 조기 등교도 없는 여름방학, 잠자는 아이들을 깨워 싱그러운 아침을 느끼고 맛보게 하자. 호수공원이 아니라도 마을 뒷동산이든 골목길이든 시장길이든 어디라도 좋다. 뜨는 아침 해를 바라보며 자연의 상큼한 숨결과 사람들의 활기찬 삶 속에서 하루를 시작하게 하자.

2005. 8.

4

경기도의회
의정 단상에서

- 5분 발언 모음 -

제2청사 명칭은 바꾸고 시도세전입금은 유지해야

경기도 제2교육청 명칭을 북부청사로 바꿔야

의원 여러분께서도 이미 알다시피 지난 4월 13일, 경기도 북부도의원협의회는 도2청사의 위상 강화를 위해 '경기도 북부청사'로 명칭 변경을 요구한 바 있습니다. 이에 대해 김문수 지사는 명칭 변경 문제를 적극 받아들여 도로 표지판 등의 정비 조치를 실시하고 머잖아 경기 북부청사로 공식 선포할 계획임을 밝혔습니다.

도2청과 비슷한 취지로 경기도교육청 제2청은 경기 북부지역의 상대적으로 열악한 교육 여건을 능동적으로 개선하고, 교육 행정 서비스를 원활하게 추진하고자 2005년 개청하여 6년째를 맞이하고 있습니다. 그런데 그 명칭에서 제2청이라는 서열주의 표기로 차순위 교육청이라는 인식이 팽배할 뿐 아니라, 수원에 있는 도교육청에 비해 상대적으로 권한이 적고 직원들이 선호하지 않아 매우 왜소한 지경에 있습니다. 그래서 북부지역 교육 가족과 공무원들은 수원의 도교육청을 본청이라 부르고, 의정부의 도교육청은 제2청이라 부르는 것에 매우 불만족스러워하고 있습니다.

김상곤 교육감께서는 이러한 도교육청 제2청사의 문제점을 누구보다 잘 알고 있으리라 생각합니다. 따라서 이번 경기도 제2청 명칭 변경에 발맞추어 도교육청 제2청도 북부청사로 조속하게 개칭해 줄 것을 요청합니다. 아울러 청사 명칭 변경을 하는 기회에 현재 기능적으로 중복된 업무를 조정, 분리하여 제2청의 지역적 특성을 반영한 독자적 행정 권한을 강화하는 방안도 적극 추진하여 줄 것을 부탁드립니다.

교육비특별회계의 시도세전입금 비율 5% 그대로 유지해야

현재 교육청의 교육비특별회계 세입은 중앙정부 및 지방자치단체에서 이전되는 의존 수입의 비율이 95.4%로서 의존도가 대단히 높아 이전 수입이 감소될 경우 경기 교육 재정 운영에 큰 어려움이 예상됩니다. 그런데 최근 국회에서 경기지역 한 국회의원이 시도가 교육청에 전입하는 교육비특별회계의 시도세전입금 부담 비율을 현행 5%에서 3.6%로 하향 조정하는 '지방교육재정교부금법' 개정안을 발의해 두고 있습니다. 여기에 경기도 정무부지사는 도의 가용재원의 축소를 이유로 국회 교과위원들을 찾아다니며 개정안을 조속히 처리해 줄 것을 요청한 바 있습니다.

그러나 이는 지방자치단체 간에 눈앞의 현실적인 이해관계에 매몰되어 백년대계인 교육에 대한 투자를 약화시키는 교각살우 같은 처사이기에 매우 우려스럽습니다. 교육비의 시도세전입금 비율을 3.6%로 낮추면 지방교육재정교부금 총액 규모가 640억 원 감소되며, 경기도교육청이 어느 시도보다 타격이 커서 무려 244억 원의 교육 재정이 줄어들게 됩니다. 이렇게 되면 지난해 192억 원에 이르던 경기도 교육 협력 사업마저 올해는 완전 삭감된 상태에서 향후 경기도교육청의 교육사업 운영은 막대한 차질을 빚을 것이 뻔한 노릇입니다.

김상곤 교육감과 경기도교육청은 이와 같이 교육 재정 악화 사태를 불러오는 법안 처리에 대해 분명하게 반대 의사를 표시하고, 정부에 근본적인 대책을 강력하게 주문해야 할 것입니다. 아울러 경기도는 중앙정부가 줄어드는 교육 재정에 대한 대책이나 보완적인 법률 조처를 마련하기도 전에 눈앞의 부담만 줄이려는 법안 처리 로비 행위를 중단해야 할 것입니다. 교육은 미래 세대 아이들에 대한 투자이자 나라의 운명을 결정짓는 중차대한 과업입니다. 세입이 적다고 해서 대책 없이 교육 투자를 줄여 재정을 늘려 보자는 것은 아랫돌 빼서 윗돌 괴는 어리석은 행위임을 잊지 말아야겠습니다.

2011. 5.

경기도의회

공립단설유치원 계획대로 예산 살려야

존경하는 의원 여러분! 계속된 행정사무 감사와 내년도 예산 심의에 노고가 많으셨습니다. 저는 이번 2011년도 경기도교육청 교육비특별회계 최종 의결에 앞서 공립유치원 설립 예산과 관련하여 의원님들의 현명한 판단과 올바른 결정을 위해 반드시 짚어야 할 내용이 있어서 의사진행 발언을 하고자 합니다.

여러 의원님들도 아시다시피 유치원 교육은 국가와 개인에게 가장 기초가 되는 교육으로 그 중대성은 새삼 강조하지 않아도 될 것 같습니다. 『내가 정말 알아야 할 모든 것은 유치원에서 배웠다』는 책 제목이 유아 교육의 중요성을 압축해서 일러 주는 명언입니다. 따라서 오늘날 유아 교육은 과거 일부 부유층 아이들이 수혜받던 선택 교육이 아니라 초등학교에 입학하기 전 모든 아이들이 필수적으로 거치는 의무교육 형태가 되었습니다. 그런데 유치원이 공교육화되어 있지 않아서 공사립 간에 수업료가 무려 10배 이상 차이가 나고 공립유치원의 시설과 교육과정 운영 시스템이 매우 좋아진 데 비해 정원이 적어서 공립유치원에 들어가기가 대학 입시보다 어렵다고 합니다.

특히 올해는 공립유치원 경쟁률이 대단해서 경기도내 공립단설유치원의 경우 부천, 성남, 광명 지역은 4 대 1을 넘어서는 등 입학 경쟁이 치열했다고 합니다. 이처럼 공립유치원 입학이 어렵다면 마땅히 공립병설유치원의 학급 수도 늘리고, 단설유치원 설립도 확대해야 마땅할 것입니다. 교과부도 현재 도시 지역의 공립유치원 원아 분담률이 12.9%에 불과한 점에 비추어 초등학교 신설시 병설유치원을 3학급 이상 편성하도록 권장하고 있을 뿐만 아니라 공립단설유치원 신설비를 보통교부금의 기준재정수요에 반영하여 유치원당 신설비를 30억 원씩 지원하고 있습니다. 그런데 유감스럽게도 교육의 공공성과 교육복지를 경기 교육 정책의 최우선 과제로 삼아 추진하고 있는 김상곤 교육감이 부임한 이래 경기도교육청의 공립유치원 설립 정책은 오히려 후퇴하고 있습니다.

현재 도내 공립단설유치원은 16개 시군 지역에 총 19개가 운영되고 있습니다. 참고로 이해를 돕고자 짧게 설명드리면 단설유치원은 유아학교처럼 단독 건물을 지어 초등학교와 분리하여 5학급 이상으로 운영하는데, 연령별로 학급이 편성되고 장애 유아를 위한 특수학급이 설치됩니다. 따라서 공립단설유치원은 그 시설이나 운영 방식이 만족스러워서 사립유치원의 교육비를 부담하기 어려운 저소득층 유아 학부모들에게는 매우 인기가 높습니다.

그러면 경기도교육청이 내년부터 계획하고 있는 단설유치원 연도별 설립 계획을 보겠습니다. 표에서 보시다시피 상당수 단설유치원이 아예 계획이 취소되거나 1, 2년씩 연기되어 있습니다. 물론 한두 곳은 부득이한 사유가 있습니다만 계획이 취소된 군포 둔대, 화성 송산 단설유치원 등은 교육 행정의 무계획성으로 일어난 문제인데도 다른 대안도 없이 취소해 버렸습니다. 설립 계획이 연기된 수원 광교, 용인 동백, 김포 지경, 소마, 남양주 별내 등 5개 단설유치원은 2011년도에 예산 확보가 어려워 연기한다는 어처구니없는 사유를 내세우고 있습니다. 내년도 도교육청 교육비특별회계 세입예산이 7,000억 원가량 늘어나 초등학생 무상급식도 앞당기고, 중학생 학교운영지원비를 폐지하여 학부모의 공교육비 부담을 줄여서 저소득층의 차별 없는 교육복지를 강화하는 마당입니다. 그런데 약 200억 원 정도 투입하면 5개 단설유치원 설립이 가능한 사업을 연기한다는 건 도무지 예산 편성 이치에 전혀 맞지 않는 억지 논리에 불과합니다.

이처럼 단설유치원이 취소되고 연기되는 상황에서 병설유치원이라도 교과부의 방침대로 3학급 이상 설치해야 마땅할 것입니다. 그런데 안타깝게도 수원의 광교, 호매실 택지지구 등 도시 지역 상당수 신설 학교의 병설유치원은 달랑 한 학급만 계획하여 예산에 반영하고 있습니다. 실제로 대비해 보면 고양, 김포, 남양주의 택지지역 신설 학교는 거의 3학급 이상 병설유치원을 계획하고 있는 반면에 수원, 안산, 시흥 지역은 오직 1학급만을 설치하고 있습니다.

교육복지 실현에 앞장서고 있는 김상곤 교육감님, 이처럼 뒤로 물러가는 공립유치원 설립 정책을 정확하게 보고받거나 알고 있습니까? 또 이러한 공립유치원 설립 연기와 축소의 뒷배경에 어떤 힘과 논리가 개입하고 있는지 파악하고 있는지요? 저는 경기도교육청 내년도 본예산 심의 과정에서 이러한 문제점을 확인하고 공립유치원 설립 계획을 재검토하여 추경예산에라도 정상대로 반영할 것을 강력하게 요구한 바 있습니다. 제가 아니라도 저소득층의 교육비 부담 현실과 유치원 교육의 현실을 조금이라도 아는 의원이라면 누구라도 저처럼 의견을 개진했을 것입니다.

그런데 엎친 데 덮친 격으로 오늘 제가 의사진행 발언을 하게 된 직접적인 동기이자 이유이기도 한 불행스러운 일이 우리 경기도의회 예결위에서 일어나리라곤 상상하지 못했습니다. 앞서 말씀드린 것처럼 공립단설유치원 예산이 확대되어도 시원찮을 마당에 의원 여러분 앞에 제출된 예산서에는 도의회 예결위 계수조정 과정에서 2011년도 예산에 편성되었던 파주 한가람초등학교 단설유치원 증축 예산 17억 원이 특별한 이유나 근거도 없이 뭉텅 잘려 있습니다.

한가람초는 본 위원이 관할하는 지역이라서 현지 사정을 매우 정확하고 자세하게 알고 있습니다. 이 지역은 파주 교하신도시 지역으로 새로 택지가 개발되어 유치원 원아 취학 요구가 많은데도 공사립유치원 시설이 현저하게 부족하여 원아의 47% 정도를 수용하고 있는 형편입니다. 더구나 한가람초 인근은 저소득층이 밀집된 임대 아파트 지구라서 사립유치원에 유아를 보낼 수 없는 가정 형편 탓에 올해 3학급의 한가람초 병설유치원은 무려 2.7:1의 치열한 경쟁률을 보였던 곳입니다. 따라서 단설유치원 설립을 요구하는 민원이 강렬하여 현재의 공간에 증축을 하여 2012년도에 단설유치원을 설립하려 계획했던 것입니다.

그런데 무슨 이유로 이 예산을 삭감했는지 저는 도무지 이해가 되지 않습니다. 더구나 예산 심의 과정에서 이에 대한 문제 제기나 집행부에게 아무런 설명도 요구하지 않은 채 예결소위에서 은밀하게 예산을 삭감한 배경과 저의가 무엇인지 밝혀야 한다고 생각합니다. 이 같은 부당한 예산 삭감은 지역 저소득층 유아 학부모들에게 협소한 공교육의 기회마저 박탈함으로써 그들의 가슴에 대못을 치는 것과 다를 바 없습니다.

존경하는 의원 여러분! 또 경기 교육의 혁신과 보편 복지 실현에 매진하는 김상곤 교육감님! 저는 단설유치원 설립 예산을 삭감한 2011년도 경기도교육비특별회계 예산에 찬성표를 던질 수가 없을 뿐만 아니라 지역 상황도 정확하게 파악하지 않고 예산을 칼질한 사태에 대해 공식적인 입장을 듣고 싶습니다. 아울러 김상곤 교육감께서는 다가오는 2011년 새해 추경예산에서는 공립유치원 설립 예산을 적극 반영할 것을 부탁드립니다. 단설유치원 설립을 연기하거나 취소한 계획을 원래대로 되돌려 예산을 추가 편성하고, 신설 공립병설유치원의 학급 수도 3학급 이상 확대하여 예산에 적극 반영해야 합니다. 그것이 맞벌이 저소득층 유아와 장애 유아들이 유아 공교육을 받을 수 있는 기회를 확대하는 지름길입니다. 경기 교육이 추구하는 평등한 교육복지의 실천을 구체적으로 드러내는 표상입니다.

2011. 12.

경기도의회

학교밖 청소년들을 지원하고 교권은 보호되어야

5월 가정의 달을 맞아 우리는 미래를 짊어지고 나갈 희망의 주인공인 어린이, 그리고 청소년들에게 거는 기대와 소망이 매우 큽니다. 하지만 오늘 저는 우리의 기대주인 사랑하는 청소년들이 안타깝게도 꿈을 내팽개친 채 어두운 뒤안길에서 헤매고 있는 현실을 이야기하고자 합니다.

김문수 도지사님, 먼저 경기도내 학업 중단 청소년이 어느 정도 인원인지 알고 계십니까? 사실 어느 기관도 정확한 통계를 갖고 있지 못하지만 도청의 자료로는 지난해 도내 중학생 5,391명, 고등학생 10,059명이 학교를 그만두어 전국 학업 중단 청소년의 4분의 1 정도가 도내에서 발생하고 있는 것으로 나타났습니다. 이는 전국에서 가장 많은 수로 자랑스럽지 않은 부끄러운 1위 기록입니다.

문제는 이들이 학교밖으로 나온 뒤에는 국가로부터 기본적인 교육과 복지 혜택을 거의 누릴 수 없다는 것입니다. 교육청은 학교에서 나간 학생들에게는 어떠한 관리나 지원 사업도 하지 않고 있습니다. 다만 도나 시군 자치단체에서 극소수 위기 청소년들에게 단발성 지원 사업만이 펼쳐질 뿐 아이들은 학교밖으로 나오는 순간 부랑아 취급을 받고 노숙인보다 못한 대우를 받게 되는 것이 가슴 아픈 현실입니다. 이들을 위한 학업이나 취업 지원, 심리적·정신적 상담 서비스, 빈곤 청소년들의 점심 제공 등 위기 청소년 지원 사업은 취약하기 그지없습니다.

얼마 전 고양시 행신동에서 일어난 가출 청소년들의 동료 살해와 암매장 사건은 이처럼 복지사업의 사각지대에 놓인 학업 중단 청소년들이 저지른 극단적인 모습입니다. 그런데 이같이 끔찍한 사태를 다시는 되풀이하지 않기 위해 도와 시군 자치단체는 어떤 대책을 마련하였습니까? 또한 교육청이 파악한 문제의 원인과 해결 방안은 무엇이며 지자체와는 어떠한 협조 체계를 가졌습니까?

참으로 안타깝게도 이번 도청 추경예산을 심의하면서 살펴본 결과 도청에서는 이와 관련된 정책 사업이나 자체 재원을 책정하지 않았습니다. 뒤늦게나마 제가 예결위에서 아동청소년과와 협의한 결과 1억 4,000만 원(시군비 50% 포함 2억 8,000만 원)의 도비를 증액하여 경기도와 고양시를 비롯한 5개 시의 청소년 지원센터에 학업 중단 청소년들의 학업과 취업 알선, 상담과 의료, 식비 등 인력 및 프로그램 지원 사업을 미약하나마 추진하기에 이르렀습니다.

김문수 지사님, 우리 사회에는 복지 혜택이 필요한 취약, 소외 계층이 많습니다만 이제 학교밖 청소년들에게 더욱더 눈을 돌려주시고 가슴을 열어 주십시오. 이들이야말로 가장 어려운 환경에 처해 있어서 탈선하기 손쉬운 집단이면서도 우리의 관심과 지원 정도에 따라 언제든지 희망찬 삶을 꽃피울 수 있는 꽃봉오리 같은 미래 세대입니다. 도지사께서는 앞으로 시군 자치단체는 물론 교육청과도 협력을 통해 학업 중단 청소년들의 실태를 정확하게 파악하여 서울시의 하자센터를 능가하는 대안 교육 공간과 사업을 적극 계획하고 추진하여 주시길 부탁드립니다.

... 교육혁신은 평등한 교육을 구현해야 한다. 학교밖 청소년도 우리의 소중한 자녀들이자 교육의 대상이다. 도의회에서 학교밖 청소년 지원에 관한 조례를 대표 발의하여 제도적 지원책을 추진한 것은 무엇보다 큰 보람이다.

혁신교육에 앞장서는 김상곤 교육감과 교육청 집행부 공무원 여러 분께서도 학업 중단 학생들 역시 또 다른 우리의 학생들임을 생각하여 깊은 책임감을 갖고 협력 사업을 추진해 주길 바라면서 덧붙여 교권보호와 관련하여 제 의견을 말하고자 합니다.

내일은 스승의 날입니다. 김상곤 교육감께서 스승의 날을 앞두고 교원들에게 보내는 편지를 마음 써서 잘 읽어 보았습니다. 편지에서 "세계 최고 수준인 우리나라 선생님들이 우리 사회의 희망이자 등불이다."고 격려하였습니다. 그러나 오늘의 선생님들은 제자를 올바르게 키우는 교육의 보람도 크지만 한편으로 교육자로서 전문성과 교육권이 위협당하는 현실에 사기가 떨어지고 있습니다. 제가 교육청에서 제출받은 자료에 따르면 최근 3년간 경기도 교권 침해는 347건이고, 교원의 72%가 학교 현장에서 느끼는 교권 침해가 심각한 수준이라고 응답하였습니다.

교원들의 교육권과 학생들의 인권은 조화롭게 서로 존중되어야 합니다. 교권이 바로 서야 궁극적으로는 학생의 학습권과 학부모의 자녀 교육권이 보장될 수 있습니다. 그런 면에서 교육위원회에서는 바로 어제 포럼을 개최하여 교권 보호와 지원을 위한 조례에 관해 발표와 토론을 벌였습니다. 저는 앞으로도 교육 구성원들의 의견을 폭넓게 수렴하여 교원들의 기본권과 교육권을 확실하게 보호함으로써 교원들이 안심하고 교육에 전념할 수 있도록 조례를 제정하려고 합니다.

경기도교육청에서 이미 학생인권조례 제정과 함께 교권보호헌장을 공포한 바 있지만 이번에 의원발의로 제정할 교권보호 조례는 교원의 기본적인 인권과 학생 지도의 교육권을 명확히 하고, 이를 제도적으로 보호하기 위한 장치와 책무를 규정하려는 것입니다. 김상곤 교육감께서는 교육 주체들의 권리와 권한이 충돌하지 않고 상호 보완 발전될 수 있도록 교권보호 조례 제정에 각별한 관심과 후속적인 대책 마련에 적극 협력해 주시길 바랍니다.

5월 15일 스승의 날을 맞아 우리를 사랑으로 가르쳐 주신 은사님들과 오늘도 교단에서 학생 교육에 헌신하시는 여러 선생님들께 깊은 존경의 인사를 드리며 제 5분 발언을 이만 마치겠습니다.

2012. 5.

경기도의회

학교 현장의 만족도를 높이는
조직 개편을

지루하던 여름 더위도 물러가고 청명한 가을 하늘이 높아져만 가는 이즈음 경기 교육계는 깊은 시름에 젖어 있습니다. 의원 여러분 모두 알다시피 교과부가 충분한 법적 검토나 학교 현장과의 사전 협의 없이 밀어붙이는 학교폭력 학교생활부 기재 방침 때문입니다. 몰상식한 교과부가 무려 보름 동안이나 경기도교육청과 일선 학교에 겁박을 주며 보복성 특정감사를 진행하였지만 학생들의 기본권과 교육자의 양심을 지키려는 도내 32개 고등학교가 학생부 기재 내용을 끝내 삭제한 것에 큰 격려를 드립니다.

교과부의 이번 훈령과 지시가 얼마나 엉터리인지는 엊그제 국회에서 벌어진 인사청문회에서 사법연수원장 출신의 김이수 헌법재판소 재판관 후보자 입을 통해서도 똑똑히 밝혀졌습니다. 학교폭력 가해 사실을 학생부에 기록하도록 한 교과부 지침의 위헌 논란과 관련해 보수적인 김 재판관도 "기본권에 제약이 되는 것은 분명하다."고 입장을 밝혔습니다. 교과부는 지금이라도 졸속적인 학교폭력 학생부 기재를 철회하고 교육청 및 학교와 대화를 통해 교육적인 대안을 찾는 것이 최고 교육 행정기관으로서 위신을 세우는 길임을 직시해야 합니다. 아울러 존경하는 의원 여러분께서도 교육위원회에서 이러한 뜻을 담아 오늘 채택하려는 결의문에 모두 동참하셔서 교과부의 퇴행적인 독선 행정이 바로잡힐 수 있도록 힘을 실어 주시기를 부탁드립니다.

경기 교육 혁신에 앞장서는 김상곤 교육감님, 이번 교과부의 교육자치기관 권한과 자율성을 능멸하는 학생부 기재 지시를 거부하고 결연하게 맞서는 것에 대해 도민과 교육가족들은 상당한 격려를 보내고 있습니다. 하지만 그 못지않게 한편으로 우려를 하고 있음을 알아야 할 것입니다. 그것은 바로 외부와의 정치적인 대립에 휩싸여 자칫 교육 행정 내부의 지속적인 혁신과 변화가 미약해지지 않을까 하는 점입니다. 그런 차원에서 2013년도 공무원 총액인건비제 시행에 앞서 최근 교육청의 핵심 과제로 추진하고 있는 본청 및 지역 교육청 조직 개편 작업과 관련하여 다시 한 번 점검해 보기 바랍니다. 지금까지 교육청은 교육감이 바뀔 때마다 조직 개편 작업을 하는 과정에서 공무원 사회가 크게 들썩거렸지만 결과는 몇 개 부서 자리 수 늘리는 데 그치는 경우가 대부분이었습니다. 이번 계획서에도 초기에 내세운 개편 목적이나 개편 방향은 상당한 기대감을 갖게 했지만 실제 진행되는 과정과 내용을 들여다보면 결국 과거의 조직 개편 사례와 크게 달라질 게 없는 용두사미 격이 될까 우려스럽습니다.

이번 교육청 조직 개편의 방향과 내용에 대해 현장 의견을 토대로 반드시 반영해야 할 세 가지를 강조해서 말씀드립니다.

첫 번째는 도교육청과 북부청사 간의 유사하고 중복된 기능을 통합하고 재배분하여 행정의 효능성을 높여야 합니다. 북부청사가 본청의 부속 기관이나 하부 기관이 아닌 대등한 위치에서 북부지역의 특성을 반영한 부서를 설치하여 정책 기획과 집행 기능을 강화해야 합니다. 이는 마치 교육청과 유사한 구조의 경기도가 조직 개편으로 교통건설국 등의 통합 신설을 통해 북부청의 기능을 강화한 예에서 본보기를 삼을 수 있을 겁니다.

두 번째는 도교육청과 산하 직속기관 간의 비대해진 조직을 일부 조정 축소하여 하부인 시군 지역 교육청 및 학교로 이관함으로써 기초 행정 조직의 지원 기능을 활성화하자는 것입니다. 교육 행정은 궁극적으로 학교를 충실하게 지원하여 학생 교육의 질을 높이는 데 의미가 있습니다. 그런데 이번 조직 개편 계획은 도교육청의 직제 확대에 치중되어 있습니다. 전문직 정원 확대의 한계를 이유로 지역 교육청의 조직 강화를 위한 실행 방안이 없을 뿐만 아니라 지역 교육청 중간 직급의 정원 부족 해결책도 뚜렷하게 제시하지 못하고 있습니다.

교육감께서는 이와 같은 도교육청의 조직 개편 추진 상황을 면밀하게 파악하여 좀 더 근본적이고 혁신적인 조직 개편 작업이 이루어질 수 있도록 독려해 주기 바랍니다.

끝으로 세 번째는 조직 개편 작업의 결과에 따라 가장 큰 영향을 받게 되는 현장 교직원들의 의견이 적극 반영될 수 있는 구조를 마련해야 합니다. 이번 조직 개편 협의체 구성을 보면 학교의 교직원과 시군 교육청 대표는 아무도 참여하지 않은 채 도교육청의 주요 실무자 T/F팀과 간부 중심의 자문단으로 짜여 있습니다. 아울러 조직 개편 작업의 진행 과정과 내용을 현장 속에서 검증하고 의견을 수렴할 공개적인 절차와 기회도 계획되어 있지 않습니다. 조직 개편의 결과에 가장 큰 영향력이 미칠 하부 기관의 의견이 자칫 무시되는 형국입니다. 교육감께서는 이러한 문제를 살펴서 일선 교직원과 시군 교육청 대표들이 실무 작업과 자문에 참여할 수 있는 구조를 만들고, 조직 개편 방향에 대한 공청회나 토론회를 개최하여 현장 의견이 반영된 조직 개편이 이루어질 수 있기를 바랍니다.

학교는 학생을 위해, 교육청은 학교를 위해 존재의 의미가 있다는 것은 기본 상식입니다. 궁극적으로 이번 교육청 조직 개편의 목표가 학생들의 교육 지원과 만족도를 높이는 데 있음을 잊지 말고 경기 혁신교육이 현장에 안착할 수 있도록 충실한 작업이 이루어지길 기대하며 제 발언을 마칩니다. 고맙습니다.

2012. 9.

경기도의회

도교육감과 도지사에게 펼치는 정책 질의

존경하는 윤화섭 의장님과 의원 여러분, 도민들의 행복한 삶을 위해 일하시는 김문수 지사님과 김상곤 교육감님을 비롯한 공무원 여러분, 그리고 언론인 여러분, 얼마나 노고가 많으십니까? 경기도의회 교육위원회 교육의원 최창의입니다.

제가 도의회에서 처음 하는 도정 질의인데요. 주로 교육 분야를 중심으로 질의하겠습니다. 경기 혁신교육에 매진하시는 김상곤 교육감께 먼저 질의드립니다.

김상곤 교육감 질의

첫 번째, "학교 옥상마다 햇빛 발전소 설치를"

햇빛 발전소에 관한 이야기 자주 들어 보셨습니까? 대안 에너지, 착한 에너지인 햇빛으로 전력을 생산하는 것이지요. 우리나라는 그동안 화력 발전과 핵 발전에 의존해 왔지요. 하지만 화력 발전은 탄소 배출 증가로 인한 지구 온난화를 가져옵니다. 핵 발전은 일본 후쿠시마

쓰나미 사태에서 보듯이 자칫 우리 모두의 대재앙을 가져올 수 있습니다. 이런 면에서 핵 발전소 추가 건설은 중단하고 오히려 폐쇄해야 한다는 게 사태를 겪은 일본은 물론 독일 같은 선진국들의 추세인데 김상곤 교육감님의 교육적인 견해는 어떤가요?

현재 재생에너지 가운데 세계적으로 주목받고 있는 햇빛 발전은 지속 가능하고 안전한 에너지원으로 평가합니다. 그래서 시민들이 주체가 되어 협동조합을 구성하여 햇빛 발전소 건립을 추진하고 있는데 소식 알고 계십니까? 주로 서울 경기를 중심으로 수도권에서 움직임이 활발합니다. 서울에서는 지난해 5월 박원순 서울시장과 곽노현 교육감, 서울시민햇빛 발전협동조합이 협약을 체결하고 모든 공공건물과 학교에 햇빛 발전소 설치 사업을 지원하기로 하였습니다. 경기도에서는 안산, 시흥, 수원, 성남 지역 등에서 환경시민단체가 중심이 되어 시민햇빛 발전협동조합을 구성하여 활동을 시작하고 있습니다. 경기도에서 도교육청이 이 같은 햇빛 발전소 설치 사업을 주도할 수는 없을까요?

햇빛 발전소 설치 장소로 공공기관 건물 중에 가장 설치가 쉬운 장소로 학교 옥상 건물을 꼽고 있습니다. 이미 신설 학교 옥상에는 햇빛 발전소가 의무적으로 설치되고 있는데, 그 법적 근거가 무엇인지 알고 계십니까?

신에너지 및 재생에너지 개발, 이용, 보급 촉진법에 따라 '신축 건물의 연면적이 1,000제곱미터 이상인 건축물에는 총 에너지 사용량의 일정 비율 이상을 설치하여야 한다.'고 규정하고 있습니다. 하지만 교육감님, 도내 전체 학교의 햇빛 발전소 설치 학교 수는 어느 정도입니까? 제가 조사한 바로는 최근에 신설한 학교뿐인 164개교로 도내 전체 2,200여 개 학교 수의 7% 정도에 그치고 있습니다.

...경기도의회 본회의에서 의원들이 정기적으로 교육감을 상대로 도정 질의를 한다. 교육 정책의 문제점을 들춰내고 개선 방안을 제시하는 중요한 의정 활동이다.

학교 옥상에 햇빛 발전소를 설치하면 대안 에너지 개발은 물론 녹색 일자리 창출과 학생들에게도 재생 가능 에너지에 대한 인식 확대와 환경 운동의 공감대를 넓힐 수 있습니다. 따라서 학교 옥상에 햇빛 발전소를 설치하기 위한 교육청의 적극적인 행정 지원이 필요하다고 봅니다.

그 첫 번째로 옥상 임대료를 햇빛 전력 생산의 사업성을 보장할 수 있도록 대폭 낮춰야 합니다. 제가 이번 3월 도의회에서 경기도교육청 공유재산관리조례 개정안을 발의하면서 태양광 발전 등 신재생에너지 시설 설치를 위하여 공유재산을 임대하는 경우 대부료의 요율을 1,000분의 10으로 낮게 책정하여 신재생에너지 보급을 권장토록 하고, 건물 대부료 산출 기준에 있어 옥상에 대한 명확한 근거 규정이 없으므로 이를 명시하여 대부료 산출에 혼선이 없도록 하였습니다. 하지만 이 조례 개정만으로는 건물 가격이 임대료 산정에 포함되어 햇빛 발전소 설치와 운용의 사업성을 보장하기에는 턱없이 미흡합니다. 따라서 도교육청에서 임대료를 낮추기 위한 적극적인 법률 검토 작업이 필요하다고 보는데 방침을 밝혀 주기 바랍니다.

또한 앞으로 학교 옥상에 햇빛 발전소 설치에 따르는 어떤 대책과 준비가 필요하다고 생각하십니까? 무엇보다 학교 구성원들의 햇빛 발전에 대한 인식 제고와 동참이 필요합니다. 이에 대한 교육 방안과 햇빛 발전소 설치에 따른 재산 관리, 학교의 협조 사항, 건물 관리 등 복합적이고 종합적인 대책이 필요하다고 보는데, 이를 수행할 기구와 인력은 어떻게 준비할 것인지 말씀 바랍니다.

교육감께서는 "모든 학교에 햇빛 발전소를", "햇빛 발전으로 지속 가능한 자연과 환경을" 이런 목표 아래 경기도의 학교에서 대안 에너지 사업이 적극 추진될 수 있도록 적극 지원을 바랍니다.

두 번째, "학교도서관의 25% 사서 없어, 정규직은 5%에 불과해"

학교도서관은 흔히 학교의 심장과 같다고 말합니다. 학교 교육에서 도서관의 기능과 역할의 중요성을 상징하는 표현이지요. 도내에 학교도서관은 99% 설치되어 있습니다. 그런데 모든 도서관에 사서가 배치되어 있는 건 아닙니다.

자료 1 ● 전국 사서 배치 현황(정규직, 비정규직 배치 비율)

시도 교육청	학교 수	학교 도서관 수	학교도서관 전담 인력			배치 비율	비고
			정규직 (사서 교사)	비정규직	소계		
서울	1,290	1,282	217(207)	976	1,193	92.4%	
부산	611	611	56(39)	151	207	33.8%	
대구	431	431	27(27)	358	385	89.3%	
인천	490	488	32(32)	179	211	43.0%	
광주	302	302	25(25)	258	283	93.7%	
대전	292	292	22(22)	85	107	36.6%	
울산	232	231	16(16)	2	18	7.7%	
경기	2,227	2,210	96(95)	1,569	1,665	74.7%	
강원	632	632	27(24)	350	377	59.6%	
충북	473	469	21(21)	141	162	34.2%	
충남	735	734	30(30)	217	247	33.6%	
전북	760	760	36(35)	48	84	11.0%	
전남	830	34	36(34)	48	84	10.1%	
경북	955	47	52(47)	45	97	10.1%	
경남	946	39	39(39)	194	233	24.6%	
제주	183	11	11(11)	14	25	13.6%	
소계			사서 교사 704명, 전국 평균 41.7%				

전국적으로 사서 배치율을 한번 견주어 보았습니다. 경기도의 사서 배치율은 74.7%로 전국에서 네 번째 순위입니다. 광주 93.7%, 서울 92.4%, 대구 89.3%, 다음 순입니다. 경기도의 학교 중 554개교인 25%의 학교에는 사서가 없습니다. 또한 배치된 사서의 58%만 교육청이 사서 지원을 하고 있고, 나머지 41%는 학교 자체 예산이나 지자체 지원에 의존하고 있습니다.

학교도서관을 체계적이고 효율적인 운영을 통해 활성화하기 위해서 사서는 선택이 아닌 필수 조건입니다. 문을 잠가 두지 않고 살아 있는 도서관이 되기 위해서는 모든 학교도서관에 사서가 배치되어야 한다고 보는데 교육감 임기 이전에 이를 확실하게 추진할 의향은 없습니까?

자료 2 ●

학교도서관진흥법

제12조 2항(전담인력 배치 등)

② 학교도서관에는 사서 교사 · 실기 교사나 사서 직원(이하 '사서 교사 등'이라 한다)을 둘 수 있다.

경기도교육청 학교도서관 운영 및 독서 교육 진흥 조례안

제13조(학교의 독서 진흥)

② 교육감은 「독서문화진흥법」 제10조에 따라 학교의 독서 문화 진흥을 위하여 다음 각 호의 사항을 포함하는 시책을 수립하여 시행하여야 한다.

1. 학교의 독서 교육 활성화를 위한 계획의 수립 · 시행에 관한 사항
2. 학교도서관의 신설 · 확충 및 환경 개선에 관한 사항
3. 학교의 독서 자료의 확보와 독서 지도를 담당하는 교사의 배치에 관한 사항

제가 2011년도에 발의 · 제정한 '경기도교육청 학교도서관 진흥에 관한 조례'에도 교육감은 학교도서관 진흥에 관한 시행 계획을 수립하여 추진하도록 명시하고 있습니다. 또한 교육감은 학교도서관 운영과 독서 진흥을 위하여 사서의 배치 및 예산 확보를 위한 시책을 수립하여 시행하도록 하였습니다. 조례에서 규정한 대로 잘 시행하고 있습니까? 앞으로 계획은 어떻게 세우고 있습니까?

현재 사서를 확보하는 방법은 주로 비정규직을 연간 계약으로 채용하는 방식입니다. 정부에서 정원을 배정하는 사서 교사가 거의 없어서 대부분이 비정규직 사서입니다. 도내 학교도서관 사서의 비정규직 실태와 그에 따른 도서관 운영 및 독서 교육에 대한 문제점은 무엇입니까?

경기도의 경우 전체 사서 인원 1,665명 가운데 정규직 사서 교사는 96명으로 5%에 불과하며 95%인 1,569명이 비정규직 사서입니다. 앞으로 학교도서관의 사서는 정규직으로 배치되어야 합니다. 하지만 사서 교사 정원을 책정하지 않는 정부의 처분만 바라보고 언제까지 기다릴 수는 없습니다. 교육감이 가진 권한을 이용하여 정규직 사서를 배치해야 합니다. 다시 말해 지방직 공무원 정원에 사서직을 확대 책정하여 신규 임용해야 합니다. 더구나 올해부터 공무원총액인건비제가 시행되어 교육감 재량으로 직종별 인원을 재량으로 조정할 수 있게 되었습니다.

교육감께서는 지방공무원 신규 임용 인원의 사서직을 확충하여 학교도서관에 정규직을 배치하는 방안에 대하여 2013년도 후반기부터라도 시행할 의사가 있는지요? 이에 대한 추진 방침을 제도적으로 검토하여 모든 학교도서관에 사서를 배치할 수 있기를 바랍니다.

세 번째, "학교는 발빠른 혁신, 전문직 임용은 구태의연"

충남교육청의 장학사 인사 비리는 온 국민들에게 큰 충격과 실망을 안겨 주었습니다. 이와 관련된 장학사 한 사람은 자살을 하였고, 사건에 연루된 또 다른 장학사와 교사들은 경찰 조사를 받고 있습니다. 또한 사건 관련자로 지목된 충남교육감이 음독자살을 시도하는 불상사까지 이르렀습니다. 같은 길을 걷는 교육자이자 교육 행정의 대표로서 이 사태에 대해 어떤 생각을 가집니까?

교육자의 신뢰를 내팽개치는 이 같은 교육 비리는 절대 되풀이되어서는 안 될 것입니다. 그러나 이렇게 장학직을 사고파는 행위는 단순히 개인의 도덕성의 해이에서만 비롯되었다고 볼 수 없습니다. 거기에는 장학직을 둘러싼 교육계의 견고한 승진 구조가 도사리고 있습니다. 그것은 바로 장학사로 4년 전후를 근무하면 교감이나 교장 같은 상위 직급을 취득할 수 있다는 이점입니다. 따라서 장학직은 이미 알다시피 승진의 수단으로 이용된 지 오래되었고, 관리자가 되려는 교사들이 치열한 장학직 시험 경쟁에 합격하기 위해 수년간 시험 대비 공부를 한다는 것도 모두 알려진 사실입니다.

장학직은 승진을 위해 나선 자리이기에 소신이나 철학보다는 질서와 권위에 순종하고 승진의 목적에 충실할 수밖에요. 그래서 사실 교사들이 장학사의 권위나 전문성을 그다지 인정하지 않고 있는 게 교육 현장의 분위기입니다. 물론 장학사 본인들도 이런 점을 잘 알기에 정책 기획이나 교육과정 장학보다는 상부에서 지시하는 업무 처리를 하는 말단 행정직원쯤으로 치부하는 경우가 많습니다.

현행 장학사 제도를 근본적으로 바꾸지 못한다면 행정의 전문성을 발휘하고 소신 있게 업무를 집행할 수 있게 승진과 연계하지 않는 장학사 제도를 검토해 보아야 한다는 의견도 있습니다. 현행 장학사는 일정 기간 지나면 꼭 승진을 시켜야만 하는 것입니까? 장학사 임용 시험에서 승진과 연계하지 않고 행정직으로만 근무하는 형태의 장학사를 일정 비율 선발할 것을 제안하는데 추진해 볼 수 있겠습니까?

자료 3 ● 교육 전문직 임용 시험 면접위원

1) 초등

면접실	면접위원		
	소속	직위(급)	성명
제1면접실	00교육지원청	장학관	
	00연구원	연구관	
	00교육지원청	장학관	
	00교육지원청	장학관	
	00교육지원청	장학관	
제2면접실	00교육지원청	장학관	
	00연구원	연구관	
	00교육지원청	장학관	
	00교육지원청	장학관	
	00교육지원청	장학관	
제3면접실	00교육지원청	장학관	
	00교육지원청	장학관	
	00연수원	연구관	
	00교육지원청	장학관	
	00교육지원청	장학관	

2) 중등

분야	과목	소속	직	성명
면접1팀	화공	00과	과장	
	상업	00교육지원청	국장	
	영어	00교육지원청	과장	
	화학	00과	장학관	
	체육	00교육지원청	과장	

면접2팀	전자	00과	과장	
	수학	00원	부장	
	가정	00원	부장	
	영어	00원	부장	
	일사	00교육지원청	과장	
면접3팀	영어	00원	부장	
	수학	00과	장학관	
	가정	00교육지원청	국장	
	농업	00과	장학관	
	공업	00교육지원청	과장	
면접4팀	물리	00원	부장	
	일사	00교육지원청	국장	
	가정	00교육지원청	과장	
	기술	00과	장학관	
	수학	00교육지원청	과장	
면접5팀	체육	00과	과장	
	기술	00교육지원청	국장	
	영어	00과	장학관	
	물리	00과	장학관	
	윤리	00교육지원청	과장	

현행 장학사 임용 시험 방식도 비리의 소지를 없애고 공정하게 치러질 수 있도록 재점검하여 개편되어야 합니다. 필기시험 출제위원의 구성과 출제 방식, 면접위원의 구성과 면접 방식을 재검토하여 공정하고 투명한 임용 시험이 진행될 수 있도록 연구팀을 구성하여 개선 방안을 제시해야 한다고 보는데 어떻게 생각하는지요? 아울러 면접위원들의 구성을 장학관과 연구관 일변도에서 학교 관리자와 교사들 가운데 유능한 사람들이 상당수 참여하여 말 그대로 장학사가 학교 현장의

자료 4 ● 장학관 임용 시 인사위원회 위원

연번	위원직	소속	직	성명
1	위원장	경기도교육청	제1부교육감	
2	위원	경기도교육청	교육국장	
3	위원	경기도교육청북부청사	교육국장	
4	위원	경기도교육청	00과장	
5	위원	00대	교수	
6	위원	00대	교수	
7	위원	법무법인 00	변호사	
8	위원	법무법인 00	변호사	
9	위원	00대	00센터 소장 교수	

입장에서 선발되어야 합니다. 지금 면접관 중에는 교사가 단 한 사람도 포함되어 있지 않은데 잘못된 거 아닙니까? 개선해 주기 바랍니다.

김상곤 교육감 취임 이후 정책과 제도 분야에서 많은 변화와 혁신이 이루어졌지만 교육전문직의 관료적인 행정 방식은 아직도 여전하다는 평가입니다. 교육전문직의 의식과 철학, 행정 방식의 변화를 위해 현행 선발 시험과 임용 제도를 개선할 의향에 대해서 묻겠습니다. 흔히 교육감을 교육 소통령이라고 부르는데 여기에는 지역 교육장과 장학관 인사를 독점하는 막강한 권한을 빗대어서 일컫는 것입니다. 유능한 인재를 적재적소에 배치하는 기본 원칙을 충실하게 지키려면 이제 밀실에서 진행하는 독점적인 교육감의 인사 권한을 나누고 민주적으로 협의하는 절차를 거치는 것이 합당하다고 보는데 어떻게 생각하십니까?

보통은 장학관과 교육장 및 직속기관장 인사를 교육청의 인사위원회가 진행하고 있는 줄 알고 있는데, 실질적으로는 추천 심사위원회가 사전에 대상 후보자들의 점수를 매기고 순위를 정하여 필요 인원의 3배수를 추천하고 있습니다. 그렇지 않습니까? 이 심사위원회의 구성은 모두 도교육청 국과장이 전담하고 있습니다. 이렇게 되면 학교 현장의 종합적인 평가와 판단보다는 교육감의 의견이 지배적으로 반영될 수밖에 없습니다. 승진을 앞둔 장학관들이 일선 학교 현장보다는 교육감의 눈치를 먼저 살피고 지시를 따르는 구조를 만들 수밖에 없습니다. 이런 권위적인 인사 방식은 임명제 교육감 때부터 지금까지 한 번도 바뀌지 않고 고착화되어 시행되어 왔습니다. 장학관과 교육장 추천 심사와 임용 방식이 과거 권위적인 교육감 시대와 견주어 달라진 것이 있다면 무엇입니까?

인사의 권한을 나누고 학교 현장의 평가를 반영하는 인사구조를 갖기 위해 일정한 한계가 있겠지만 교육장 · 직속기관장 추천 심사위원회와 장학관 심사 추천위원회의 반수가량은 일선 학교 현장의 관리자와 교사들이 포함되어야 한다고 보는데, 추진할 의향이 있는지요? 장학관과 교육장 추천 심사와 임용 방식에 현장의 다양한 의견과 평가를 반영하기 위해 제도적으로 도입하거나 개선할 방식은 무엇입니까? 수년 동안 관행으로 유지해 온 전문직 선발, 장학관, 교육장 추천과 임용 방식을 민주성, 자치성, 현장성, 공정성에 적합하게 혁신적으로 개선하기 위해 연구 대책팀을 구성하여 종합적인 방안을 제시할 의지가 있는지 답변해 주기 바랍니다.

네 번째, "도교육청 직속기관 간의 긴밀한 협의와 소통 체계 필요해"

경기도교육청 산하에는 25개 시군 교육청 말고도 여러 직속기관이 운영되고 있습니다. 모두 17개 기관이 있는데 역할 중심으로 구분하면

자료 5 ● 기획조정위원회, 실무협의회 구성도

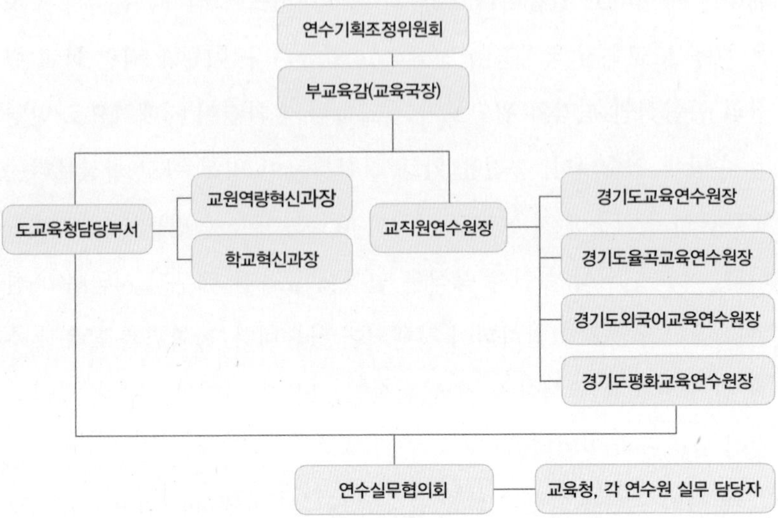

교직원 연수 기관, 학생 교육기관, 도서관, 기타 복지센터 및 정보기록원이 있습니다. 이러한 직속기관은 고유의 역할과 필요성이 있지만 통합적인 운영 · 협의 체계가 미흡해서 업무의 효율성이 떨어지기도 합니다. 직속기관을 설치하는 까닭은 무엇이며, 직속기관의 업무가 효과적으로 집행되고 있다고 봅니까? 현재 동일 분야의 직속기관과 도교육청 업무부서, 그리고 직속기관 상호 간의 업무 협의 체계의 실태와 보완해야 할 점은 무엇입니까?

대표적으로 연수 기관을 예로 들어 보겠습니다. 연수 기관은 경기도교육연수원, 경기도율곡교육연수원, 평화교육연수원, 경기도외국어교육연수원, 과학교육연수원, 경기도유아교육진흥원이 있습니다. 여기에 혁신교육 관련 연수와 NTTP 연수를 직접 주관하는 학교혁신과가 있고, 지역 교육청 단위에서도 일부 연수를 진행하고 있습니다. 이런 연수 기관들이 각기의 기획과 집행 체계 속에서 연수를 진행하고 있는 것입니다. 기관마다 독자성과 자율성은 있지만 협력과 공유 체계는 매우 미흡합니다. 이로 인해 연수의 목표와 질 관리, 강사 발굴과 선정, 연수 과정 내용의 편재 등이 교류되고 공유되지 못하고 있습니다. 또한 업무의 총체적인 책임 체제도 일원화되지 못하고 있습니다.

이와 같은 문제점을 개선하기 위해 현재 운영되고 있는 연수기관협의회를 강화해 부교육감 직속으로 연수 기관의 대표자와 총괄 부서장이 참여하는 연수기획조정위원회와 연수 포털 사이트를 설치할 것을 제안합니다. 이를 통해 전체적인 연수를 기획 조정하고, 강사 풀을 공유할 수 있을 것이며 경기도교육청의 교육 지표와 정책에 걸맞은 연수를 통합적으로 진행함으로써 연수의 질을 한층 높여 나갈 수 있을 것입니다.

이러한 형태의 기획조정위원회는 학습관과 도서관 분야, 학생교육원과 학생 야영장 분야에도 적용하여 도교육청 해당 부서의 주관 아래 현재의 협의 기구를 좀 더 공식화하고 체계적으로 운영할 것을 제안합니다. 아울러 일정한 시기별로 실무위원회를 개최하여 기관별 운영 계획과 추진 사업을 공유하고 협의함으로써 기관 간의 상호 상승효과를 거둘 수 있을 것입니다. 직속기관장과 도교육청 담당 부서장의 상시적인 정책 기획, 조정, 협의 위원회 체계와 실무 담당자 업무 협의체를 구성하여 직속기관의 역할과 기능을 강화해야 할 필요성에 대한 교육감의 견해를 밝혀 주시기 바랍니다.

김문수 지사 질의

이어서 도민을 섬기는 행정을 위해 노력하시는 김문수 지사께 질의드립니다.

김문수 지사님, 경기도교육청과 교육 협력 사업이 예전 지사 때보다 많이 축소되었지요. 이에 대해 지사께서는 평소에 지론을 펼치신 바 있어서 익히 알고 있는데 그 입장에는 변함이 없으신가요? 학교는 교육청이, 학교밖은 지자체가 사업을 관장하고 예산을 투여한다는 방향 말입니다. 저도 큰 틀에서 그런 방향에 동의합니다만 도민들의 삶과 복지, 교육 문제 등이 그렇게 딱 기계적으로 구분할 수도 없을 뿐 아니라 그렇게 해서도 안 되겠지요. 행정이 서로 협조하고 협력해서 도민들의 삶의 질이 좋아진다면 오히려 누가 먼저랄 것 없이 나서야겠지요.

한 예를 들어 보겠습니다. 도지사께서 기회 있을 때마다 선구자적인 복지 사업으로 내세우고 있는 '꿈나무 안심학교'를 보겠습니다. 이 사업은 학교 공부가 끝난 방과후에 진행되는 저소득층 자녀 돌봄 사업입니다. 대상은 학생이지만 학교밖에서 이뤄지는 사업입니다. 결국 도청이나 시군 자치단체에서 맡아야 할 복지사업 영역입니다. 그렇지 않습니까? 그러면 이러한 방과후 돌봄 사업을 현재 전적으로 지방자치단체가 맡아서 합니까? 결코 그렇지 않습니다. 교육부의 관장 아래 경기도교육청의 예산 지원을 통해 학교에서 이루어지고 있는 돌봄 교실 수가 훨씬 많습니다. 그런 면에서 도나 시군 자치단체에서 오히려 학교밖의 어린이와 청소년 사업만이라도 확실하게 진행해 줬으면 하는 바람을 먼저 갖습니다.

김문수 지사님, 무한 섬김, 찾아가는 복지를 표방하는 경기도의 도민 복지 대상을 연령대별로 말하면 유아부터 청소년, 청장년, 노인까지 분류할 수 있는데 이 가운데 복지 대상에서 간과되고 있는 세대층은 누구라고 생각하십니까? 바로 투표권이 없는 어린이와 청소년들입니다. 제가 지난 회기 예결위원을 할 때 도청 예산을 심의하면서 살펴보니 아동청소년과의 예산이 빈약하고, 그 예산의 대부분도 도청 자체 기획 사업이 아닌 중앙정부와 지방자치단체가 일정한 대응 비율로 진행하는 사업들이었습니다. 이런 점에서 도청의 어린이와 청소년들의 학교밖 문화, 체육, 복지, 체험 시설의 확대와 프로그램 확충을 부탁드리면서 도내 청소년수련관과 문화의 집 실태에 대해 질문을 합니다.

청소년들이 방과후나 휴일에 갈 곳이 없다고 말합니다. 그래서 대부분 PC방이나 유해업소 같은 곳에 드나들어 사회적 문제가 되기도 합니다. 어린이와 청소년들이 방과후나 휴일에 학교밖으로 나와 건전하게 활동할 만한 시설과 공간이 부족한 실태와 이에 따른 사회적인 문제점은 무엇입니까? 청소년들이 건강한 인격체로 성장하려면 학교 교육 못지않게 학교밖에서 건전한 여가와 자기 능력 개발, 동아리 활동을 하기 위한 시설과 프로그램이 확충되어야 합니다. 이에 따라 정부에서는 2005년 제정된 청소년활동진흥법에 따라 청소년수련관, 문화의 집 등의 시설 확보를 법률로 규정하고 있습니다. 청소년활동진흥법 제11조에 따르면 도지사와 시군 단체장은 청소년수련관을 1개소 이상 설치, 운영하여야 한다고 규정하고 있습니다. 또 읍면동에 청소년 문화의 집을 1개소 이상 설치, 운영하도록 하고 있습니다. 이것은 법률입니다. 과연 경기도내 지방자치단체는 법률로까지 정해 놓은 시설을 제대로 설치, 확보하고 있는 걸까요?

자료 6 ● 시군별 청소년 시설 현황

지역	시설 종류	시설 수	계
수원시	수련관	2	4
	문화의 집	2	
성남시	수련관	5	7
	문화의 집	2	
부천시	수련관	2	5
	문화의 집	3	
안양시	수련관	2	4
	문화의 집	2	
안산시	수련관(원)	2	5
	문화의 집	3	
용인시	수련관(원)	2	5
	문화의 집	3	
평택시	수련관(원)	2	5
	문화의 집	3	
광명시	문화의 집	2	3
	특화 시설	1	
시흥시	수련관	1	2
	문화의 집	1	
군포시	수련관	1	3
	문화의 집	2	
화성시	수련관	1	2
	문화의 집	1	
이천시	수련관	1	3
	문화의 집	2	
김포시	수련원	2	4
	문화의 집	2	
광주시	야영장	1	
안성시	문화의 집	1	
하남시	문화의 집	1	
의왕시	수련관	1	
오산시	문화의 집	1	
여주군	문화의 집	1	
과천시	수련관	1	
양평군	문화의 집	1	
고양시	문화의 집	1	2
	수련관	1	
남양주시	수련관	1	
의정부시	수련관	1	
파주시	문화의 집	3	3
구리시	수련관	1	
양주시	수련관	1	2
	문화의 집	1	
포천시	수련관	1	
동두천시	문화의 집	1	
가평군	수련원	2	3
	문화의 집	1	
연천군	수련관	1	
합계	77개소		

김문수 지사님, 경기도내 각 시군의 청소년수련관 설치 실태를 정확하게 파악하고 계십니까? 유감스럽게도 수련관이 아예 없는 곳도 있는데, 안성시, 오산시, 하남시, 여주군, 양평군, 파주시, 동두천시 등 7개 시군입니다. 성남시에만 5곳, 수원, 부천, 안양에 각각 2곳씩 있는 것과 대조됩니다. 청소년수련관보다 규모가 작고 다수가 설치되어야 할 청소년문화의 집이 한 곳도 없는 시군은 광주시, 의왕시, 과천시, 남양주시, 의정부시, 구리시, 포천시, 연천군 등 8개 지역입니다. 이런 실태가 바로 우리 청소년들이 놓인 환경이고 시군 자치단체의 청소년에 대한 관심의 척도 아닙니까? 법률에 규정된 것도 지키지 않는 청소년 사업에 대해 과연 우리는 어떻게 평가를 해야 할까요? 경기도 차원에서 이처럼 청소년 시설이 빈약한 것에 대해 그동안 시행한 독려 조처나 정책이 있다면 제시해 보기 바랍니다.

물론 청소년수련관이나 문화의 집을 설치하는 데 상당한 건축비가 소요되기에 지자체의 재정 형편이나 단체장의 의지가 중요하게 작용할 것입니다. 하지만 경기도지사가 청소년 교육과 미래에 애정을 갖고 있다면 어떤 사업보다 먼저 비중을 두어 지원해야 할 것입니다. 도지사께서는 앞으로 어린이와 청소년들의 학교밖 복지 문화 시설 확충과 프로그램 개발, 전문 지도자 육성을 위해 연구 대책팀을 구성하여 종합적인 추진 계획을 시행할 의지와 방안을 밝혀 주시기 바랍니다.

2013. 3.

경기도의회

4장

아이들의 삶과 미래를 생각하며

아이들은 우리의 미래이자 희망이다. 우리의 앞날이 밝고 환하려면 아이들의 삶이 행복해야 한다. 동무들과 서로 어울려 즐겁게 생활하고 기쁘게 공부해야 한다. 아이들이 신나게 뛰어놀고 룰루랄라 노래하며 자신의 꿈을 활짝 꽃피워야 한다. '알콩달콩 이야기글' 세 편은 교사 생활을 할 때 아이들과 지내면서 우러난 감동들을 이야기로 만든 것이다. '발로 뛰어 취재한 글'은 좀 오래된 내용이다. 1990년경 학교밖에 있을 때 아이들을 그리워하며 그들의 문화와 삶을 취재하면서 구체적으로 들여다본 기록문이다.

1

알콩달콩 이야기글

대추알 사랑

학교 공부가 끝나고 교문을 걸어 나옵니다. 단짝으로 소문난 경호와 한수도 가방을 둘러멘 채 뒤를 따릅니다. 깨알처럼 쏟아지는 아이들의 웃음을 뒤로하고 동네 골목길로 들어섰습니다. 가을 햇살이 골목길에도 찰랑댑니다.

한수가 가던 일을 멈추고 하늘 쪽을 가리켰습니다.

“야, 우리 심심한데 저것 누가 먼저 따는가 시합이나 하다 갈까? 익은 대추 보고 안 따 먹으면 늙는다던데.”

눈에 익은 파란 대문집 대추나무였습니다. 담장 안 나뭇가지에는 익을 듯 말 듯한 대추알들이 주렁주렁 매달려 있었습니다. 순간 입가에는 달착지근한 대추 맛이 감돌았습니다.

다행히 한낮이라 오가는 사람도 없었습니다. 경호와 한수는 누가 먼저랄 것 없이 실내화 가방을 땅바닥에 툭툭 털었습니다.

경호가 먼저 하얀 실내화 한 켤레를 대추나무를 향해 휘익 던졌습니다. 그러나 대추나무 가지를 건들고 실내화만 땅바닥에 떨어졌습니다. 한수도 뒤이어 실내화를 힘껏 던졌습니다. 두세 번 번갈아 던져 봤지만 대추알은 빙글빙글 고갯짓만 했습니다.

"하, 고거 되게 안 떨어지네."

"안 되겠다. 우리 둘이 같이 던져 보자."

둘은 마주 보며 빙긋 웃고는 대추알을 겨눠 쌩 하고 던졌습니다. 그런데 맙소사, 대추알은 떨어지지 않고 실내화 두 짝만 대추나무 가지에 뎅그러니 걸려 버렸습니다.

그때 파란 대문집 안에서 컹컹 개 짖는 소리가 나더니 주인이 밖을 내다보는 소리가 들렸습니다.

"야, 누구 나온다. 뛰자!"

쏜살같이 가방을 대충 들쳐 메고 막다른 골목으로 내달려갔습니다. 두고 온 실내화가 걱정이 되었지만 주인에게 들켜 혼나는 것보다는 나을 듯싶었습니다.

파란 대문집에서 한참 떨어진 곳까지 달려와 땅바닥에 털퍼덕 주저앉았습니다. 숨을 돌리자 실내화 두 짝이 눈에 아른거렸습니다.

경호는 한수의 팔을 툭툭 치며 말했습니다.

"야, 실내화 어떻게 하지? 그냥 집에 들어가면 혼날 텐데……."

"집에는 알리지 말고 교실에서는 한 사람이 맨발로 다니면 되지 뭐."

한수는 웃음이 나오는지 건성으로 말했습니다.

"우리 다시 그 집 앞으로 가 보자. 잘못했다고 말씀드리면 실내화는 돌려줄 거야."

"괜한 짓이야. 실내화는커녕 우리 이름을 학교에 알릴지도 몰라."

경호가 조심스레 던지는 말에 한수는 고개를 도리질했습니다.

"그래도 한번 가 보기라도 하자."

졸라 대는 바람에 한수는 비칠비칠 자리에서 일어섰습니다. 땅이 꺼질세라 조심조심 파란 대문집을 향해 발걸음을 옮겼습니다. 한수는 공연히 가슴을 몇 번씩 펴 보이며 건곤 하였습니다.

드디어 파란 대문 가까이 다다르자 담벼락에 몸을 숨기고 눈만 빼꼼히 내밀어 대추나무 위를 올려다보았습니다. 실내화 두 짝은 간 데 없고 대추알들만 햇살에 반짝였습니다.

파란 대문 쪽으로 걱정스레 눈을 돌렸습니다. 그러다 화들짝 놀랐습니다. 파란 대문 앞에 하얀 실내화 두 짝이 가지런히 놓여 있는 게 아니겠어요.

둘러볼 겨를 없이 후다닥 대문 앞으로 뛰어갔습니다.

“아저씬지 아주머닌지 모르지만 정말 황공합니다.”

한수가 들뜬 목소리로 인사를 하고 실내화를 집어 들려다 움찔했습니다. 경호의 눈도 소처럼 휘둥그레졌습니다. 실내화 두 켤레 속에 대추알이 소복이 담겨 있지 뭡니까.

대추알 속에는 이런 쪽지 글이 함께 들어 있었습니다.

“아담과 이브가 그랬듯이 맛있는 과일을 보면 먹고 싶지요. 그러나 학생들이 신발을 던진 일은 칭찬할 수 없어요. 대신 대추를 좀 넣었어요. 대추나무에 대추가 열리듯 실력을 쌓으세요.” -주인 아줌마가.

1992. 5.

순영이의 선물

아침 햇살이 교실 창가에 쨍쨍하게 내립니다. 학급 아이들 얼굴이 아침마다 새롭고 사랑스럽습니다. 아이들을 하나하나 그윽하게 내려다보다가 눈길이 순영이 자리에 멎었습니다. 순영이는 보이지 않고 빈 의자만 뎅그러니 눈에 잡혔습니다.

'웬일일까? 6년 내내 결석 한 번 안 했던 아이가 연이어 학교에 나오질 않으니…….'

학교에 나타나지 않는 순영이 걱정으로 한동안 생각에 잠겼습니다. 아이들도 숨을 죽이고 순영이 자리를 번갈아 쳐다봅니다.

순영이가 이틀째 결석한 오늘은 스승의 날입니다. 아이들은 아침 일찍부터 칠판에 '선생님 사랑해요'를 온갖 색분필로 써 놓았습니다. 교실에 들어오자 바구니가 터지면서 오색 꽃가루가 머리에 쏟아졌습니다. 아이들은 서로 먼저 카네이션을 달아 주려 야단이었고 이미 책상에는 아이들이 가져온 선물 꾸러미가 그득 쌓여 있었습니다.

해마다 겪는 일이지만 스승의 날은 참 멋쩍고 쑥스럽습니다. 아이들에게 제대로 사랑을 쏟아 주지 못해 미안한 마음에 낯이 뜨겁기까지 합니다. 오히려 아이들 가슴에다 붉은 카네이션꽃을 달아 주고 싶은 날입니다. 그래서 더욱 아이들이 사랑스럽게 느껴지는 이 아침에 순영이가 보이지 않으니 가슴 한구석이 빈 것 같습니다. 힘이 없어 보이지만 하얀 박꽃처럼 맑고 깨끗한 마음씨를 가진 순영이가 자꾸만 눈가에 맺힙니다.

오후 수업이 끝나자 순영이네 집을 방문하기로 하였습니다. 순영이네 집을 알고 있는 한 여자아이를 앞세우고 갔습니다.

버스에서 내려 한참을 걸어간 구불구불한 산동네 끝자락에 집 몇 채가 게딱지처럼 자리 잡은 동네였습니다. 순영이 집은 가장 높은 곳에 있었습니다. 함께 간 아이를 돌려보내고 허름한 집에 합판으로 대충 짜 맞춘 방문을 두드렸습니다.

"안에 누구 계세요? 순영이 있니?"

"누구세요?"

인기척이 나더니 한 여자아이가 방문을 열고 빼꼼 고개를 내밀었습니다. 그러더니 흠칫 놀라며 방문을 얼른 닫아 버립니다. 금방 순영인 것을 알아차렸습니다.

"순영아, 나야. 선생님! 너하고 이야기를 하고 싶어서 왔어."

잔잔하게 조심스레 말을 건넸지만 아무런 대꾸가 없었습니다. 그 순간 순영이가 부끄러워하거나 겁에 질려 있을 거라는 생각이 들었습니다. 우리가 어렸을 때 담임선생님이 가정 방문을 하면 부끄러워 집에도 들어가지 못하고 숨어 버린 기억이 있거든요. 더군다나 순영이는 결석까지 했으니 혼날까 봐 겁도 났겠지요.

그런 생각으로 잠시 기다리려는데 삐걱 방문이 열리고 순영이가 밖으로 나왔습니다. 고개를 푹 숙인 채 눈자위가 붉어져 있습니다. 살며시 다가가 순영이 손목을 꼭 쥐며 말했습니다.

"순영아, 부끄러워하지 마. 우리 저만치 가서 바위에 앉을까?"

순영이와 산 언덕배기 바위에 나란히 앉았습니다.

"여기서 학교까지 걸어 다니려면 꽤 힘들겠구나."

"……."

"너 말고 이 동네에 우리 학교 다니는 아이는 누구니?"

"4학년 김지영하고 6학년 오진숙이요."

고개만 숙이고 말이 없던 순영이가 모기 소리만 하게 입을 열었습니다.

"그런데 집안에 무슨 일이 있었니? 이틀이나 학교를 빼먹고."

주저주저하던 순영이는 얼굴을 빤히 쳐다보았습니다.

"선생님, 그럼 말씀드릴 테니 혼내지 않으셔야 돼요. 말해도 절대 혼내지 않으실 거죠?"

순영이는 혼내지 않을 거냐고 거듭 다짐을 받으려 했습니다. 이런 순영이가 안쓰러워 등을 다독여 주었습니다.

"괜찮아. 말해 보아라. 네 이야기를 들으려고 여기까지 왔는데 혼내다니? 무슨 일이 있긴 있었던 모양이구나."

"저, 저, 사실은 선물 때문에 그랬어요."

"선물이라니?"

"스승의 날 선생님께 꼭 선물을 하고 싶었어요. 그런데 돈이 없었어요. 그래서 난지도 쓰레기장에 다니느라고……."

"난지도에는 왜?"

"아랫집 진숙이는 지난번 난지도에 가서 예쁜 목걸이를 주워 왔거든요. 그래서 나도 그런 목걸이를 하나 주워 선생님께 드리고 싶었어요."

"그럼 내 선물 때문에 난지도를 이틀이나 돌아다녔단 말이야."

순간 코끝이 시큰해짐을 느끼며 순영이를 가슴에 폭 안았습니다. 작은 새처럼 품에 안긴 순영이의 어깨가 가볍게 떨렸습니다.

"그런데 선생님, 우리 어머니한테는 이 일을 비밀로 해 주세요. 우리 어머니는 제가 학교에 나간 줄 알고 있는데 이런 사실을 알면 크게 혼날 거예요."

"겁을 잔뜩 먹고 있으니 그렇게 하자. 그런데 순영아. 네 이야기를 듣고 보니 내가 너무 부끄럽구나. 너는 스승의 날이 되면 내가 선물을 기다린다고 생각했니?"

"그런 건 아니지만 선생님께는 꼭 무언가 드리고 싶었어요."

시간을 내어 순영이에게 스승의 날 느끼는 부끄러움을 차근차근 이야기해 주고 싶은 생각이 들었습니다. 또 찾아온 길에 순영이 어머니를 만나고 싶기도 하였습니다.

"순영아, 어머니는 어디 가셨니?"

지금까지 오래 참아 두었던 말을 꺼냈습니다.

"어머니는 저 아래 공장에 다니세요. 밤이 되어야 오실 거예요."

"그럼 어머니를 기다리면서 이야기나 좀 할까?"

순영이와 오누이처럼 정답게 앉아 밀린 이야기꽃을 피웠습니다. 오월 봄바람이 물씬 아카시아 향내를 풍겨 주며 지나갔습니다. 순영이와 함께 아카시아 이파리를 손으로 튕겨 뜯어내는 놀이도 하였습니다.

그런 사이 저녁 어스름이 밀려오고 하늘에 별빛이 하나둘 돋아나기 시작하자 순영이 어머니가 산고개를 올라오는 모습이 보였습니다.

"순영이 어머니, 안녕하세요? 저 순영이 담임선생입니다."

갑작스러운 일에 순영이 어머니는 어쩔 줄 몰라 하며 허리만 연신 굽혔습니다.

"아니 어떻게 이런 곳까지 찾아오셨어요. 우리 애가 무슨 말썽이라도 피웠는가요. 하루 종일 일만 하고 아이를 돌볼 시간이 없으니 우리 애가 선생님 속도 많이 썩일 거예요."

"무슨 말씀을요. 순영이는 우리 반에서 누구보다 착한 아이인데요. 마침 이 근처에 왔다가 순영이 집이 가깝다길래 잠깐 들렀습니다."

자칫 순영이 어머니가 이상하게 생각할지 몰라 집에 온 사연을 대강 둘러댔습니다.

"아이고 어쩐대요. 방이 누추해서 들어가시자고 말씀도 못 드리겠고……."

"아닙니다. 막 가려던 참이었는데 어머니께서 오시길래 멈췄어요. 다음에 또 한 번 들르지요. 그럼."

"자, 잠깐만요."

순영이 어머니는 황급히 말을 가로막더니 집으로 뛰어 들어갔습니다.

"저, 선생님, 이것 별건 아니지만 받아 두세요."

순영이 어머니 손에는 플라스틱 물동이 두 개가 들려 있었습니다.

"아니에요, 순영이 어머니 쓰세요."

"우리 공장에서 만드는 것인데 몇 개 가져다 놓았어요, 스승의 날인 줄 알면서 아이한테 아무것도 못 보내고……."

"가정 방문을 와서 이런 것 받으면 안 되는데 어떻게 하지요."

그러자 순영이 어머니는 서운한 듯 눈물까지 내비치려 했습니다. 뒤늦게 큰 실수를 한 듯싶어 얼른 말했습니다.

"순영이 어머니의 정성이니 고맙게 받겠습니다. 하나는 우리 반 교실에서 쓰고, 하나는 제 자취 살림에 보태겠어요."

물동이를 받아 들자 순영이 어머니는 한사코 버스 정류장까지 배웅하겠다고 따라나섰습니다.

순영이와 함께 내려가는 산 고갯마루에는 막 구름을 비켜선 달빛이 앞서 걸었습니다. 순영이 어머니가 건네준 물동이에는 산동네 사람들의 꿈처럼 돋아난 별빛이 찰랑찰랑 담겨 빛났습니다.

1991. 5.

찬란한 희망

3월 초였다. 새로 만난 아이들 얼굴도 익히고 학습 정도도 알 겸 차례로 책 읽기를 할 때였다.

"장은숙!"

이름을 불렀는데도 아무 대답이 없었다. 이상해서 한 번 더 크게 불렀다.

"장은숙, 장은숙이 누구지?"

다소 실경질 섞인 내 반응에 한 아이가 대신 말했다.

"얘는요, 절대로 대답하지 않아요."

가리키는 손짓 아래 조그만 여자아이가 고개를 떨구며 움찔거렸다. 맨 앞자리에 누릿한 얼굴로 앉아 있는 은숙이는 힘센 녀석들에게 쪼이고 짓눌린 병든 병아리의 모습 바로 그것이었다.

"왜 대답을 안 하지?"

나는 말을 못하는 아이인가 싶어 다시 물었으나 아이들의 이야기는 전혀 뜻밖이었다.

"저 애는 죽어도 말을 안 해요. 5학년 때에도 아무리 타일러 봤지만 말을 안 했어요. 때려도 소용이 없어요."

아이들의 말은 곧 사실로 드러났다. 은숙이는 학교에서 생활하는 동안 한 번도 누구에게 말을 건네는 일이 없었다. 점심시간에는 밖에 나가 서성대길래 왜 밥을 안 먹느냐고 물었지만 역시 대답을 안 했다. 참으로 답답하고 숨 막히는 노릇이 아닐 수 없었다.

"은숙이 근처에 가지 않는 것은 머릿속의 이 때문이에요. 아이들이 이가 옮을까 봐 수군대거든요."

정말이지 은숙이의 머리는 냄새날 정도로 때가 절어 있고 서캐가 허옇게 살고 있었다. 나는 따뜻하고 조심스럽게 은숙이에게 접근하였다. 그러나 번번이 이야기를 나누는 것은 실패하였다. 오히려 관심을 드러내자 그것이 동정심으로 비쳤는지 아예 모든 걸 거부하려는 모습까지 보였다. 짝을 불러 이야기를 나눌 만한 소재나 방법을 은밀히 알려도 주었지만 헛일이었다.

고민스럽고 난감했던 그 일에 가닥이 잡힌 것은 어느 토요일 '들길 달리기'를 한 뒤였다. 시골에 첫 발령을 받아 아이들과 흙내 나는 들길을 달려 보는 학급 행사를 새로 맡은 반에서도 진행한 날이었다.

아이들과 운동장을 출발하여 한참을 달리다가 들길 중간쯤에 이르렀을 때였다. 여자아이들의 선두 무리를 보고 화들짝 놀랐다. 점심도 제대로 먹지 못하고 늘 무기력해 보이던 은숙이가 땀을 뻘뻘 흘리며 달려오는 게 아닌가? 불현듯 '저러다 쓰러지기라도 하면 어쩌지.' 하는 나약한 마음에 얼른 은숙이를 붙잡았다.

"은숙아, 너 힘들지 않니? 괜찮아? 너무 힘들면 천천히 뛰어라. 등수에 안 들어도 열심히 뛴 아이들에게 모두 상을 줄 거야."

은숙이에게는 너무 힘에 부치지 않게 뛰라고 이른 뒤 서둘러 결승점으로 돌아왔다. 맨 앞에 달리던 아이들이 반환점을 돌아 들어오는 걸 기다렸다. 남자아이 예닐곱 명이 숨을 헐떡거리며 도착한 뒤 이어 여자아이들의 선두가 눈에 들어왔다. 땀에 함빡 젖어 뛰어오는 아이들 속에 은숙이가 끼어 있었다. 은숙이는 당당히 3등이었다.

그날 밤 5등 안에 든 아이들에게 선물과 함께 정성을 다해 격려 편지를 썼다. 은숙이에게는 달리기를 할 때의 용기와 끈기로 학교에 와서 힘차게 생활하고 이야기도 활발히 나누자는 말을 써 주었다.

들길 달리기에서 상을 받은 뒤부터 은숙이는 처음으로 대답을 하기 시작했고 나와 한두 마디씩 이야기도 나누게 되었다. 짝과도 몇 차례 이야기를 나누는 모습이 보였다. 그러나 이런 새로운 기쁨과 설렘은 얼마 가지 못했다. 다른 아이들이 은숙이를 가까이하지 않는 것은 물론 짝조차 의자를 한쪽으로 쭉 빼 앉은 것이었다. 머리의 이와 서캐 때문이었다.

그때부터 은숙이의 때 전 머리카락과 거기에 서식하고 있는 서캐를 어떻게 없애야 하나 골몰하기 시작했다.

'앞으로 은숙이에게 남은 한 가지는 머리를 감게 하는 일이다.'

그렇지만 이제 가까스로 입을 연 아이에게 머리를 감게 하는 일이란 얼마나 어려운 일인가? 창피해하며 입을 다시 닫아 버리면 어쩌지? 또, 그 지독한 서캐는 어떻게 처치한단 말인가?

일주일간에 걸쳐 머릿속으로 '이를 잡기 위한 연극 대본'을 쓰고 고치고, 쓰고 고치기를 거듭하였다. 드디어 대본이 완성되던 날 약국에 들러 풀처럼 생긴 머릿니 약을 샀다.

오후 수업이 끝나자 장난스럽게 교실 분위기를 만든 다음 대본에 따라 연극을 시작하였다.

"요즘 공해가 심하고 먼지가 많이 날려 머리에 비듬이 생긴다. 선생님도 비듬 때문에 약을 바르고 있는데, 우리 반 아이들 가운데도 비듬이 많은 사람이 있으니 함께 발랐으면 한다. 비듬은 흉이 아니니까 머리를 숙이고 선생님이 약을 발라 주거든 싹싹 문질러 골고루 머리에 묻히거라."

내 머리부터 풀처럼 생긴 이 약을 먼저 바른 뒤, 아이들 20여 명에게 차례로 돌면서 발라 주었다. 주로 공부 잘하고 얼굴 두꺼운 아이들이 희생타였다. 은숙이 차례가 되자 듬뿍 약을 묻혀 주며 낮게 말했다.

"집에 가서 빨랫비누로 서너 번 박박 감아야 비듬기가 빠진다. 알겠지?"

다음 날이었다.

은숙이의 머리는 교실에 비쳐 드는 햇살을 받아 더욱 정갈해 보였다. 어제까지만 해도 머리카락에 허연 꽃가루처럼 다닥다닥 붙어 있던 서캐가 생각났다. 아이들에게 국어책을 읽게 한 뒤 책상 사이를 오가며 흘끔흘끔 은숙이의 머리카락을 살폈다. 언뜻 보기에도 서캐들은 훨씬 줄어들었고 남은 것들도 납작하게 말라 있었다.

쉬는 시간이었다. 몇몇 아이들이 은숙이 곁으로 모여 말을 건넸다. 그때 은숙이의 입가에 번지던 웃음기는 무엇과도 바꿀 수 없는 찬란한 희망이었다.

1992. 6.

2

발로 뛰어 취재한 글

놀이 속에서
몸과 마음이 자라는 어린이

"여보, 어서 밥 차려요. 일 나갈 시간이 다 됐어."

"알았어요. 당신은 아기 좀 잠깐 보세요."

남자아이는 건네준 인형을 보듬고 여자아이는 사금파리에 풀 부스러기를 잘라 담고 흙으로 밥도 지어 차린다.

오늘날의 어른들이면 누구나 골목 어귀에서 한번쯤은 했음직한 소꿉놀이 장면이다. 이제 그 소꿉놀이 속에서 맡았던 아버지, 어머니는 실제의 삶이 되었고 아이들에게 놀지 말고 공부하라며 다그치는 어른이 되었다. 학교 운동장과 너른 앞마당, 뒷마당, 골목골목에서 숨차게 놀았던 아기자기하고 신나던 놀이, 해 지는 줄 모르고 동무들과 어깨 걸고 뛰놀던 코 묻은 놀이 속에서 어느새 우리는 자라 어른이 된 것이다.

아이들은 동무들과 어울려 놀면서 배워

아이들은 어느 누구에게도 배울 수 없는 것들을 놀이를 통해 배운다. 놀이 속에서 자신을 탐구하고 실제의 삶에 하나하나 적응해 간다. 배움은 연필과 책으로만 이루어지는 것이 아니다. 철학자 러셀은 "아이들로 하여금 새로운 능력을 얻게 하는 종류의 놀이는 모두 교육적 가치가 있다."고 했으며 유명한 교육학자 프랭크는 "놀이는 아이들의 가장 좋은 학습 방법"이라고 했다.

아이들이 흔히 하는 병원놀이, 인형놀이, 소꿉놀이들을 조금만 유심히 살펴보면 놀이의 가치를 곧 깨달을 수 있다. 아이들은 놀이를 하면서 원시적인 환상에서 출발하여 점차 질서 있는 현실 세계로 접근한다. 이러한 놀이 과정이 곧 사회성을 익히는 것이요, 동무들과 어떻게 어울려야 하는지를 배우는 과정이다. 『놀이와 교육』이라는 책을 펴낸 바 있는 강릉대 강선보 교수는 놀이의 교육적 기능에 대해 이렇게 말한다.

"놀이는 흔히 공부와 반대되는 개념으로 여기고 있습니다. 그러나 놀이와 교육은 결코 대립적인 것이 아닌 서로 보완적이고 필요 불가분한 관계입니다. 놀이는 아이들의 몸과 마음의 발달과 균형을 가져다주는 가장 적극적인 방법일 뿐 아니라 인류 문화를 계승하는 기초가 됩니다. 또 아이들의 사회성을 발달시키고 정서 순화와 언어의 발달에 도움을 주는 가장 자연스럽고 다양한 교육이 바로 놀이입니다."

놀이를 잃어버린 아이들

지난날에는 아이들 놀이의 종류와 방법이 매우 다양하고 풍족했다. 술래잡기, 숨바꼭질, 땅따먹기, 사방치기, 말타기, 자치기 등 아이들 서넛이면 시간 가는 줄 모르고 재미있게 놀 수 있었다. 그런데 어느 때부터인가 우리 주위에서 "○○야, 놀자!" 하는 놀 친구를 부르는 소리를 들을 수 없게 되었다. 신나게 뛰어노는 아이들의 모습은 눈에 띄게 줄어들고 PC방이나 컴퓨터로 오락하는 게 많아졌다. 아이들은 모두 어디로 갔을까? 무엇을 하며 놀고 있는가? 한 학부모의 입을 빌려 들어 보면 요즘 아이들이 어떻게 놀고 있는지 단적으로 알 수 있다.

학부모 강미선 씨는 "요즘은 대부분의 어린이들이 외아들, 외동딸이어서 또래끼리 어울릴 수 있는 기회가 적고, 놀이도 친구들과 함께 하는 마당놀이가 아니라 밀폐된 공간에서 혼자 또는 고작 두어 명이 모여서 하는 밀실놀이로 변모해 가고 있다."며 컴퓨터 오락과 비디오 게임, 텔레비전 시청 등이 아이들의 생활이 되어 버렸다고 걱정한다.

아이들의 생활을 누구보다 가까이서 지켜보고 있는 교사들은 한결같이 요즘 아이들이 놀이 그 자체를 잃어버렸다며 안타까워한다.

"예전 같으면 쉬는 시간이나 점심시간 등의 빈 시간이면 아이들이 우르르 몰려 나가 술래잡기, 고무줄놀이, 땅바닥에 금 긋고 하는 놀이 등을 땀에 젖도록 했었지요. 그런데 요즈음에는 학교 고층 건물 구조 탓도 있지만 아이들이 어우러져 뛰놀기보다는 주로 교실을 떠돌며 친구들과 장난을 치거나 로봇 같은 장난감 조립, 휴대용 오락기 놀이 등에 익숙해져 있는 게 사실입니다."

교사들의 말을 들어 보면 1~2학년 어린이들 가운데 자치기, 고무줄놀이, 공기놀이 같은 전래 놀이를 직접 해 봤거나 본 적도 전혀 없는 아이들이 대부분이라고 한다.

여러 여론조사에서도 아이들이 학교 수업 이외에 시간을 내기도 어렵지만 그 시간마저 평균 텔레비전 시청으로 2~3시간씩 보내고, 심지어는 4시간에서 7시간까지 텔레비전 앞에 붙어 있는 아이들도 있다고 밝혔다. 가끔 놀이터나 아파트 주변에서 또래끼리 노는 아이들을 발견하지만 텔레비전과 사회 환경의 영향으로 모의 총기류를 들고 전쟁놀이나 하는 경우가 상당수이다.

놀이에는 그것을 즐기는 사람들의 삶과 정서가 녹아 있어야 하고 앞으로의 삶에 적극적인 힘을 제공해 주는 것이어야 한다. 그러나 아이들이 보면서 즐거워하는 텔레비전, 스포츠 관람, 전자오락은 아이들의 삶과 직접적인 관련이 없을 뿐만 아니라 놀이의 주체가 아닌 그저 단순히 즐기는 구경꾼의 자리에 머물도록 한다. 아이들은 이렇게 자신의 생활과 관련도 없는 상업적인 놀이를 통하여 자신들을 억누르고 있는 현실로부터 도피하고자 한다. 최근의 홈비디오 게임기와 컴퓨터 보급의 확산으로 가정에서까지 전자오락이 범람하고 있는데, 이러한 것들이 아이들 심성에 미치는 영향에 대해 사회단체에서 비디오 모니터 모임에 참여하고 있는 한 여성단체 활동가는 "각종 게임기는 내용의 폭력성은 물론 아이들을 개별화시키고 고립시키는 놀이라는 점에서 심각한 문제가 있다."며 "혼자 몰두하는 요란한 전자 폭발음 속에서 더불어 사는 삶의 소중함과 공동체 의식을 배우기는 힘든 일이다."고 말한다.

황폐한 놀이 문화는 잘못된 교육 현실 탓이 커

아이들의 놀이 문화가 이처럼 빈곤해지고 황폐한 원인을 여러 가지에서 찾을 수 있지만 우선 우리 사회 전반에 걸쳐 건강한 놀이 문화가 없다는 것과 잘못된 교육 현실에서 찾을 수 있다. 감각적이고 소비 지향적인 대중문화에 아이들을 무방비 상태로 버려두고 아이들에게 건강한 문화를 가지라고 요구할 수는 없는 것이다. 오직 돈벌이에만 눈이 어두운 어른들의 상술이, 성적 위주의 교육 현실 속에서 부모들의 과열된 욕구가 우리 아이들을 그릇되게 하고 건강한 놀이를 멀리하게 하는 주요 원인이 되고 있다.

서울 YMCA 강남지회가 대도시 지역 6학년 어린이 600명을 대상으로 조사한 자료를 보면 아이들의 놀이를 거론하기조차 부끄럽게 한다. 이 조사에 따르면 600명의 어린이 중 92%인 498명이 과외를 하고 있다고 한다. 이 가운데 한 가지만 과외 교습을 받는다는 어린이는 38.7%, 두 가지는 27%, 세 가지는 12.3%, 네 가지 이상도 4%로, 두 가지 이상 과외 공부를 하는 경우가 무려 43.3%나 된다. 이에 대해 한 초등학교 교장선생님은 "아이들이 뛰노는 것이 곧 학습인데 놀 시간이 없거나 경쟁에 부대끼면 반드시 문제가 발생한다."고 우려한다.

놀이 공간과 놀이 도구의 빈곤 또한 무시하지 못할 원인이다. 학교 운동장은 20여 년 전이나 별다르지 않은 몇 가지 놀이기구가 고작이고, 유료 놀이공원은 수효가 적을뿐더러 턱없이 비싸 그림의 떡이다. 마을 놀이터도 너무 부족해 아이들이 골목이나 도로 등으로 나오게 되지만 시끄럽다고 어른들에게 내몰리고 자동차에 치일 위험이 도사리고 있다. 아울러 관련 전문가들은 우리 사회의 놀이에 대한 잘못된 인식과 전문적인 노력 부족도 꼽는다. 흔히 내뱉는 말 중에 '너는 놀기만 하니?', '노는 것은 게으른 것이고 쓸데없는 시간 낭비다.' 이런 말들은 놀이는 쓸데없는 것이니 하지 말아야 할 것이고 오직 공부만이 최선이라는 우리 사회의 그릇된 신화를 대변해 준다.

전통 놀이를 가르치는 어버이가 되어야

아이들의 놀이는 단순히 한 번 놀고 치우는 일회적인 것이 아니라 자신들의 삶에서 느끼는 정서와 고민이 담겨 있어야 한다. 또한 아이들 스스로 놀이의 주체가 되어 누릴 수 있는 것이어야 한다. 이런 점에서 놀이 연구 관계자들은 우리 전통 놀이의 복원이 무엇보다 시급하다고 강조한다.

50여 년 전부터 각 지방을 돌면서 어린이 놀이를 보고 듣고 채록한 200여 가지의 놀이를 모아 『한국 전래 어린이 놀이』라는 책을 펴낸 최상수(한국 민속학 연구소장) 씨는 "우리 겨레의 정신이 살아 숨 쉬는 민속 중에서 특히 옛 어린이들이 만든 전래 놀이는 우리 민족정신의 최고 가치를 지닐 만하다."며 전래 놀이 발굴과 보급에 힘을 쏟았다.

현직 교사들이 모여 아이들 전반에 걸친 문화 연구와 놀이 보급 및 강습 활동을 하고 있는 '놀이연구회'의 이상호 씨는 올바른 놀이의 방향을 이렇게 제시한다.

"바람직한 놀이인가 아닌가의 판단을 쉽게 내릴 수는 없지만 대략 다음과 같은 판별 기준을 제시할 수 있습니다. 첫째, 놀이꾼과 구경꾼이 따로 나뉘지 않는 하나 된 놀이인가? 둘째, 놀이를 올바르게 이해하고 공동체의 의미를 바르게 일깨워 주는 것인가? 셋째, 놀이 과정에서 모든 이가 주인이 되어 즐길 수 있는가? 넷째, 놀이 주체자들의 삶과 정서를 반영한 것인가? 등을 따져 보는 방법이지요."

최근 놀이에 대한 중요성이 인식되면서 바빠진 놀이연구회는 그동안의 실천 결과를 모은 놀이 자료집인 『가슴펴고 어깨걸고』(1·2)를 출판해 교사와 학부모들의 놀이 지도에 길잡이가 되고 있다. 이들은 놀이에 관심 있는 학부모나 교사들이 소모임을 만들게 되면 각종 자료와 경험을 나누는 일을 아끼지 않겠다고 한다.

한편 관계 전문가들과 교사들은 아이들에게 올바른 놀이가 자리잡기 위해서는 무엇보다 점수 따기 경쟁 위주의 교육 현실이 개선되어야 함을 역설하고 이에 대한 교육 주체들의 각성과 노력이 뒷받침되어야 한다며 근본적인 해결책을 덧붙인다. 또한 정부와 지방자치단체의 놀이 시설이나 기구에 대한 과감한 투자가 시급하다고 강조한다.

또 학부모들의 아이들 놀이에 대한 인식 전환과 참여도 중요한 문제이다. 놀이 기행을 통해 놀이를 수집하고 연구하는 놀이연구가 김종만 씨는 우리 민족이 그 어렵고 힘든 시대를 슬기롭게 헤쳐 갈 수 있었던 근원은 건강한 아이들의 놀이라며 놀이를 가르치는 어버이가 될 것을 부탁한다.

"땅따먹기, 비석치기, 고무줄놀이, 사방치기, 공기놀이, 제기차기, 오징어놀이 등 수많은 놀이들은 우리 민족의 숨결입니다. 이것들을 우리 아이들에게 되살려 가르쳐 주어야 합니다. 흙마당이 없으면 아스팔트나 콘크리트 골목에서 백묵으로 금을 그어 가면서 말입니다. 놀이의 날을 정해 가족 행사를 하고 나아가 마을, 아파트의 행사로 운영해 나가길 권합니다."

고양이도 자기 새끼들을 제대로 키우기 위해서는 '쥐잡기 놀이'를 시킨다고 한다. 하물며 사람에게야 더 말해 무엇하겠는가? 아이들의 시대는 놀이의 시대다. 놀이는 아이들이 사람으로서 자기의 타고난 삶을 즐기는 방편이자 사회적인 역할을 터득하고 사람답게 자랄 수 있도록 일러 주는 큰 스승과 같다. 어느 하루, 골목 귀퉁이나 담벼락 밑 빈터에서라도 아이들에게 놀이를 가르쳐 주는 어버이의 모습! 생각만 해도 얼마나 따사롭고 정겨운 모습인가?

1992.

아이들의 구체적인 정서를 담아야 할 동요

우리는 아침에 어디선가 들은 노래 한 자락이 하루 종일 입에서 맴돌던 기억을 갖고 있다. 그리고 그보다 앞서 어려서 동무들과 부르던 짧은 가락의 노래들이 있다. 이제는 전부를 온전히 기억해 낼 수도 없는 그 노래들은 다정한 추억과 함께 우리 마음을 항상 따뜻하게 덥혀 준다.

동요와 더불어 자라나는 아이들

"자장자장 자장자장 우리 아기 잘도 잔다.
멍멍개야 짖지 마라 꼬꼬닭아 울지 마라.
자장자장 자장자장 우리 아기 잘도 잔다."

우리는 세상에 나오면서 어머니의 품 안에서부터 이렇게 노래와 만난다. 아장아장 걸음마를 배우며, 소꿉놀이를 하며, 또래들과 뜀박질을 하며 노래는 양념처럼 아이들 곁에 붙어 다닌다. 집 안에서, 학교에서, 골목길에서 아이들은 늘 노래를 부르며 자란다. 그러기에 동요는 마음의 고향이자 젖줄인 것이다.

노래운동가 백창우(노래마을 대표) 씨는 노래와 함께 커 온 어린 시절을 이렇게 회상한다.

"학교를 오가는 길에는 동무들과 '어깨동무 씨동무/미나리 밭에 앉았다.'를 함께 불렀고, '짱아짱아 빨간 짱아/앉으면 살고 서면 죽고'를 부르며 잠자리를 쫓아다녔습니다. 저녁 무렵이면 '야야 모두 나와라/여자는 말고 남자 나와라.'를 크게 불러 동네 아이들을 모았고, '무궁화 꽃이 피었습니다.'나 '꼭꼭 숨어라 머리카락 보인다.'를 부르며 깜깜해지도록 놀이를 했습니다."

특히 우리 민족에게 있어 노래는 곧 삶이었고 역사였다. 우리는 동요의 시초로 잡고 있는 신라 향가인 「서동요」에서부터 시대의 현실을 풍자함으로써 우리 민족의 정서와 윤리, 신앙에 뿌리박은 생활 모습을 익살스럽고 생생하게 이어 오고 있다. 또 대부분의 전래 노래는 부르는 것만으로도 놀이가 되었다. 일제에게 나라를 빼앗겼던 암울한 시기에는 동요가 어린이들에게 자주 독립정신을 일깨워 주고 민중들의 사무친 슬픔을 위안해 주는 힘이 되기도 했다.

범람하는 대중문화로 동요를 잃어 가는 아이들

그러나 범람하는 대중문화와 텔레비전의 영향으로 이제 우리 아이들은 동요를 잃어 가고 있다. 그 대신 대중가요와 만화영화 주제가, 상업광고 노래가 아이들의 입에서 자주 불리고 있다.

서울의 정영훈 초등학교 교사는, "요즘 어린이들이 대중가요의 경쾌하고 빠른 곡조와 자극적인 가사에 이끌려 교과서의 동요는 완전히 무시하고 있습니다. 주 2시간의 음악 수업으로는 텔레비전의 각종 가요 쇼나 광고 노래를 당해낼 재간이 없지요." 하며 한탄했다.

정 교사는 소풍 같은 학내 행사나 오락 시간이면 아이들이 으레 대중가요를 유창하게 불러 대고 환호성을 지르면서도 동요는 유치하게 여기는 걸 보면 온몸에 기운이 쭉 빠진다고 말한다. 심지어 5, 6학년 사이에는 유행가 CD를 듣거나 팝송을 곧잘 부르는 아이들도 많다고 한다.

어린이교육연구회가 어린이날을 앞두고 지난 4월에 서울시내 12개 초교 4~6학년 1,157명을 대상으로 조사한 동요에 대한 설문에서 4학년 어린이들의 35%, 6학년 어린이들의 56%가 대중가요를 즐겨 부른다고 대답하고 있다. 특히, 남자 어린이들의 50.1%가 대중가요, 21%가 광고 노래나 만화영화 주제가를 즐겨 불러 무려 71.1% 어린이가 동요 아닌 다른 노래에 빠져 있는 것으로 나타나 놀라움을 던져 주고 있다. 더군다나 민요를 즐겨 부른다는 어린이는 고작 1.5%로 어린이들 세계에서 전통음악이 완전히 외면당하고 있음을 보여 주고 있다.

이는 오늘날 우리 아이들이 자신들의 꿈과 숨결을 담은 노래를 잃어버리고 사랑 타령 위주의 대중가요와 상업성 짙은 광고 노래, 만화영화 주제가에 넋을 빼앗기고 있는 것을 한탄만 하고 있을 때가 아님을 경고하는 것이다.

교과서 동요, 어린이의 생활과 정서 제대로 담아내지 못해

왜 그럼 우리 아이들은 자신들의 노래보다 대중가요나 만화영화 주제가를 즐겨 부르는 것일까?

앞의 설문조사에 따르면 81%의 어린이들이 대중가요가 곡의 멜로디와 리듬(26.9%) 또는 노랫말(32.2%)이 좋기 때문이라고 그 이유를 꼽고 있다.

서울 ㅂ초교 6학년 김경희 어린이는 말했다.

"교과서의 동요는 재미없고 따분하지만 대중가요는 신이 나고 경쾌해서 좋아요."

현장의 교사들도 어린이들이 주로 음악 교과서를 통해 동요를 접하고 있지만 교과서의 동요를 재미없고 진부하게 여기는 게 사실이라고 털어놓는다. 그래서 동요는 학교 음악 시간에나 부르는 걸로 치부해 버린다는 것이다.

현재 음악 교과서에는 이전과 달리 전래 동요나 국악 동요, 민요가 많이 실려 있어서 전통음악의 비중도 높은 편이다. 하지만 동요가 어린이들로부터 소외당하는 것은 무엇보다 어린이들의 생활과 정서를 제대로 담아내고 있지 못한 데 있다.

노래평론가 이영미 씨는 교과서 동요의 문제점을 말했다.

"교과서의 동요가 어린이들의 실제적인 생활과 욕구 그리고 감정을 제대로 전달하지 못하고 있습니다. 특히 지나치게 교훈적인 노래가 교과서에서 가장 큰 비중을 차지하면서 어린이들에게 불리지 않고 동요에 대한 싫증까지 유발합니다."

또한 교과서에 두 번째로 많은 사물이나 자연을 소재로 한 동요들의 경우 지나친 말재주를 부리거나 그저 예쁘고 신기하게만 표현함으로써 어린이들의 상상력을 왜곡한다고 덧붙였다.

한편 음악 관계자들은 동요가 팝송이나 대중가요의 빠른 속도에 비해 너무 느려 현대 음악 리듬과 생활 율동에 맞지 않는데다 서정적이고 애상적인 가락이 주류를 이루고 있는 점도 외면당하는 주요 원인임을 지적한다.

건강한 동요를 돌려주기 위한 노래 운동 활발해

한편 다행스럽게도 어린이들의 노래 문화가 대중문화에 오염되어 밝고 건전하지 못한 현실을 바로잡고, 어린이들에게 건강한 동요를 돌려주기 위한 운동이 음악 관계자와 뜻있는 단체들로부터 일어나고 있어 희망을 주고 있다.

YMCA는 어린이들에게 올바른 노래를 찾아주자는 뜻에서 1980년대부터 동요 부르기 모임을 시작으로 '가족 노래 부르기' '국악 동요 강습회' 등을 꾸준히 펼쳐 나가고 있다.

동요 작곡을 하고 있는 초교 교사들이 모여 만든 '파랑새 모임'에서는 '파랑새의 노래'라는 동요 테이프와 노래책을 펴내 동요 부르기 운동에 나서고 있기도 하다. 이 모임은 현대 감각에 맞는 새로운 동요를 만들어 어린이들에게 들려주자는 뜻을 갖고 한 달에 한 번씩 새로 작곡한 동요를 모아 발표회도 갖고 있다. 또 우리의 전통 가락과 장단을 살린 국악 동요를 만들어 적극적으로 보급하고 있는 '국악 동요연구회', 어린이들에게 우리의 올바른 역사를 알려 주기 위해 '한국을 빛낸 1백 명의 위인들', '바보 온달과 평강공주' 등의 노래를 펴낸 '어린이 역사 노래회'는 우리 것을 노래로 찾아간다는 점에서 주목을 받고 있다.

한편 최근 들어 지역 주민들과 음악인들이 결합하여 어린이들의 노래 문화 운동을 펼치려는 새로운 시도가 눈길을 끌고 있는데 그 대표적인 것이 어린이 노래 모임인 '굴렁쇠', '목동 어린이 노래 교실'이다.

'굴렁쇠'는 1985년 성남에 있는 달동네 어린들이 교회에서 만든 작은 노래 모임으로 출발해 노래운동가 백창우 씨가 함께하면서 현재는 지역의 초등학생과 청소년들이 참여하고 있다. 이 모임에서는 백창우 씨가 어린이시와 동시로 노래를 만들고 가르치며 때로는 아이들과 함께 노랫말을 구상하기도 한다. 이처럼 아이들이 자기 자신의 이야기를 노래에 담는 활동을 통해 동요의 귀중함을 깨달아 가는 한편,

탁아소 건립을 위한 기금 마련 공연을 하거나 맑고 고운 목소리를 '우리 아이들'(1 · 2)을 비롯한 여러 장의 테이프와 CD에 담아 세상에 내놓기도 했다.

학교밖 배움터로 한 일간지에 소개된 바도 있는 '목동 어린이 노래 교실'은 목동 아파트 단지에 사는 동네 어린이들과 지도 교사 2명이 매주 화요일에 교회 예배실을 빌려 동요를 배우고 부르는 모임이다. 아이들에게 맑고 깨끗한 동요를 부르게 하자는 어머니들의 소박한 바람으로 문을 연 노래 교실은 1년여가 지난 지금은 어머니들도 아이들 사이에 섞여 함께 노래를 부를 만큼 동요 교육에 관심이 높아졌다. 지난 6월엔 어머니들이 어렸을 때 즐겨 놀던 전래 놀이에 담긴 동요를 가르치기도 했다.

이러한 학교밖 노래 모임에 대해 백창우 씨는 말했다.

"동요가 어린이들에게 사랑받기 위해서는 좋은 동요를 만들어 내는 것도 중요하지만 동요를 보급 · 확산시킬 수 있는 통로를 확보하는 일이 매우 시급합니다. 지역 학부모와 주민들이 뒤늦게나마 자발적으로 시작한 노래 교실이나 노래 모임이 하나의 실마리가 될 수 있을 것입니다."

건강하고 밝은 노래 문화 속에 올곧게 자라게 해야

아이들의 노래가 아이들에게 외면당하지 않고 아이들의 건강하고 올바른 삶을 가꾸어 주기 위해서는 어떻게 해야 할까?

어린이 문화운동 관계자와 음악인들은 한결같이 우리 동요의 노랫말과 곡이 먼저 달라져야 한다고 강조한다. 곧 아이들의 생활, 소망, 괴로움, 즐거움 등을 꾸밈없이 쓴 일기처럼 구체적인 삶을 노랫말과 리듬에 담아야 한다는 것이다.

'겨레의 노래' 동요분과 선정 위원으로 참여했던 이오덕 아동문학가는 이렇게 강조한다.

"지난 70여 년 동안 우리의 동요는 아이들의 삶에 등을 돌리고 있었습니다. 어른들의 머리로 지어낸 동심이란 울타리에 갇힌 동요가 아닌 아이들의 가정 · 학교 · 사회 생활에서 일어나는 이야기가 솔직하게 담겨야 할 것입니다."

권정생 동화 작가는 우리 동요가 나아갈 길을 전래 동요에서 찾아보고 부모들이 전래 동요를 가르쳐 주는 것도 바람직할 것이라고 말한다.

"우리 전래 동요는 어느 한 사람이 머리를 짜내어 만든 것이 아닌 일하면서 놀면서 우러나는 아름다운 감정을 담은 노래입니다. 일상생활에 쓰이는 자연스러운 말로 표현한 것이기 때문에 싫증이 안 나고 재미가 있습니다. 이런 노래를 부르며 자라는 어린이라면 저절로 착하고 부지런한 어린이가 될 것입니다."

한 동요 작곡가는 부모들이 집안에서 틈을 내어 아이들과 함께 동요 부르기를 할 것을 권유한다. 그런 가운데 대중가요나 만화영화 주제가, 광고 노래를 검토해 보고 좋은 동요를 찾고 부르게 하자는 것이다. 또한 텔레비전을 비롯한 대중 매체의 동요에 대한 집중적인 관심과 투자가 뒷받침되어야 한다고 강조한다.

서울 성일초등학교 김익승 교사는 아이들에게 좋은 동요를 부르게 해 아이들의 마음을 살찌우는 일에 힘을 쏟고 있는데, 우리 부모들도 실천해 볼 만한 방법이라고 생각된다. 김 교사는 교과서 밖의 각종 창작 동요와 전래 동요, 민요 등을 수업 시간 짬짬이 가르친다. 이렇게 가르친 동요의 가사는 아이들의 수첩에 꼬박꼬박 담겨 『시와 노래』라는 노래책으로 엮인다. 아이들은 언제든지 이 노래책을 펼쳐 함께 합창을 하고 학교 행사에서도 쓸모 있게 쓰인다. 또 학기 말에는 『시와 노래』에 실린 노래로 학급 동요잔치를 열어 녹음을 해 두었다가 한 학년이 끝날 즈음 아이들에게 선물로 준다.

동요 속에서 아이들이 자란다. 아름다움을 느끼고 함께 살아가는 세상을 노래하면서 노래처럼 성장한다. 아이들이 밝은 노래 문화 속에서 올곧게 자라도록 하기 위해 잘못된 사회 문화의 전반적인 변화와 함께 건강한 동요를 지키고 보급하려는 실천과 노력이 절실한 때이다.

1992. 2.

아이들의 마음밭을 자유롭게 가꾸어 줄 만화

'만화' 하면 떠오르는 것이 쉽고 재미있다는 느낌이다. 그래서 우리들은 시 한 편은 제대로 못 읊조려도 기억에 남는 만화책 한 권의 내용쯤은 대개 말할 수 있다. 또 특별한 기자재나 큰 비용을 들이지 않고서도 글과 그림을 볼 수 있다는 장점이 돋보이는 게 만화이다. 이처럼 만화라는 대중 매체가 가진 특성 때문에 찬반의 양론이 끊이지 않는 가운데서도 만화의 위력은 매우 커서 이제는 단순한 오락 기능이 아닌 각종 정보와 지식의 전달은 물론 교육적 기능까지 담당하기에 이르렀다.

만화는 풍부한 상상력과 생각의 자유스러움을 길러 줘

특히 어린이에게 있어 만화는 음료수나 과자처럼 늘 가까이 있고 즐겨하는 기호품이 되어 있다. 서울 YMCA가 시내 초등학교 5, 6학년 어린이들을 대상으로 한 설문조사에 따르면 아이들에게 있어 만화는 떼려야 뗄 수 없는 문화가 되었음을 실증적으로 확인할 수 있다. 이 조사에서 평균 한 달 동안 1~2권의 만화책을 읽은 어린이는 8.6%에 지나지 않으며 나머지 아이들은 그 이상의 만화를 보면서 생활하고 있다고 응답했다. 대부분의 어린이들이 한 달에 평균 3권 이상 만화 문화의 영향을 받고 있다고 보아야 할 것이다.

그러면 왜 이처럼 어린이들은 만화를 즐겨 보는 것일까? 아이들의 공통된 대답은 '재미있다'는 것이었다.

한 달에 보통 5권 이상의 만화를 읽고 있다는 조성기 어린이는 "만화를 보고 있으면 성적이나 공부를 강조하는 어른들의 얼굴을 잊을 수 있는 즐거움이 있다."며 "가끔 만화 속의 이야기처럼 재미있는 세상을 꿈꾼다."고 말했다.

만화 관계 전문가들도 일부 어른들이 무조건 저질시하는 풍토를 개탄하며 만화의 긍정적인 기능을 설득력 있게 제시한다.

공주전문대 임청산 교수는 "만화가 인류 문화유산과 학문을 재미있고 알기 쉽게 해설하는 교육적 기능을 통하여 아이들의 체험과 지식의 범위를 넓혀 나간다."고 밝히고 있다. 만화가 박재동 씨도 "아이들이 지나치게 만화에만 빠지지만 않는다면 만화가 미래에 대한 풍부한 상상력, 생각의 자유스러움과 즐거움을 얻을 수 있는 귀한 자료가 될 것"이라고 강조한다.

쾌락적인 성과 잔인한 폭력으로 가득 찬 일본 복사 만화

만화에 대한 기대와 인식의 전환 못지않게 어린이 만화의 종류와 내용 또한 매우 다양하게 발전되어 왔다.

우선 예전에 비해 줄거리가 10여 권까지 이어지는 장편 만화가 부쩍 늘어 가는 추세이고, 과학 · 역사 이야기 등을 담은 학습 만화, 환경문제, 성교육, 속담 등을 다룬 교양 만화에 이르기까지 만화가 다룰 수 있는 내용의 폭이 한층 넓어지고 있다. 어린이들은 이제 만화 주인공과 만화가를 동일시하면서 작가들의 분발을 촉구하고 있다. 만화가들도 어린이의 현실과 일상을 재미있게 그리려는 진지한 노력으로 격조 높은 작품이 많이 나오게 되었다.

그러나 아직도 지나치게 상업성에 편승하여 즉흥적인 쾌락과 허황된 과장, 잔인한 폭력의 내용을 그린 만화들이 어린이들 주변에 무방비 상태로 즐비해 걱정을 끼치고 있다. 그 대표적인 것이 일본 불법 복사 만화와 초등학교 주변에서 판매되고 있는 불량 만화이다.

특히 바쁜 세상일에 쫓긴 어른들이 제대로 돌보지 못하는 사이에 쾌락적인 성과 잔인한 폭력으로 가득 찬 일본 복사 만화가 우리 아이들의 정신과 삶을 좀먹고 있어 심각한 문제이다. 현재 시중에 나돌고 있는 일본 복사 만화는 80여 종 이상으로 그 내용이 '차마 눈 뜨고 볼 수 없는 장면'이 대부분이라는 게 일반의 지적이다.

어린이들 대부분이 한번쯤은 읽어 보았을 정도로 어린이들 사이에 인기가 높은 『드래곤볼』은 무려 10종의 유사 만화가 수십 권의 장편으로 출판되었는데 '여자의 팬티를 벗기거나 여인의 둔부를 만지는 장면' 같은 쾌락적인 성의 묘사와 '머리가 깨지고 눈알이 튀어 나오는 잔인한 장면'이 전체에 걸쳐 나오고 있다. 또한 이런 장면들의 곳곳에는 '난 여자 가슴을 만져야 힘이 솟는 체질이야.' '팬티 내리고 정말 행복해.'라든가 '죽이는 일은 참 기분 좋은 일이야.' '숨통을 끊어 놓겠다.'는 등의 대사도 들어 있다.

그러나 놀랍게도 『드래곤볼』은 일본 복사 만화 중 수준 높은 편에 속한다고 한다. 『드래곤볼』이 날개 돋친 듯 팔린 이후 잇따라 쏟아져 나온 『시티 헌터』, 『북두의 권』, 『소년 공작왕』, 『점프맨』 등은 작품성을 아예 무시한 채 오직 야하고 자극적인 쪽으로만 치닫고 있다. 이 만화들은 일본 그림을 그대로 복제한 뒤 글자만 바꿔 유통되고 있는데 한결같이 남녀의 성기를 보는 장면, 여자아이의 벗은 모습, 여자 가슴을 만지는 장면, 사람을 창이나 칼로 찌르거나 짓이기는 장면 등 노골적인 성 묘사와 잔인한 폭력으로 어린이들의 정서를 크게 해치고 있다.

불량 만화 학교 주변 문방구나 서점에서 무방비 상태로 팔려

일본 복제 만화 말고도 버젓이 한국간행물윤리위원회의 심의필을 받아 작자까지 인쇄된 작품 중에 일본 만화와 유사한 만화책들이 무방비 상태로 팔리고 있다. 부모들의 경우 심의필 도장이 찍힌 만화는 안심하기 쉽지만 학교 주변에서 팔리고 있는 만화책의 3분의 1 정도가 일본풍의 집 모양, 정원, 옷차림이 등장하는 일본 복사 만화 작품들이다. 또 칼, 도끼가 거침없이 등장하고 아버지와 아들이 화투하는 장면, 여자아이의 가슴을 무심코 만지는 장면 등이 어떻게 심의에서 통과되었는지 이해하기 어려운 작품도 있다.

이런 유해 만화들이 어린이가 가장 손쉽게 구할 수 있는 학교 주변 문방구나 서점에서 아무런 제재 없이 싼값에 팔리고 있으며, 감수성이 예민한 어린이들에게 성적 충동이나 파괴적인 행동을 유발할 수 있다는 점에서 심각성을 더해 주고 있다. 또 만화는 다른 매체와 달리 모방 본능을 자극하기 때문에 일본의 퇴폐 문화에 종속될 우려가 높다는 점도 지적되고 있다.

앞의 YMCA 조사에서도 초등학생의 90%가 일본 번역 만화를 읽어본 적이 있다고 응답한 것을 볼 때 일본 만화의 범람은 엄격한 규제가 시급한 시점이라고 할 것이다.

공동의 노력에 따라 만화의 모습 달라질 수 있어

'어떻게 하면 만화가 어린이들에게 바람직한 문화로 자리 잡게 할 수 있을 것인가?' 만화를 애정 어린 눈으로 이해하려는 학부모나 어른들이라면 누구나 이런 고민을 가지게 된다.

미술 평론가 최석태 씨는 "만화를 만드는 작가와 출판업자는 물론 학부모, 교육자, 정책 당국자의 애정과 노력의 여하에 따라 만화의 모습은 자못 달라질 수 있다."고 말한다. 즉 만화의 왕국이라고 알려진 일본의 경우도 나쁜 만화가 범람하여 만화에 관계하는 사람들이 손가락질을 받았지만 이런 문제를 극복하려는 지속적인 공동의 노력으로 이제는 쉽고 재미있는 만화 교과서까지 만들어 높은 교육 효과를 거두고 있다는 것이다. 또 각종 학문의 입문서나 사회 문제, 역사 등 여러 분야에 만화가 적극적으로 활용되고 있다. 중국 역시 만화의 역사가 중국인들의 삶이라고 할 만큼 만화가들과 국민들이 잘 결합되면서 발전되어 일본에서조차 상업성을 극복할 수 있는 만화의 대안으로 중국 만화를 꼽고 있다고 한다.

우리나라의 경우에도 불량 만화의 해악이 심해진 가운데서도 전에 없던 새로운 시도가 일어나고 있다. 먼저 우리의 역사를 재미있고 실감 나게 그린 만화 한국사, 속담, 철학, 과학물 등의 학습·교양 만화가 개발되어 어린이들 곁으로 파고들어 가고 있다. 학교에서도 뜻있는 교사들이 만화의 특성을 학생들의 자기표현의 수단으로 적절히 활용하고 있다. 서울시의 중학교 이숙향 교사는 특별활동으로 '바른 만화 연구반'을 만들어 '학교생활이나 자서전 그리기, 역사 달력 만들기, 수입 농산물 안 먹기 캠페인 만화 그리기' 등을 통해 아이들의 창의력과 표현력을 높이는 교육 자료로 활용하고 있다.

학부모와 교사들의 폭넓은 참여를 기다리는 만화 문화

어린이들의 만화를 감시하고 좋은 만화를 읽히려는 노력이 서서히 일고 있는 가운데 가장 돋보이는 활동을 하고 있는 곳이 서울 YMCA 만화 모니터 모임이다. 이 모임에는 주부와 교사들이 참여하고 있는데 지난 1987년 구성된 이래 만화 전반에 걸쳐 많은 연구와 행사를 가져 우리 만화의 발전에 큰 기여를 하고 있다.

만화 모니터 모임은 회원별로 어린이 만화, 성인 만화 등 분야별로 각종 만화의 내용과 그림, 대사를 면밀히 살펴 달마다 한 번씩의 합평을 가져 보고서를 발간하는 정기적인 활동 밖에도 좋은 만화 선정 기준을 마련하여 매월 우수 작가를 발표하고 연말에는 이를 총 집계하여 우수 만화가를 시상하고 있다. 또한 일본 만화 개방에 따른 공청회, 만화 작가 및 출판사, 모니터단과의 간담회 같은 행사를 통해 만화의 문제점과 그 극복 대안을 널리 알리는 데도 한몫을 하고 있다.

서울 YMCA 어린이부 박영숙 간사는 "만화가 어린이에게 미치는 영향의 중대성에 비추어 만화 모니터 모임이 한 곳밖에 없다는 현실이 안타깝다."며 "현재의 만화 모니터 모임의 규모나 활동으로 봇물처럼 쏟아져 나오는 만화 속에서 유익한 만화를 고르고 나쁜 만화를 감시한다는 게 역부족"이라면서 관심 있는 학부모와 교사들의 폭넓은 참여를 부탁했다.

한편 누구보다 중요한 만화 작가 자신들도 그동안의 개인 차원의 노력에서 나아가 좋은 만화를 만들기 위한 공동의 노력을 펼치고 있는데 그 하나가 '바른 만화 연구회'이다. 상업주의에 찌들어 있는 만화 문화를 반성하고 아이들에게 즐거우면서도 유익한 만화를 만들기 위해 모인 만화 작가들의 모임인 '바른 만화 연구회'는 아직 30여 명의 적은 수가 참여하고 있지만, 『만화 창작』이라는 무크지를 펴내 우리 만화의 나아가야 할 올바른 방향을 모색하고 만화를 배우려는 후배 작가들에게 만화 강좌를 통해 올바른 만화 작법을 가르치려 하고 있다.

이 모임의 회장인 만화가 이희재 씨는 "아직은 시작 단계이지만 좋은 만화를 만들기 위한 만화가들의 집념은 높이 살 만하다."며 "학부모들이 만화를 무조건 저질시하기보다는 따뜻한 애정의 눈으로 감싸주고 좋은 작품을 격려해 주었으면 한다."고 바랐다.

좋은 만화를 구독할 수 있는 방법이나 태도 지도해야

서울 YMCA 만화 모니터 모임은 지난 10월 12일, 올 9월 이전에 발간된 단행본 만화 가운데 322종 694권을 분석하여 '좋은 만화 나쁜 만화 전시회'를 갖고 좋은 만화 목록을 배포해 자녀를 둔 어른들에게 만화를 고르는 데 도움을 주었다. 좋은 만화에는 이희재 씨의 『악동이』, 이원복 씨의 『먼나라 이웃나라』, 이두호 씨의 『우리 선조의 참다운 삶』 등 오락 · 교양 · 학습 만화 47종이 뽑혔는데, 좋은 만화의 선정은 △ 흥미로우면서도 상상력과 창의력을 길러 주는 내용 △ 어린이의 세계에 알맞고 유행에 편승하지 않은 말 △ 과장되거나 복잡하지 않은 그림 등으로 기준을 삼았다.

만화의 본질은 재미에 있다. 재미없는 만화란 이미 그 생명력을 잃은 것이라고 볼 수도 있다. 그런데도 우리들은 어린이 만화에 잘못된 욕심을 내고 있는 건 아닐까? 만화가 성적을 올려 주리라거나 학습 교재 따위로 보려는 것은 아닐까?

'만화를 모두 없애 버린 세상'에 대해 취재 중에 만난 어린들과 만화 관계자들은 한결같이 상상할 수 없다고 고개를 저었다. 그만큼 만화가 어린이들의 문화와 삶에 크고 깊게 자리 잡았다는 것일 게다. 결국 이제는 어린이 만화에 대한 무조건적인 거부나 부정적인 인식보다는 어린이들에게 좋은 만화를 구독할 수 있는 방법이나 태도를 지도해 주고 제도적인 개선을 통해 어린이 문화를 바람직스럽게 이끌어 주어야 한다는 것이 관계 전문가들의 지적이다.

임청산(공주 전문대 만화예술학과) 교수는 "아무리 엄한 법률과 노력으로도 독자가 존재하는 한 불법 만화를 완전히 없앨 수는 없는 게 사실"이라며 "적어도 이러한 독버섯이 크게 번지지 않도록 하기 위해 작가와 업자들의 양심적인 태도는 물론 당국과 국민들이 힘을 합쳐 불법 만화 제조업자들을 철저히 가려내 제재를 하는 조직적인 대책이 강구돼야 할 것"이라고 밝혔다.

오늘부터 아이들이 보는 만화를 마음 써 들여다보자. 재미난 내용이 나오면 아이들과 함께 키득키득 웃어도 보며 자유롭고 즐거운 마음 밭을 가꾸어 보자. 아이들과 함께 만화 내용을 터놓고 이야기하고 비판해 보는 일에서부터 아이들 만화를 올바로 자리매김하는 시작이 될 것이기 때문이다.

1992.

우리 아이들, 텔레비전 어떻게 보게 할까

서울시내 초등학교에서 3학년 아이들을 가르치고 있는 김 선생님은 어느 날 교실에 나타난 수십 명의 '배트맨'들 때문에 깜짝 놀랐다.

아침에 교실 문을 연 순간, 수십 명의 반 아이들이 '배트맨'을 외치며 교실을 휘젓고 있었다. 하나같이 엄지와 검지로 둥그런 안경을 만들어 눈에 걸친 모습이 우습기도 하고 어처구니가 없어서 아이들을 자리에 앉게 한 뒤 어찌 된 일이냐고 물으니 "치, 선생님은 텔레비전도 안 보세요?" 하고 되묻더란다. 알고 보니 아이들 사이에 인기를 끌고 있는 코미디 프로 '봉숭아 학당'에 나오는 '맹구'의 행동을 흉내 낸 것이었다. 김 선생님은 이 사건으로 새삼 텔레비전의 위력을 무섭게 확인했다고 한다.

한국 갤럽조사연구소가 지난 9월 한 달 동안 서울 지역 200가구에 설치한 텔레비전 미터기를 통해 4~12세 어린이들을 대상으로 실시한 조사 결과에 따르면, 평일의 경우는 1시간 9분, 토요일은 2시간 5분, 그리고 일요일에는 평일의 두 배인 2시간 18분 동안 텔레비전 앞에 앉아 있다고 한다.

텔레비전 시청 시간대를 살펴보면, 저녁 8시께가 23.8%(어른 26.5%)

로 가족이 함께 모이는 황금 시간에 아이들이 텔레비전에 눈을 모으고 있는 모습을 전해 주고 있다.

"아버지를 하루 못 보는 건 참을 수 있지만 텔레비전을 하루 못 보는 건 도저히 참을 수 없을 것 같다."는 한 어린이의 이야기가 가슴 아프게도 아이들의 현실이니 어쩌겠는가?

텔레비전이 가진 두 얼굴을 바로 보아야

텔레비전이 우리 아이들에게 끼치는 영향과 그 기능에 대한 평가는 대체적으로 좋은 면과 나쁜 면의 두 가지 얼굴을 가진 매체라고 되어 있다.

텔레비전의 좋은 점으로는 흔히 정보 전달과 오락 제공을 꼽는다. 텔레비전이 아이들에게 가정에서 접하지 못하는 사회나 문화 정보를 전해 주고 다른 어떤 매체보다 쉽고 편리하게 즐거움과 재미를 누릴 수 있게 해 준다는 것이다. 또한 지식, 능력, 기능의 발달을 촉진시키는 일부 교육적인 기능을 담당하고 있다고 알려져 있다.

그러나 최근 들어 교육 관계자나 학부모들 사이에 텔레비전의 부정적인 영향에 대한 우려의 소리가 높은 게 사실이다. 텔레비전이 요즘 들어 오락적인 흥미를 더하고 시청률을 높이기 위해 각종 잔혹한 폭력, 살상 장면을 자주 등장시킴에 따라 아이들의 정서를 해치고 폭력으로 문제를 해결하는 모방 충동을 일으키게 한다는 것이다.

또한 전문가들은 텔레비전을 오랫동안 계속 보게 되면 어린이들의 창조적인 지적 발달이 늦어지고 다양한 사고력이 파괴되어 자주성과 활동성이 저하되는 결과를 가져온다고 지적하고 있다.

학부모 정인숙(35) 씨는 "텔레비전 앞에서는 가족들이 무릎을 맞

대고 있어도 마음은 제각기 달라서 심정이 통하는 대화도 없고 눈빛조차 주고받지 않아요."라며 텔레비전으로 인해 가족 간의 대화가 단절되는 현실을 안타까워했다.

그렇다고 해서 텔레비전을 없애는 것이 해결책이 될 수도 없다. 아동문학가인 임길택 교사는 텔레비전의 해독을 걱정하여 텔레비전을 아예 사지 않았다가 초등학교 다니는 자녀들이 동무들과 대화에서 소외당하는 것을 보고 결국 텔레비전을 사 줄 수밖에 없었다고 실토한다.

이제 무엇보다 중요한 문제는 우리 아이들이 보고 있는 텔레비전 프로그램의 내용이 어떻게 되어 있는가 하는 것이다. 특히 어린이 방송 시간대에 방영하는 프로그램은 어른들이 함께 보아 주기 어려워서 방치되기 쉽기 때문에 어린이 프로그램이 어떻게 제작되고, 어떤 내용을 갖고 있는가를 주의 깊게 살펴볼 필요가 있다.

어린이 프로그램에 대한 투자와 관심 빈곤해

앞날의 희망인 어린이들을 대상으로 하는 텔레비전 프로그램에 대한 방송사의 투자와 관심은 어느 정도일까? 이에 대한 대답은 부정적이다. 오히려 어린이 프로그램은 제작 여건이나 방송 편성 과정에서 늘 '찬밥 신세'를 면치 못하고 있다는 게 방송 관계자들의 일반적인 지적이다.

현재 4개 텔레비전 채널에서 방송되고 있는 어린이 프로는 '과학 탐험대', ' 하늘천 따지' 등 4~5개 교양 프로를 제외하고는 아직도 외국에서 수입한 만화영화가 주류를 이루고 있다. 일주일에 4~5회 방송되는 '만화세계 명작동화(KBS1)' '말괄량이 뱁스(MBC)' 등의 수입 만화영화들은 우리 어린이들의 정서, 삶, 고민과는 거리가 먼 채 그저 얄팍한 재미나 감상에 치우치고 있다는 오랜 지적을 받고 있다.

텔레비전 모니터 모임의 비판이 계속되고 있는데도 어린이 프로는 그 양과 질에 있어 별로 달라지지 않고 있다. 이러한 문제의 원인에 대해 어린이 방송 담당자들은 어린이 프로 제작비가 쇼 프로 제작비의 10분의 1밖에 안 된다며 좋은 방송을 기대하는 게 무리라고 고충을 털어놓는다.

한 교육방송(EBS) 어린이 프로그램 담당 작가는 "어린이 드라마가 대개 신인 방송 작가들이나 PD들이 성인극을 하기 위해 연습 삼아 거치는 한 과정으로 잘못 인식되고 있습니다."라며 "아이들의 얘기니 쉽게 접근하고 해결할 수 있다는 자세가 어린이들에게 외면받는 작품을 만드는 것입니다."라고 밝힌다.

아이들의 구체적인 삶과 고민을 담아야

어른과 어린이들이 함께 지켜볼 만한 어린이 드라마 한 편을 선뜻 꼽을 수 없는 우리 방송의 현실에서 지난 7월 중순경 끝난 KBS 제2TV의 '천사들의 합창'은 비록 외화지만 앞으로 우리 어린이 프로그램이 나아가야 할 바를 가늠해 준 작품이다.

멕시코 텔레비전사가 제작한 이 드라마는 날로 심각해지는 사회문제를 어린이들의 순수함으로 풀어 보려는 데 목적을 두었다고 한다. 때문에 어렵지만 서로서로 도와 가며 고난을 이겨 나가는 어린이들의 모습을 통해 진한 감동을 받아서 흥미 위주의 소비성 짙은 우리 어린이 프로 제작에 시사하는 바가 크다고 할 것이다.

'천사들의 합창'이 제작비를 많이 들이지 않고도 좋은 작품을 만들 수 있었던 것을 본다면 우리 방송가에서도 제작 여건에만 탓을 돌릴 수는 없을 것이다.

이에 대해 아이들과 함께 생활해 온 교사들은 우리나라 방송 관계자들이 우리 아이들의 현실적인 삶을 제대로 알고 있지 못하여 작가의 작위적인 구성에 의존하기 때문이라고 지적한다.

박석일 교사는 "우리 아이들이 고민하고 있는 시험 경쟁, 어른들의 지나친 간섭과 권위적인 태도, 비인간적인 사회 현실 등 일상생활의 모습을 정확하고 애정 있게 파헤치고, 더불어 함께 살아가는 공동체의 모습을 방송에서 시도하기 바란다."며 이를 위해 방송 작가 및 담당자와 교사, 어린이, 학부모가 공동으로 제작에 참여하는 방안도 모색해 볼 수 있겠다고 제시한다.

텔레비전 모니터 활동 최근 들어 두드러져

시청자가 단지 언론 매체에 수동적인 수용자로서 있기보다는 스스로 주체자가 되어 텔레비전 프로그램을 감시하고 시청자의 입장을 적극적으로 반영하려는 텔레비전 모니터 활동이 각 사회단체에서 최근 들어 두드러지게 일어나고 있다.

1985년 조직된 서울 YMCA 텔레비전 모니터 클럽은 올해 들어 새롭게 조직을 정비하여 '좋은 방송을 위한 시청자 모임'으로 출범하였다. 산하에 연예 · 오락 분과, 어린이 분과 등 4개 분과를 두어 일반 시민들의 자발적인 참여 속에 활동하는 이 모임은 각 텔레비전과 유선방송 프로그램을 모니터해 공동 평가하고 보고서를 펴내 각 언론 및 방송위 잡지에 신도록 하고 있다.

특히 이 모임의 어린이 분과에서는 어린이 모니터 집단을 구성해 회원들과 함께 모니터를 하고, 어린이들에게 매체 교육도 시킬 계획이라고 한다. 어린이가 직접 텔레비전 프로그램을 평가하고 비교해 봄으로써 어린이 프로가 좀 더 어린이들과 가깝게 나아갈 수 있는 방향을 찾아보자는 의도에서이다.

또 각 사회단체의 텔레비전 모니터 모임 발전 방향에 대해 한국여성민우회 한명숙 회장은 "지금까지 대중 매체의 피해자는 누구보다도 어린이와 여성들이었다."고 전제하며 "언론 감시 운동은 대중 매체에 대한 개인적인 문제의식을 심어 주는 데에서 발전해 사회 운동이라는 큰 그릇 속에 담아 가려는 노력이 필요하다."고 강조했다.

부모가 함께 텔레비전을 보는 방법을 일러 주어야

'어떻게 하면 텔레비전 보는 시간을 줄이고 아이들에게 알맞은 프로만 보도록 설득할 것인가?'

부모들이라면 누구나 한번쯤 해 봤음직한 고민이다. 그러나 교육학자인 하인 레터(독일 브라운 슈바이그 대학) 교수는 이 문제에 대해 '어른, 특히 부모들은 어떻게 하면 텔레비전 없는 생활 습관을 들여 뜻있는 가정생활을 이룰 수 있을 것인가?' 하는 방향으로 근본적인 인식 전환을 해야 한다고 말한다. 하인 레터 교수는 무엇보다 먼저 부모들이 텔레비전을 멀리하는 생활과 그에 따른 세심한 보살핌의 중요함을 이렇게 강조하고 있다.

"아이들로 하여금 텔레비전은 없지만 그 대신 어머니와 아버지가 그보다도 더 좋은 것을 해 주며, 여가를 유용하게 보낼 수 있는 방법이 얼마든지 있다는 것을 감지하게 해야 한다. 아이의 관심을 끌어 텔레비전을 대신할 만한 활동이 주어져야 한다. 자랑할 수 있는 취미, 운동, 여러 가지 음악 활동 등 무엇이든 좋을 것이다."

우리 어린이들을 텔레비전의 역기능으로부터 지킬 수 있는 방법에 대해 한국글쓰기교육연구회 이성인 간사는 "어린이들이 마음대로 텔레비전을 보거나, 혼자 보도록 방치해서는 안 된다."며 "부모가 함께 텔레비전을 보며 내용을 비판하고 텔레비전을 올바르게 보는 방법을 가르쳐 주어야 한다."고 말했다.

김기태(서강대 언론학) 강사는 "먼저 가정에서 아이들과 함께 '어떤 프로그램을 주로 시청하고 그 문제점은 무엇인가'를 따져 나가는 일이 실천되어야 할 것"이라며 "더 나아가 학부모들이 잘못된 프로그램을 보았을 때, 이의 시정을 방송사나 언론사에 요구하는 적극적인 태도가 요청된다."고 밝혔다.

텔레비전이 현대 문명의 발달과 함께 우리 생활 깊숙이 자리한 이상 텔레비전을 없앨 수는 없는 일이다. 인간이 발명한 기계에 인간이 종속되지 않도록 어떻게 잘 활용하느냐 하는 것이 우리 앞에 던져진 과제이다. 텔레비전이 아이들의 성장 발달에 미치는 영향을 제대로 이해하고 올바르게 시청할 수 있게 지도하는 것이야말로 우리 부모들이 담당해야 할 몫이다.

1992. 1.

3선 교육의원으로 펼치는 경기 교육의 미래

'교육의원' 하면 일반인들에게는 좀 낯설지만 교육계에 근무하는 사람들에게는 상당히 중요하고 권위 있는 자리이다. 교육청의 주요 의안과 예결산을 심의하고, 조례를 제·개정하며 행정감사를 하는 교육의회기구 의원이다. 흔히 한 번 하기도 어렵다고 하는 자리를 세 번에 걸쳐 선출되어 일하고 있는 사람, 경기도교육의원 최창의이다. 그는 지난 2002년도에 41살의 젊은 나이에 교육위원으로 선출되어 현재까지 10년 넘게 활동하고 있다.

최창의 교육의원이 1980년도에 전주교육대학에 입학한 때는 광주 민주항쟁이 일어난 격동의 시기였다. 학창 시절에는 교사의 꿈을 키우는 틈틈이 대학신문사 기자로 일하면서 '학골탈패'라는 탈춤 동아리를 처음으로 만들어 강령탈춤, 북청사자놀음 등 전통가면극을 공연하였다. 학골탈패는 지금까지도 후배들에게 계속 이어져 교육대학에서 풍물, 탈춤 등 전통예술 기능을 익히는 데 도움을 주고 있다.

교육대학을 1982년도에 졸업한 뒤에는 경기도에 교직 발령을 받아 안성, 고양 지역 초등학교에서 눈망울 맑은 아이들을 가르쳤다. 정치권력이 교육을 좌지우지하던 시절이었는데 올곧은 교육에 대한 신념이 깊어 갈수록 교육의 모순이 크게 다가왔다. 이오덕 선생님이 설립한 한국글쓰기교육연구회에 참여하며 아이들에 대한 참된 이해와 진정 아이들을 믿고 사랑하는 것이 무엇인지를 깨달았다. 어린이들에게 참교육을 실천하는 방법으로 삶을 가꾸는 글쓰기 교육을 실천하면서 『신나는 글쓰기 초등학교』, 『글쓰기가 좋아요』 등 6권의 교육 저서를 펴내기도 하였다. 하지만 참교육에 대한 열망과 교육개혁의 신념으로 전교조 활동을 펼치다 1989년 해직되는 아픔을 겪었다. 9년 3개월간 학교밖에서 활동하며, 교육 문제를 조직적으로 해결하기 위해 다양한 활동을 펼쳤다. 그러다 1998년 전교조 합법화와 함께 다시 학교로 돌아왔다.

그 뒤 교직에서 한 4년 동안 더 근무하다가 2002년 7월 경기도교육위원 선거에서 당선되면서 겸직 금지 조항에 따라 사직을 하고 교육위원으로 임기를 시작하게 된다. 교육위원이 되어서 결심은 교사로서 아이들을 가르칠 때 가졌던 첫 마음을 잃지 말자는 것이었다. 교육위원이 되어 학교를 떠나게 되었지만 교육의 본질을 회복하고, 아이들이 행복해지는 세상을 위해 일하겠다는 마음엔 변함이 없었다.

교육위원이 되고도 학교 현장을 누구보다 잘 알고 있었기에 '교사와 학부모가 바라는 것들을 어떻게 정책으로 구현해 낼까.' 하는 고민을 많이 했다. 우선 학교 교육 환경 개선을 위해 뛰었다. 처음 임기를 시작할 때만 해도 경기도는 과밀 학급 문제가 심각했다. 수년 동안 학교와 교실을 확충하는 데 힘써 과밀 문제는 어느 정도 해소했다. 하지만 앞으로도 학급당 학생 수 정원을 20명 전후로 줄여 토론과 협력 수업을 활성화할 계획이다. 학교 화장실 개보수와 체육관, 학교도서관, 냉난방기 시설 등 기반 시설도 대폭 확충하고 개선했다.

2010년도에 주민 직선으로 선출 방식이 바뀐 뒤 관할하는 지역구가 고양을 비롯하여 5개 시군으로 활동 범주가 크게 늘어났다. 세 번째 교육의원으로 선출되고 나서 무엇보다 먼저 경기도교육청이 공교육 혁신 모델로 역점을 두어 추진하는 '혁신학교'를 지역구에 유치하는 데 앞장섰다. 고양시 11곳, 파주시 5곳, 김포시 8곳, 양주시 2곳, 연천군 2곳 등 모두 28개 혁신학교를 지원하는 데 힘썼다. 또한 고양 지역에서는 지난해에 이어 해마다 15억 원가량의 예산을 추가로 확보해 혁신학교의 성과와 사례를 일반 학교에 전파하는 '고양 행복학교' 사업을 적극 펼쳐 현장의 호평을 받고 있다.

장애 학생들의 교육 여건 개선을 위해서도 바쁘게 움직였다. 학교마다 특수교육 보조원을 확대하였고, 장애 학생을 위한 공립 특수학교인 파주 자운학교의 설립을 추진하였다. 2014년도에는 김포에 유치원부터 초·중·고등학교까지 정신지체 장애 학생들이 다닐 수 있는 특수학교가 들어서도록 확정하였다. 그간 김포시에는 장애 학생들이 다닐 특수학교가 없어 타 시군으로 통학을 하던 불편을 해소하게 됨으로써 김포 장애 학부모들의 큰 호응을 얻었다.

의원으로서 입법 권한인 조례 제정 활동도 활발하게 펼치고 있다. 최창의 의원이 전국 최초로 도교육청 단위의 획기적인 교육관련 조례를 제정한 건만 해도 세 가지이다. 먼저 성범죄 경력자 및 마약 경력자를 강사로 고용한 학원을 행정 처분하는 조례안을 비롯하여 한 해에 200명의 사서를 확충한 성과를 거둔 '학교도서관 지원 조례'와 시민단체들의 자발적인 교육 참여 사업을 이끌어 낼 '교육청 사회단체보조금 조례'들이 그것이다. 2012년도 후반기에는 학교를 중도에 그만둔 학생들을 위해 복지 및 교육을 지원하는 '학교밖 청소년 지원 조례'와 '교권보호에 관한 조례'를 주도적으로 발의하기도 하였다.

교육의원으로 일하면서 가장 기억에 남는 활동은 꼽는다면 아무래도 단연 학생 무상급식이다. 무상급식이 실현되기 전 경기도교육위원회에서는 보수적인 의원들이 나서서 초등학교 무상급식과 혁신학교 예산을 절반이나 삭감한 적이 있었다. 교육위원회의 예산안 삭감으로 도서 벽지와 농산어촌 등 교육 환경이 열악한 소규모 초등학교 학생들의 무상급식 계획이 사실상 무산될 위기였다. 이에 대한 항의와 아울러 석고대죄하는 심정으로 그는 의회 본회의장에서 농성에 들어갔다. 7박 8일간의 농성을 진행하면서 'Daum 아고라'에 "예산 심의 과정에서 농산어촌과 도시 외곽의 소규모 학교 어린이들에게 따뜻한 점심밥을 먹여 보려던 소박한 꿈은 깨져 버렸다."는 글을 올렸고, 그 당시 아고라에 올라온 글 중 조회 수 1위를 차지했다. 학부모, 시민들의 격려와 응원의 메시지도 쏟아졌다. 그 이후 올해 들어서 경기도는 유치원과 초등학교, 중학교 93% 이상의 학생들이 무상급식의 혜택을 받고 있다.

교육의원 활동과 함께 교육 정책에 대한 현장의 의견을 듣고 토론하여 정책 대안을 찾는 각종 포럼도 운영하고 있다. 그는 지금까지 전국교육자치포럼, 경기교육정책포럼, 행복한미래교육포럼에서 대표를 맡아 교육 현안에 관해 정기적인 포럼과 세미나를 진행하였다. 또한 고양교육희망네트워크, 환경운동연합 같은 시민운동에도 활발하게 참여하여 지역 공동체 형성과 시민 자치 발전에도 한몫을 담당하고 있다.

최창의 교육의원은 교육에 인생을 건 사람이다. 참된 교육은 그의 삶의 의미이자 보람이다. 한편으로 치열한 입시 경쟁 구조의 우리 교육 현실 때문에 가슴앓이도 많다. 그는 하루빨리 교육의 양극화와 학벌주의를 얼른 걷어 내고 아이들 한 사람 한 사람이 가진 재능을 존중받고 꿈을 펼칠 수 있는 학교를 만들고 싶어 한다. 아이들 모두 배움이 즐겁고 행복한 학교를 경기도 곳곳에서 펼쳐 보이고 싶다. 그래서 오늘도 교육의원으로 이곳저곳을 누비고 뛰어다니면서도 지치지 않는다. 경기도 교육계에서 그가 펼쳐 보일 원대한 미래 목표와 비전을 기대하며 힘찬 박수를 보낸다.

2013.

전주교육대학교 90년사에서.

▶ 창의적인 협력수업을 지향하는 삶이 있는 국어 교실
우리말 글을 배우며 세상을 배운다

중학교 국어 수업 어떻게 할 것인가?
김미경 지음 | 332쪽 | 값 15,000원

이야기 꽃 1
박용성 엮어 지음 | 276쪽 | 값 9,800원

토론의 숲에서 나를 만나다
명혜정 엮음 | 312쪽 | 값 15,000원

이야기 꽃 2
박용성 엮어 지음 | 294쪽 | 값 13,000원

▶ 정의로운 세상을 여는 인문사회 과학
사람의 존엄과 평등의 가치를 배운다

밥상혁명
강양구·강이현 지음 | 298쪽 | 값 13,800원

교장제도 혁명
한국교육연구네트워크 총서 04 | 268쪽 | 값 14,000원

도덕 교과서 무엇이 문제인가?
김대용 지음 | 272쪽 | 값 14,000원

좌우지간 인권이다
안경환 지음 | 288쪽 | 값 13,000원

갈등을 넘어 협력 사회로
이창언·오수길·유문종·신윤관 지음 | 280쪽 | 값 15,000원

▶ 남북이 하나 되는 두물머리 평화교육
분단 극복을 위한 치열한 배움과 실천을 만나다!

10년 후 통일
정동영·지승호 지음 | 328쪽 | 값 15,000원

선생님, 통일이 뭐예요?
정경호 지음 | 252쪽 | 값 13,000원

▶ 출간예정

근간 교과서 밖에서 배우는 인문학 공부
정은교 지음

근간 아이들이 주인공이 되는 활동 중심 주제통합 수업
이윤미 지음

근간 응답하라 한국사(1, 2)
김은석 지음

근간 전봉준과 동학농민혁명
조광환 지음

근간 교사, 선생이 되다
김태은 외 지음